科学出版社"十四五"普通高等教育本科规划教材
天津大学创新创业教育教材

产品开发

主　编　冯　楠
副主编　郑春东　郭　峰　黄艳群

科 学 出 版 社
北　京

内 容 简 介

本书注重教学实践并借鉴国内外学者的最新研究成果，在产品设计和项目管理的基础上进行了前向和后向拓展，涵盖了产品规划、产品设计、产品论证和产品上市准备四个阶段的产品开发完整流程，实现了与创新创业的匹配。

教材编者团队借鉴了国内外优秀教材，并结合自身的教学实践、学生和同行的反馈，形成这本介绍产品开发的基础教材。本书从创新创业的角度介绍产品开发，内容系统、全面，结构清晰，实用性强。每章都附有知识地图，并且举例说明重点和难点内容，对学习产品开发有较强的指导性。

本书主要面向商学院的学生，帮助学生进行产品开发的学习，适合作为创新管理、创业管理、产品设计、项目管理等专业的基础教材。

图书在版编目（CIP）数据

产品开发/冯楠主编. —北京：科学出版社，2023.9
科学出版社"十四五"普通高等教育本科规划教材　天津大学创新创业教育教材
ISBN 978-7-03-076367-9

Ⅰ．①产… Ⅱ．①冯… Ⅲ．①产品开发-高等学校-教材 Ⅳ．①F273.2

中国国家版本馆 CIP 数据核字（2023）第 177406 号

责任编辑：乔宇尚　乔艳茹/责任校对：王晓茜
责任印制：赵　博/封面设计：无极书装

科学出版社 出版
北京东黄城根北街 16 号
邮政编码：100717
http://www.sciencep.com

保定市中画美凯印刷有限公司印刷
科学出版社发行　各地新华书店经销

*

2023 年 9 月第 一 版　　开本：720×1000　1/16
2025 年 1 月第三次印刷　印张：17 3/4
字数：363 000
定价：59.00 元
（如有印装质量问题，我社负责调换）

前　言

  党的二十大报告明确指出："加快构建新发展格局，着力推动高质量发展。"随着"大众创业、万众创新"战略的纵深推进，高质量的创新创业成为时代最强音。诚然，高质量的创新创业离不开新产品的设计与开发。新产品的失败率非常高，管理不慎是造成产品创新设计与开发失败的重要原因，因而降低产品创新设计与开发风险的有效途径是强化管理。"产品开发"作为传授产品开发管理能力的核心课程是不可或缺的，它有助于学生掌握化解产品开发风险的知识和技能，在实际工作中提高产品开发的成功率，促进创新创业活动的开展。

  产品开发对创新创业的重要性不言而喻，然而，市面上关于产品开发的教材种类繁多，差异很大：既有侧重于工业设计视角，主要从产品内外部设计的角度展开的教材，也有将产品开发看作企业的一个项目，主要从大型项目研发管理的角度展开的教材。遗憾的是，从创新创业的视角介绍新产品设计与开发具体流程的教材仍然缺乏。实际上，在创新创业过程中，产品开发不是一个单纯的产品设计问题，其重心也不是项目管理，而是从产品开发的全流程来阐述。新产品的设计与开发需要面向需求，从产品规划开始，然后进行产品的设计和论证，最后还需要考虑产品的上市。

  为了弥补既往产品开发教材的不足，本书编写组基于多年的教学实践并借鉴国内外学者的最新研究成果编写了《产品开发》。本书主要面向商学院的学生，在原有产品设计和项目管理的基础上进行了前向和后向拓展，涵盖了产品规划、产品设计、产品论证和产品上市准备四个阶段的产品开发完整流程，实现了与创新创业的匹配。

  本书在编写过程中，参考了大量产品开发管理领域著名学者的教材、专著、论文，也参考了大量刊登在国内外知名网站上的文章，由于篇幅所限，没有在参考文献中一一列出，在此对这些文献的作者表示衷心的感谢！也感谢多位同学在资料收集整理过程中所做的努力，他们是：周阿盼、陈鹏飞、张毅、刘美。

  感谢科学出版社为本教材出版所提供的支持与帮助，尤其感谢乔宇尚、乔艳茹编辑在具体出版工作中的付出。产品开发涉及的知识面广、专业性强，由于团队水平有限，书中难免存在不足之处，敬请同行专家和读者批评、斧正。

目　　录

绪论 ··· 1

第一篇　产　品　规　划

第 1 章　识别客户需求 ··· 5
1.1　识别客户需求的重要性 ·· 6
1.2　识别客户需求的流程 ··· 7
1.3　获取并理解客户原始数据 ··· 9
1.4　明确需求层级及相对重要性 ··· 15
1.5　反思结果与过程 ··· 18

第 2 章　竞争产品分析 ·· 20
2.1　竞争产品分析概述 ·· 21
2.2　竞争产品分析的目的 ·· 24
2.3　竞争产品的选择与分析维度 ··· 25
2.4　竞争产品分析方法 ·· 32
2.5　竞争产品分析的应用 ·· 40

第 3 章　产品规划与定位 ··· 43
3.1　产品规划概述 ·· 44
3.2　机会识别与项目评价 ·· 46
3.3　资源分配和时间安排 ·· 51
3.4　产品前期规划的执行与反思 ··· 52
3.5　产品定位 ·· 56

第二篇　产　品　设　计

第 4 章　产品功能设计 ·· 69
4.1　产品功能概述 ·· 70
4.2　定义产品的功能 ··· 75
4.3　产品功能优化设计 ·· 77
4.4　产品功能组合与配置 ·· 86

第5章　产品外观设计 92
- 5.1　产品外观概述 93
- 5.2　产品外观设计的影响因素 96
- 5.3　产品外观设计的方法 100
- 5.4　产品外观设计程序 105

第6章　产品人因设计 111
- 6.1　人因与人因工程学 112
- 6.2　人因工程与产品设计 114
- 6.3　人因设计的步骤与方法 118
- 6.4　包容性设计 123
- 6.5　案例分析：汽车方向盘的人因设计问题 129

第7章　产品可持续发展设计 134
- 7.1　可持续发展与产品设计 135
- 7.2　产品可持续发展设计的要求 140
- 7.3　基于可持续发展理念的产品设计方法 144
- 7.4　产品可持续发展设计评价体系 146
- 7.5　案例分析：新能源汽车的可持续发展 149

第三篇　产品论证

第8章　工艺论证 157
- 8.1　工艺论证概述 158
- 8.2　工艺论证的原则与标准 158
- 8.3　工艺论证的方法 160
- 8.4　工艺流程的优化 166
- 8.5　案例分析：海水淡化项目工艺设计方案的技术分析 169

第9章　成本优化 173
- 9.1　产品成本的概念及构成 174
- 9.2　产品成本评价 176
- 9.3　成本优化的方法 181
- 9.4　成本优化的管理 186
- 9.5　案例分析：H企业的成本优化 189

第10章　产品开发的技术经济分析 193
- 10.1　技术经济分析概述 194
- 10.2　建立财务模型 197

10.3　敏感性分析 ··· 200
10.4　定性分析 ··· 203
10.5　价值分析 ··· 208

第四篇　产品上市准备

第 11 章　新产品价格策略 ·· 217
11.1　产品定价概述 ·· 218
11.2　新产品定价的模式 ·· 221
11.3　新产品定价的策略 ·· 223
11.4　新产品价格的调整 ·· 229
11.5　案例分析：V 品牌手机新产品定价 ······································· 233

第 12 章　新产品的分销渠道 ·· 236
12.1　产品分销渠道简介 ·· 237
12.2　新产品分销商类型与分销渠道选择 ······································· 240
12.3　新产品分销渠道的实施与管理 ··· 245
12.4　案例分析：S 化肥营销渠道优化 ·· 248

第 13 章　新产品的促销与推广 ·· 252
13.1　产品促销概述 ·· 253
13.2　基于价值让渡的促销 ·· 257
13.3　新产品促销策略 ·· 260
13.4　新产品的推广和公共关系 ·· 263

参考文献 ·· 272

绪　　论

　　新产品创新成功与否，取决于是否准确定位消费者的需求和体验、能否以低成本迅速制造满足需求的产品。"产品"是企业卖给消费者的某种东西，是为满足人们的需求而设计生产的具有一定用途的物质产品和非物质形态的服务的总和。

　　"产品开发"是从发掘市场机会开始到产品的制造、销售和运输的一系列活动。产品开发的本质是面向需求、市场和未来，考虑功能、外观、人因、成本等多个因素的综合的创新、设计与管理活动，因此产品开发需要融合科学、技术、艺术以及管理相关知识。科学研究的逻辑是"是什么"，技术手段是"可以怎样"，设计研究的范畴为"应该怎样"，即自然科学融入技术，研究"物"与"物"的关系，人文社会科学研究人、人与自身的关系、人与群体的关系，设计研究的是"人"与"物"的关系。设计从科学汲取知识来探求人类合理的生活方式，通过选择技术手段来实现自身，并从艺术获得美与价值、情感与表达，因此在设计的概念下，科学、技术、艺术被结合在一起，产生伟大的"创造"。

　　本教材对产品开发的流程进行了拓展，不仅包括产品开发的设计与论证流程，而且包括产品开发前期的规划和产品成功上市的流程，更加全面、系统地介绍了产品开发的整个过程。同时，本教材从创新创业的视角来阐述产品的设计与开发，主要包括产品规划、产品设计、产品论证、产品上市准备四个过程，共13章。具体内容如下：第一篇是产品规划，包括识别客户需求、竞争产品分析、产品规划与定位；第二篇是产品设计，包括产品功能设计、产品外观设计、产品人因设计、产品可持续发展设计；第三篇是产品论证，包括工艺论证、成本优化、技术经济分析；第四篇是产品上市准备，包括新产品价格策略、新产品的分销渠道、新产品的促销与推广。本教材的篇章结构如图0-1所示。

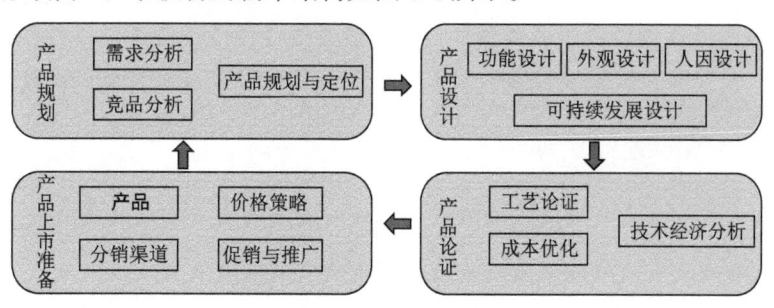

图0-1　本教材篇章结构图

第一篇 产品规划

第 1 章

识别客户需求

识别客户需求是产品开发流程不可分割的组成部分，它与后续流程中的概念生成、概念选择、竞争产品的标杆分析和建立产品规格等活动有着非常密切的联系。那么什么是客户需求？识别客户需求的流程包括哪些环节？这些环节涉及哪些具体的方法？识别客户需求的过程中有哪些注意事项？本章将从回答这些基本问题出发，介绍识别客户需求的重要方法与步骤。

【知识地图】

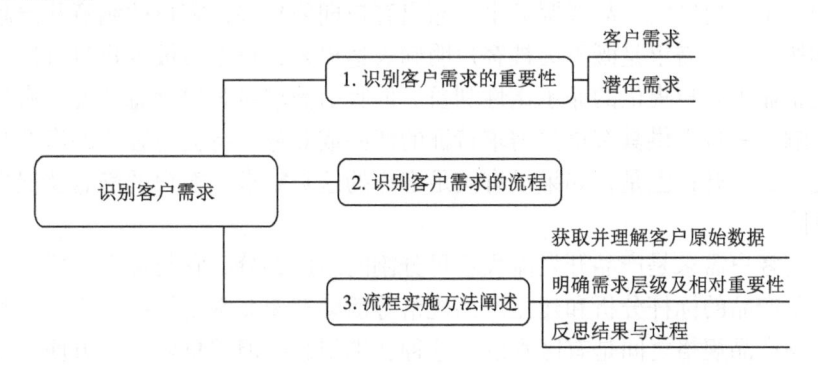

```
                            ┌── 客户需求
          ┌── 1. 识别客户需求的重要性 ─┤
          │                 └── 潜在需求
识别客户需求 ┼── 2. 识别客户需求的流程
          │                 ┌── 获取并理解客户原始数据
          └── 3. 流程实施方法阐述 ───┼── 明确需求层级及相对重要性
                            └── 反思结果与过程
```

【学习目标】

本章对产品开发过程中识别客户需求的重要性、流程和方法进行介绍。通过本章学习，学习者应达到如下学习目标。

（1）熟悉客户需求相关概念。

（2）了解识别客户需求的流程。

（3）掌握识别客户需求的相关方法。

1.1 识别客户需求的重要性

1.1.1 识别客户需求

在产品开发和流程优化中，需求是特定设计、产品或流程旨在满足的文档化的功能需要。需求通常用于系统工程、软件工程或企业工程等的工程设计上，是一个广泛的概念。在产品开发中，需求可以说明产品的任何必要（或需要）的功能、属性、能力、特性或质量，以使产品对客户、组织、内部用户或其他利益相关者具有价值和效用。客户需求是指客户的目标、需要、愿望以及期望。客户需求可以作为产品开发时设计阶段的输入，也是验证及确认阶段的重要输入，每一个测试应该可以追溯到特定的需求。

根据客户需求的非对称性特点，可以将其分为必备需求、单向需求和吸引需求三类。必备需求是客户对企业提供的产品或服务的基本要求，是企业为客户提供的承诺性利益。如果这些要求没有得到满足，客户会非常不满意；如果这些要求得到了满足，客户也不会因此产生更高的满意度。单向需求是指客户的满意状况与需求的满足程度成比例关系的需求，是企业为客户提供的变动性利益，如价格折扣。企业提供的产品或服务水平超出客户期望越多，客户的满意状况越好，反之亦然。吸引需求是既不会被客户明确表达出来，也不会被客户过分期望的需求，是企业为客户提供的非承诺性利益。但吸引需求对客户满意状况具有很强的正面影响。一旦提供具有这类需求特征的产品或服务，将会对客户的满意状况产生超比例的提升；但是，如果没有满足客户的这类需求，客户的满意状况也不会明显下降。

识别客户需求是产品开发流程不可分割的组成部分，它与概念生成、概念选择、竞争产品的标杆分析和建立产品规格等活动有着非常密切的联系。同时，客户需求与产品规格之间是有区别的，这种区别很微妙但很重要。一方面，"需求"在很大程度上独立于我们可能开发的某一特殊产品，它们并不是我们最终选择和追求的概念。团队应该在不知道是否最终满足这些需求或怎样满足这些需求的情况下，识别出客户需求。另一方面，产品规格确实依赖于选择的概念，并依赖于所选开发产品在技术上和经济上的可行性、竞争对手在市场上提供的产品以及客户需求。还应该注意，我们选择需求这个词来表明客户期望产品的任何一个特征，在这里，我们不区分期望和需求概念之间的差别。被识别的特定客户需求通常具有表 1-1 所示特点。

表 1-1　客户需求的特点

特点	说明
单一性	需求只叙述一件事，不多不少
完整性	完整地叙述需求，没有遗漏的信息
一致性	某项需求不应和其他需求冲突，需求应该具有一致性
非共轭性	需求的非共轭性是指其中没有连接词。例如"外观风格需要符合女性及儿童的审美特点"，应该写成两个独立的需求："外观风格需要符合女性的审美特点"以及"外观风格需要符合儿童的审美特点"
可追踪性	需求应当符合所有利益相关者以及权威文件的商业需要
即时性	需求需随着时间更新，没有过时的信息
无歧义	需求需要精准描述，不使用行话、缩略语（若要使用，需在需求文件中提到），也不要使用深奥的语言。需求需要客观的事实，而非主观的意见。需求只能有一种解释，要避免含糊的用词、负面叙述和复合叙述
标示重要性	需求需要标示其重要性。有些需求是由利益相关者所定义的必需特征，若没有这些特征，产品会有严重的缺陷。有些需求则是在时间或预算允许的情况下，希望可以加入的特征
可验证性	需求的实现能够用以下基本方式确认：检查、展示、（配合设备）测试、（用确认过的模型或是模拟）分析

1.1.2　潜在需求的重要性

　　潜在需求是尚未被大多数客户广泛认可并且尚未由现有产品实现的需求。潜在需求确实存在，并且这些潜在需求在很大程度上是未知的。由于它们当前还未能被实现，因此满足潜在需求将提高客户的满意度。识别潜在需求是产品开发中的重要能力，它使企业能够创造出令客户惊喜和愉悦的产品。一旦潜在需求被成功实现，就会被广泛采用，并成为不可缺少的功能。例如，早年间，手机没有图片文字提取功能，大多数消费者并未设想用手机进行图片文字提取。然而，这种需求是真实存在的，并且成为它们有别于现有产品的一个主要特征。随着这一需求被识别，到如今，很多移动设备都具有图片文字提取功能。

1.2　识别客户需求的流程

　　识别客户需求本身就是一个流程，对于这个流程，我们提供了一个五步法。我们相信这个方法可以对有效的产品开发实践起到长久的帮助作用。我们希望该方法不会被使用它的人视为一个僵化的流程，而将它看作持续改进的起点。这五个步骤是：①从客户那里收集原始数据；②从客户需求角度理解原始数据；③组织需求的层级，包括一级（主要级）、二级、三级（如果必要的话）；④确定需求的相对重要性；⑤对结果和过程进行反思。

在开发项目之前，企业一般会识别出特殊的市场机会并列举大量的限制条件和项目目标。这些信息通常会形成任务书（有时也称作章程或设计概要）。任务书指明了任务的方向，但通常不会指明精确的目标或具体的前进方向，表 1-2 为一个简单的任务书模板。

表 1-2　加湿器的任务书

项目	具体内容
产品描述	加湿器
效益描述	简单实用、吸引人、节约能源
关键商业目标	产品在 2012 年第 4 季度投放市场 50%的毛利率 到 2016 年在产品市场占据 10%的市场份额
主要市场	办公人群
次要市场	家庭消费者
假设	代替现有的加湿器 与轻办公场景融合
利益相关者	用户 零售商 销售人员 服务中心 生产制造部门 法律部门

有人可能会问：结构化的方法对客户没有体验过的全新产品是否有效？实际上，识别客户需求对于颠覆性的创新产品和改进性的产品同样重要。产品成功的必要条件之一就是为客户带来看得见的益处。当产品满足需求时，它们就为客户提供这些益处，无论是对现有产品的改进还是颠覆性的创新产品，这都是正确的。开发全新的产品是一项有风险的工作，在某种程度上，客户需求是否已被正确识别的唯一真实标志是：客户是否喜欢团队的第一个原型产品。然而，从实际情况来看，收集客户数据的结构化方法仍不失其有用性，这可以降低开发全新产品的内在风险。不管客户是否能完全清晰地阐述他们的潜在需求，与目标市场上的客户相互沟通，都将有助于开发团队构建基于用户环境和用户观点的理解和认识。即使不能确认新产品所需的所有需求，这些信息也是有用的。

1.3 获取并理解客户原始数据

1.3.1 从客户那里收集原始数据

1. 客户数据收集的方法

数据的收集包括接触客户及体验产品环境，这一点与我们的基本思想是一致的（即建立一个直接来自客户的高质量信息渠道）。数据收集通常使用三种方法。

（1）访谈法。访谈法是指工作人员通过与客户进行面对面的交流，加深对客户需求的了解以获取客户需求信息的一种分析方法。在访谈的过程中，一个或多个开发团队成员与单个客户讨论客户需求。访谈通常在客户处进行，一般持续一到两个小时。

（2）焦点小组。焦点小组是主持人组织一个由 8~12 个客户组成的小组，进行两小时的讨论。焦点小组通常安排在一个装有双面镜的特殊房间里，该双面镜使得一些开发团队的成员可以观察该小组。在大多数情况下，主持人是专业的市场研究人员，但开发团队成员有时也可作为主持人。讨论的过程通常会被录像。

（3）观察使用中的产品。观察客户使用现有产品或执行一个需要新产品的任务，都可以揭示客户需求的重要细节。例如，通过观察发现，客户替换现有产品的主要原因是：老产品显得不美观，新产品的外形比老产品更好。观察可能是被动的（没有与客户的直接互动），也可能在与客户沟通工作时进行（这就使得开发团队的成员能够获得使用该产品的第一手资料），在理想情况下，开发团队成员观察在实际使用环境中的产品。为了更好地了解客户需求，宝洁公司（P&G）每年在数千名客户的家中或工作场所观察他们。对于一些产品，如自己动手（DIY）的工具，实际使用起来简单自然；对于另外一些产品，如手术器械，团队必须将产品使用在替代任务上（如当开发新的手术刀时，要切水果而非人体组织）。

一些业内人士也依据书面调查来收集原始数据，尽管网络调查在流程的后期十分有用，但在最初识别客户需求的活动中，我们不推荐这种方式；书面调查不能提供有关产品环境的足够信息，它在揭示无法预期的需求上是无效的。研究表明，一个 2 小时的焦点小组讨论所揭示的需求量与两个一对一 1 小时的访谈相同（图 1-1）。因为访谈通常比焦点小组每小时的成本要低，并且访谈使得产品开发团队能够体验产品的使用环境，我们把访谈作为数据收集的首选方法。一或两个焦点小组可以作为访谈的补充，因为它能够使高层管理人员观察到客户群，或为高层管理人员提供与一个更大团队的成员分享客户体验（通过视频）的机制。业内人士认为，对于确定的产品和客户群，与访谈相比，焦点小组参与者之间的相互作用能够揭示更多差异化的需求，尽管研究结果并未强有力地支持这一观点。

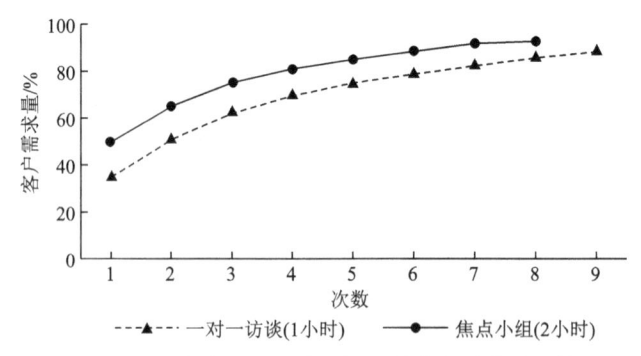

图 1-1　焦点小组和访谈所揭示的客户需求量比较

2. 选择客户

为了揭示大部分客户的需求，应该访谈多少客户？Griffin 和 Hauser（1993）的一项研究中，研究者估计 90% 的野餐制冷器的客户需求，在访谈 30 人次后可揭示出来；在另一项研究中，他们估计 98% 的某办公设备客户需求，在通过焦点小组和访谈共同进行 25 小时的数据采集后可揭示出来。对大多数产品来说，少于 10 次访谈采集的数据可能会不全面，而 50 次又可能太多。但是，访谈可以按次序进行，当增加的访谈不能揭示出新的需求时，该流程就可以结束了。这些指导原则适用于开发团队解决一个细分市场的情况，如果开发团队希望从多个不同的细分市场收集客户需求，那么团队可能需要在每个细分市场进行 10 次或更多次访谈。将超过 10 人的开发团队划分为几个小组，就可以从大量的客户中收集数据，例如，如果团队被分成 5 个小组，每个小组进行 6 次访谈，则团队共进行 30 次访谈。

与领先用户和极端用户进行访谈可以更有效地识别客户需求。领先用户是指那些在市场普及之前数月或数年就体验需求并能从产品创新中大幅受益的客户。这些客户对于数据的收集十分有帮助，主要有两个原因：①他们能够清楚地阐述新需求，因为他们对现有产品已经十分不满；②他们可能已经发现了满足自身需求的办法。通过关注领先用户的数据收集工作，团队可以识别出市场大多数人的潜在需求（但对领先用户来说需求是清晰的）。开发满足客户潜在需求的产品可使企业预测趋势，并超越竞争产品。

极端用户是指那些以不寻常的方式使用产品或有特殊需求的人。极端用户帮助产品开发团队识别主流市场没有识别出的需求，它们仍然是赢得竞争优势的重要机会。例如，企业家 Sam Farber 为了满足他患有关节炎的妻子的需求，发明了一款蔬菜削皮器，她的极端需求反映了主流用户对更多符合人体工程学原理的厨房用具的潜在需求。

当几组不同的人都能被视为"客户"时，选择哪一类客户作为访谈的对象是一个棘手的问题。对于许多产品，一个人（买方）做出购买决策，而另一个人（用户）实际使用该产品。在任何情况下，从产品的最终用户那里收集数据都是一种好途径；而在某些情况下，其他类型的客户和利益相关者也是很重要的，也要从他们那里收集数据。

客户选择矩阵对于市场和客户变化的规划探索都是有用的，如表 1-3 所示。细分市场应列在矩阵左边，而不同类型的客户应列在矩阵顶部，每个单元格中是期望的客户接触数量，它们表示调查涵盖的深度。

表 1-3　加湿器项目的客户选择矩阵

客户类型	领先用户	普通用户	零售商
家庭消费者	5	5	5
办公人群	5	5	

工业和商业产品通常通过电话或电子邮件来锁定客户。企业在开发这样的产品时，销售人员经常可以提供客户的姓名，尽管团队必须认真考虑选择客户时的偏好，即他们偏向于选择那些忠诚于某个特殊制造商的客户。对某些类别的产品（例如保险产品），网络或电话簿可以用来确定某些类型客户的名字。对于客户工作不可或缺的那些产品，让他们同意接受访谈是容易的，这些客户渴望讨论他们的需求。消费类产品也可以通过电话或电子邮件调查来确定客户。然而，为消费类产品安排一组访谈通常比工业或商业产品需要更多的询问，因为对消费类产品客户来说，参加这些访谈的好处很难直接体现。

3. 清晰表达客户需求

本小节介绍的方法主要适用于访谈最终用户，但这些方法可以用于三种数据收集模式（访谈、焦点小组、观察使用中的产品）和所有的利益相关者。基本的方式是接受客户提供的信息，并避免对抗。收集需求数据不同于销售电话：它的目的是让客户明确地表达需求，而不是让客户相信自己有某种需求，在大多数情况下，客户交流是语言性的，访谈者提出问题，客户回答问题，事先准备好的访谈提纲对于有层次地开展谈话非常有价值，在访谈者自我介绍和解释完访谈目的之后，可以提一些有帮助的问题或说一些引导性的话，具体如下。

（1）你在何时以及为何使用这种产品？
（2）给我们演示一下如何使用这种产品，好吗？
（3）你喜欢现有产品的什么地方？
（4）你不喜欢现有产品的什么地方？

（5）当购买产品时，你考虑了哪些问题？

（6）你希望对产品做哪些改进？

下面一些要点有助于与客户有效交流。

（1）顺其自然。只要客户提供有用的信息，就不用担心其是否符合访谈提纲。我们的目标是收集有关客户需求方面的重要数据，而非在预设的时间内完成访谈提纲中的任务。

（2）使用视觉刺激和道具。收集现有产品和竞争对手的产品，甚至那些与待开发产品仅有少许联系的产品，并将它们带到访谈中。在一部分访谈结束时，访谈者甚至可以展示一些初步的产品概念，以获得客户对各种技术路径的早期反应。

（3）摒弃对有关产品技术的先入为主的假设。客户通常就期望能够满足其需求的产品概念做出假设。在这种情况下，访谈者在讨论如何设计或制造产品的假设时，应避免偏见。当客户提起具体的技术或产品特征时，访谈者应该思索客户认为这些特征将满足的那些基本需求。

（4）让客户演示产品和与产品相关的典型任务。如果在使用环境中进行访谈，演示通常比较方便并可以揭示出新的信息。

（5）关注出乎预料的事情和潜在需求的表达。如果客户提到令人吃惊的事，要用连续的问题追问其原因。通常，一个意想不到的问题会揭示潜在的需求，即那些未被满足、没有被清晰表达和理解的客户需求。

（6）注意非语言信息。语言并不总是沟通与有形世界相关的需求的最好途径。对于涉及人文因素需求（如舒适、想象或风格）的产品，这一点尤其重要。开发团队必须时刻注意客户所提供的非语言信息，如他们的面部表情如何，他们如何操作竞争对手的产品。

应当注意，我们提出的许多问题或引导都假定客户对那些与正在开发的新产品相似的产品比较熟悉，这种假设通常是正确的。在收集客户没有体验过的真正创新产品的信息时，访谈问题应集中在新产品应用的任务或环境中，而非产品本身。

4. 归档整理与客户互动

归档整理与客户互动通常用到四种方法——录音、笔记、录像和拍照，具体介绍如下。

（1）录音。对访谈进行录音非常容易，但将录音转换成文本是非常耗时的，雇人来做这件事可能费用昂贵，而且录音也有使某些客户产生恐惧感的弊端。

（2）笔记。手写笔记是记录访谈中最常见的方式。指定一人作为主要的记录者可以使其他人专注于有效的提问。记录者应努力抓住每个客户陈述的每一句话，如果在访谈后立即对这些记录进行整理，就可以产生一个与实际非常接近的访谈描述。这也有助于在访谈者之间分享观点。

（3）录像。录像经常用于记录焦点小组的会谈，也用于记录观察产品使用环境中的客户和使用现有产品的客户。录像可让团队新成员"跟上速度"，也可作为原始资料提供给高层管理者。录像从多个视角反映出客户行动，这通常有助于识别潜在的客户需求。同时，录像对捕获最终用户环境的许多方面也是有用的。

（4）拍照。拍照提供了许多与录像一样的好处；同时，拍照通常产生更少的干扰，因此更容易实现对客户和现场的观察。拍照的其他优点是易于展示、视觉质量高和设备可利用；主要的不足在于相对缺乏记录动态信息的能力。

数据收集阶段的最终结果是一组原始数据，通常以客户陈述的形式表现，但常辅以录像或照片。采用表格的数据模板对于组织这些原始数据非常有用，表 1-4 就是这种模板的例子。在与客户互动以及被其他开发团队成员编辑后，应尽快地填写模板。模板主体部分的第一栏是引出客户数据的问题或提示；第二栏是客户做出的语言陈述或对客户行为的观察（录像观察或直接观察）；第三栏是原始数据中隐含的客户需求。应该重视调查那些可以识别潜在需求的线索，这些线索可能以幽默的语言、不严肃的建议、恼怒、非语言信息或对使用环境的观察和描述等形式表达出来。

表 1-4　包含客户陈述和需求理解的客户数据模板

客户：张 A	访谈者：李 B 和刘 C
地址：天津市南开区鞍山西道**号	日期：2021 年 11 月 19 日
电话：022-864312**	目前使用：××桌面加湿器
是否愿意跟踪调查：是	用户类型：办公人群

问题/提示	客户陈述或观察	需求
典型用途	当空气湿度太低或者太高时我需要手动打开或关闭它 ……	加湿器可以自动保持舒适的湿度，不用手动调整 ……
目前产品的优点	它价格不高 ……	加湿器的价格可以接受 ……
目前产品的缺点	我太懒了以至于我不想弄清楚怎么操作 我有时离开时会忘记关加湿器 ……	加湿器几乎不需要说明书，也不用学习怎样去使用 加湿器可以在无人时节约能源 ……
改进建议	我想用我的手机控制加湿器 ……	可以在不需要特殊装置的情况下远程控制加湿器 ……

最后，记住向参与访谈的客户表示感谢。一般来说，团队需要进一步了解客户信息，因此，与一些客户建立并保持良好的关系至关重要。

1.3.2 从客户需求角度理解原始数据

客户需求以书面形式表达出来，它也是以从客户收集的原始数据为基础来理解客户需求的结果。一项陈述或观察（表1-4数据模板的第二栏）可能被理解为多个客户需求。不同的分析者可能会把相同的访谈记录理解成不同的需求，因此，让多个团队成员参与理解过程是非常有用的。本书列出了书写需求书时的五项原则，前两项是基本的，对于有效地理解原始数据至关重要；后三项原则确保团队成员之间书面表达的一致性，表1-5提供了几个例子以说明每一项原则。

表1-5 撰写需求书的原则举例

原则	客户陈述	需求陈述（正确）	需求陈述（错误）
"做什么"而非"怎么做"	我想用我的手机控制加湿器	可以在不需要特殊装置的情况下远程控制加湿器	加湿器带有一个可下载的手机应用程序
需求特点	我有不同的加热和加湿系统	可以分开控制加热和加湿系统	加湿器是多功能的
肯定而非否定	我不想站在加湿器面前控制它	可以在舒服的位置控制加湿器	加湿器不需要我站在它面前控制它
产品属性	如果我再次使用，我不得不手动重新设置程序	加湿器对用户的出现做出自动反应	用户的出现触发加湿器自动调整模式
避免"必须"和"应该"	如果加湿器可以在线控制，我担心它的安全性	加湿器控制系统可以安全地控制未授权的连接方式	加湿器控制系统必须防止未授权的接入方式

（1）通过描述产品必须"做什么"（而非"怎么做"）来表达需求。客户通常以描述概念或实施方法表达他们的偏好；然而，需求书应以独立于特定技术解决方案的形式表达出来。

（2）像原始数据一样尽量具体地表述需求特点。需求可以在许多不同的细节层次上表达。为了避免信息丢失，要像原始数据那样在细节层次上表达需求。

（3）使用肯定句而非否定句。如果需求以肯定句的形式表达出来，需求向产品规格的转化就比较容易。但这并非一项严格的规定，因为有时肯定的表达比较困难和晦涩。

（4）把需求表达成产品的一个属性。但是，并不是所有的需求都能作为产品的属性被清晰地表达出来，在大多数情况下，需求可能是以产品用户的属性表达出来的（如"用户的出现触发加湿器自动调整模式"）。

（5）避免使用"必须"和"应该"。"必须""应该"暗含了需求的重要程度，不建议随便对需求进行重要性评价。

客户需求书是目标市场上所有被访谈客户所表达需求的子集。有些需求在技术上也许不可能实现。在某些情况下，客户所表达的需求是相互矛盾的，此时，团队在该流程中不要试图解决这种矛盾，只需简单记下这些矛盾的需求，而如何解决矛盾的需求是后续概念开发活动的挑战之一。

1.4 明确需求层级及相对重要性

1.4.1 明确需求层级

本章 1.2 节中提到的识别客户需求的流程中步骤 1 和步骤 2 的结果应是含有 50~300 条需求陈述的列表。处理如此大量的详细需求很不方便，总结它们并用于后续开发活动也很困难。步骤 3 的目的是将这些需求组织成层级列表，该表一般由一组一级需求组成，每一种需求又进一步细化为一组二级需求，对一些非常复杂的产品，二级需求有可能被分解成三级需求。一级需求是最一般的需求，而二级需求和三级需求则对需求表达得更详细。表 1-6 是加湿器需求的最终层级列表，对于加湿器来说，共有 8 个一级需求和 41 个二级需求。需要注意的是，不同一级需求下的二级需求间没有相关性。

表 1-6 加湿器的一级需求和二级需求的层级列表

需求（加粗部分为一级需求）	重要性	需求（加粗部分为一级需求）	重要性
加湿器易于安装	**	**加湿器可精确控制**	**
加湿器便于接入电路	***	加湿器可以精确维持湿度	**
初学者也可以自己安装加湿器	**	加湿器可以将非有意的湿度变化降到最低	
加湿器可以分别控制加热和加湿系统	**	加湿器可以精确地确定湿度	
加湿器不用特殊工具就可以安装	*	**加湿器很智能**	***
加湿器易于购买		加湿器可以根据用户偏好调整湿度	***
加湿器很耐用	*	加湿器有精确的时间表	**
加湿器防磕碰		加湿器可以在有人出现时自动响应	!
加湿器耐脏且防尘		加湿器可以在夏天防止自身表面过热	!
加湿器的外壳不会因长期使用而褪色	!	加湿器可以在出问题时发出警报	
加湿器报废之后可回收利用		加湿器无须用户设置时间	
		加湿器可以自动根据季节调节	*

续表

需求（加粗部分为一级需求）	重要性	需求（加粗部分为一级需求）	重要性
加湿器易于使用	***	加湿器可满足时间的不同显示偏好	
加湿器的用户交互易于理解	**	**加湿器是个性化的**	*
加湿器的使用学起来简单	*	加湿器为不同用户偏好提供舒适环境	*
加湿器对用户的记忆力要求不高	*	加湿器可以根据不同用户偏好节约能源	
加湿器可以在舒服的位置进行设置	!	加湿器不向未授权的接入方式开放	
加湿器不用特殊装置就可远程控制		加湿器可以提供有用的信息	
加湿器开箱即用，不用设置	!	**购买加湿器是值得的**	***
加湿器的工作状态易于改变		加湿器的价格可以承受	**
加湿器易于手动控制		加湿器可以节约能源	***
可远距离读取加湿器的显示		加湿器可以节省成本	*
任何情况下加湿器的显示都清晰		**加湿器很可靠**	**
加湿器的控制一定程度上适应用户		加湿器无须换电池	
加湿器适应不同的温度和湿度范围		加湿器在停电时照常工作	

注：重要性等级用*表示，星号数量越多表示重要程度越高，***表示非常重要；潜在需求用! 表示。

把需求组织成层级列表的过程是直观的，许多团队都可以在没有详细指导的情况下成功地完成该项任务。当团队试图反映两个或多个不同细分市场的需求时，识别需求的流程将更加复杂。针对这一挑战，可以采取以下两种方法：①团队可从中引出客户需求的细分市场（最可能的是用该细分市场的名字）标记每一个需求。如此一来，各细分市场间需求的差别就直接可见了。进行这种标记可以使用的视觉技巧是，用不同颜色的纸制作写有需求陈述的卡片，每一种颜色对应一个不同的细分市场。②对每一个细分市场单独进行分组。用这种方法，团队既可以观察需求之间的差别，还可以观察这些需求最佳组织方式上的差别。当各个细分市场的需求差别很大，没有把握用同样的产品满足不同细分市场时，建议团队采用并行、独立的方法。

1.4.2　确定需求的相对重要性

需求的层级列表不能单独提供客户关于不同需求重要性的信息，然而，开发团队必须在设计产品时权衡利弊并分配资源。理解各种需求的相对重要性是正确权衡利弊的关键所在，这就需要根据识别的客户需求建立相对重要性指标，并就每个需求建立数字化权重。完成这一任务有两种基本方法：①基于客户体验形成团队成员共识；②在进一步客户调查的基础上形成重要性评价。对于这两种方法需要在成本、进度与准确性之间进行权衡。团队在一次会议上就可做出需求相对重要性的文字评价，而客户调查至少需要两周时间。在大多数情况下，我们认为客户调查是很重要的，因此，为完成调查所花费的时间是值得的。

在确定需求相对重要性的过程中，开发团队应当与客户群发展融洽的关系。通过对同样的客户进行调查，可以评估已识别需求的相对重要性，调查可以通过面谈、电话、网络或邮件的方式进行。只有很少的客户会回应评估 100 种以上需求的重要性调查要求。因此，开发团队一般仅针对需求的一个子集开展调查。在客户调查中，可以解决的实际需求数一般限制在 50 个左右。但这个限制并不是严格的，因为许多需求要么明显重要，要么容易操作。因此，开发团队可以通过询问客户那些在产品设计中可能出现的不同技术权衡或成本特征来限定调查的范围。另外，开发团队可以进行一系列调查，询问每一个客户有关需求列表中不同子集的情况。许多调查设计可以用于建立客户需求的相对重要性。表 1-7 以加湿器为例，介绍了一种较好的调查设计方法。除所要求的重要性评估，调查还要求访谈者识别独特的或意想不到的需求，这些信息可以用来帮助团队识别潜在需求。

客户对每个需求陈述的反应可以采用不同的方式刻画：均值、标准差，或每种类别收到回应的数量，这些反馈可以进一步用于分配需求陈述的权重；同样，1～5 标度可以用于总结重要性数据。表 1-6 中的需求是根据调查数据来确定权重的，其重要性评级用每个需求陈述旁边的星号（*）数量来表示，而潜在需求用惊叹号（!）来表示。注意，关键需求不会同时也是潜在需求，因为如果一个需求是关键的，客户会期望满足这个需求，而不会因为关键需求的满足而对产品感到格外的满意。

表 1-7 加湿器需求重要性调查举例（部分）

对于每个加湿器的特征，请用 1～5 共 5 个等级表示出其重要程度。请使用下面的标准：

1. 不希望有的特征，我将不考虑有此种特征的产品；
2. 不重要的特征，但如果有我也不介意；
3. 如果有这种特征会很好，但不是必须有；
4. 非常希望有的特征，但我会考虑不具有此种功能的产品；
5. 重要的特征，我不会考虑不具有此种特征的产品

重要程度（等级 1～5）	如果特征很独特、令人兴奋，或出乎意料，请打"√"
_____ 加湿器无须用户来设置时间	□
_____ 加湿器无须更换电池	□
_____ 加湿器适应季节的变换	□
_____ 加湿器适用于显示时间的不同偏好	□
_____ 其他	□

1.5 反思结果与过程

1.5.1 结果与过程的反思

虽然识别客户需求的流程可以非常实用地结构化，但它并不是一门精确的科学。团队必须不断地挑战自己的结果，以证实这些结果与过程和通过与客户的大量沟通而发展的知识和结构相一致。因此，需要反思的问题包括：

（1）我们是否与目标市场上所有主要客户都进行了交流？

（2）为了捕捉目标客户的潜在需求，我们能够看到现有产品相关需求之外的需求吗？

（3）在跟踪访谈或调查中，是否存在我们应该继续探究的领域？

（4）在与我们交谈过的客户中，哪些对我们即将开展的产品开发活动来说是优秀的参与者？

（5）哪些需求是我们现在知道而开始时不知道的？我们是否对某些需求感到惊讶？

（6）我们的组织中是否包括那些需要深入理解客户需求的人？

（7）我们该怎样完善未来活动的流程？

列出最重要的需求和潜在需求，是总结流程结果的一个好方法。例如，前文加湿器案例中已识别的最重要需求是：①加湿器便于接入电路；②加湿器可以根据用户偏好调整湿度；③加湿器可以节约能源。已识别的潜在需求是：①加湿器开箱即用，不用设置；②加湿器可以在有人出现时自动响应；③加湿器的外壳不会因长期使用而褪色；④加湿器可以在夏天防止自身表面过热。

1.5.2 客户需求分析总结

识别客户需求是产品开发流程中概念开发阶段不可分割的一部分，由此产生的客户需求用来指导团队生成并选择产品概念，以及建立产品规格。

（1）识别客户需求的流程包括五步：①从客户那里收集原始数据；②从客户需求角度理解原始数据；③组织需求的层级；④确定需求的相对重要性；⑤对结果和过程进行反思。

（2）建立一条从客户到产品开发者的高质量信息渠道，从而保证那些直接控制产品细节的人（包括产品设计者）能够完全理解客户需求。

（3）领先用户是客户需求的良好来源，因为他们比大多数人提前数月或数年体验新的需求，也因为他们能够明显得益于新产品的创新。此外，他们往往能够比一般客户更清楚地阐述需求。而极端用户的特殊需求，也会反映出主流用户的潜在需求。

（4）在决定客户满意度方面，潜在需求可能比显性需求更重要。潜在需求是指那些客户能够在最终产品中认识到其重要性，却没能事先清楚表达的需求。

（5）客户需求应以产品可以"做什么"而不是"怎样做"的形式表达，坚持这一原则可使开发团队在生成和选择产品概念时具有更大的灵活性。

（6）本章识别客户需求五步法的主要优点是：确保产品专注于客户需求，并且没有遗漏重要的客户需求；开发团队的成员对目标市场的客户需求有一个清晰的理解；建立一个事实基础用于生成产品概念，选择产品概念，建立产品规格；建立产品开发流程中识别客户需求阶段的原始档案。

【练习与思考】

（1）识别客户需求的流程会带来创新的产品概念吗？用什么方法实现这一点？请举例说明。

（2）选择一件令你生厌的产品，识别开发者所忽略的需求。你认为这些需求为什么没有被满足？你认为开发商是故意忽略了这些需求吗？

（3）观察一项由不同用户重复执行的日常任务，找出他们所遭遇的挫折和困难，识别潜在的客户需求。

第 2 章

竞争产品分析

通过竞争产品分析，将获得的相关竞争产品特征整合到自身产品计划制定、实施、监控和调整的框架当中，为制定有效的产品战略提供依据。竞争产品分析是产品开发过程中必不可少的一个环节。那么，什么是竞争产品分析？它包括哪些内容和步骤？我们应该对哪些竞争产品进行分析？明确了竞争产品之后应该采用哪些具体的方法来进行分析呢？本章将从回答这些基本问题出发，为读者介绍竞争产品分析的相关内容。

【知识地图】

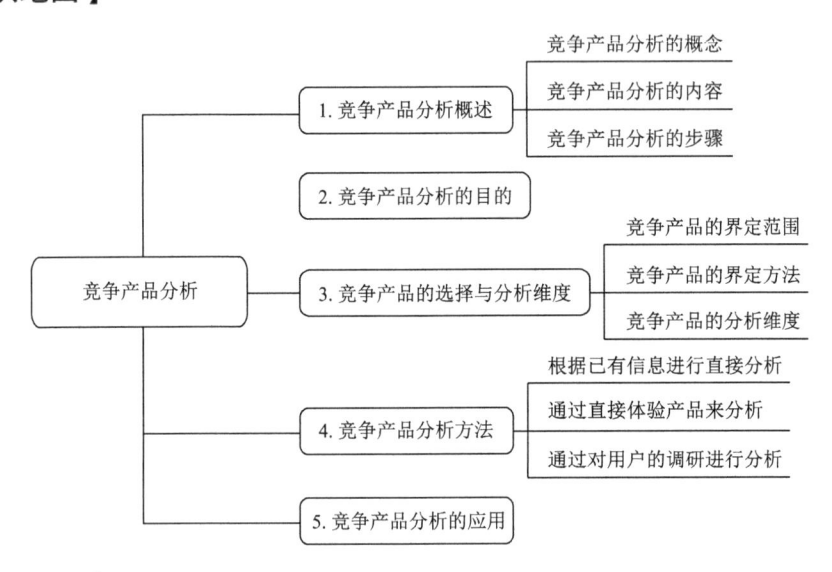

```
                                  ┌── 竞争产品分析的概念
                 ┌─ 1. 竞争产品分析概述 ──┼── 竞争产品分析的内容
                 │                     └── 竞争产品分析的步骤
                 │
                 ├─ 2. 竞争产品分析的目的
                 │
                 │                         ┌── 竞争产品的界定范围
竞争产品分析 ──┼─ 3. 竞争产品的选择与分析维度 ──┼── 竞争产品的界定方法
                 │                         └── 竞争产品的分析维度
                 │
                 │                     ┌── 根据已有信息进行直接分析
                 ├─ 4. 竞争产品分析方法 ──┼── 通过直接体验产品来分析
                 │                     └── 通过对用户的调研进行分析
                 │
                 └─ 5. 竞争产品分析的应用
```

【学习目标】

本章对竞争产品分析的相关内容进行介绍，尤其是竞争产品选择和分析的相关方法。通过本章学习，学习者应达到如下学习目标。

（1）熟悉竞争产品分析相关的概念。
（2）了解竞争产品的选择范围和界定方法。
（3）掌握竞争产品分析的具体实施方法。

2.1 竞争产品分析概述

2.1.1 竞争产品分析的概念

竞争产品是指与当前产品在同一领域内存在竞争关系的其他产品。市场营销和战略管理方面的竞争产品分析是指对现有的或潜在的竞争产品的优势和劣势进行评价。竞争产品分析主要是对产品竞争对手的市场经营情况与策略进行深入的调研分析。将通过竞争产品分析获得的相关竞争产品特征整合到产品计划制定、实施、监控和调整的框架当中，为制定有效的产品战略提供依据。在产品开发或创新设计活动中，竞争产品分析是指对与当前产品形成直接或间接竞争关系的其他产品进行对比和分析，以了解相关产品的发展趋势以及当前产品的优势与劣势，从而发掘当前产品的机会并借鉴于产品的开发过程中。

竞争产品分析的概念包含两部分内容：竞争产品各个维度下的特性罗列以及分析评价。

（1）特性罗列。以产品功能维度而言，我们需要将竞争产品 A 具有哪些功能、竞争产品 B 具有哪些功能——呈现。这一部分是竞争产品分析的基础，或者称之为分析评价的对象。

（2）分析评价。以交互设计的竞争产品分析为例，依照一定的可用性评价指标，对界面布局、交互方式、动画效果等进行分析评价。

2.1.2 竞争产品分析的内容

竞争产品分析包含了三部分内容：竞争产品选择、分析维度和分析准则。

（1）竞争产品选择。竞争产品选择的范围并不局限于具有直接竞争关系的产品，以 iPad 版即时通信应用为例，除了 QQ、微信以外，我们还需要选择一些国外的如 Facebook、YouTube 等优秀且受众群体较大的产品。

（2）分析维度。通常我们进行竞争产品分析，可能会从以下几个维度进行对比分析：战略定位、盈利模式、用户群体、产品功能、产品界面（交互方式、视觉表现）等。竞争产品分析在各行业都是一项重要的基本工作，根据不同的职能区分，侧重点会不一样。如运营人员可能更加侧重产品的战略定位、盈利模式、推广方式，产品策划人员更侧重于产品定位、目标用户、产品功能。交互设计师更侧重于产品界面、具体的交互形式。当然，这些维度是有机联系的，断然不可孤立对待。在产品开发过程中，更加侧重于对产品的需求、性能和功能标准进行分析。

（3）分析准则。拿交互设计的竞争产品分析来说，需要参照"可用性准则"来进行分析，可用性准则有很多不同版本，当前较为常用的 10 项可用性准则为：①一致性和标准性；②通过有效的反馈信息提供显著的系统状态；③方便快捷的使用；④预防出错；⑤协助用户认识、分析和改正错误；⑥识别而不是回忆；⑦符合用户的真实世界；⑧用户自由控制权；⑨美观、精简的设计；⑩帮助和说明。

2.1.3 竞争产品分析的步骤

竞争产品分析可以为产品开发提供可行的办法；随时了解竞争对手的产品和市场动态，根据获得的可靠信息判断对方的战略意图和调整方向；了解市场用户细分群体的需求满足和空缺市场情况，从而快速进行自我调整，以保持自身产品在市场中的稳定性或提升市场占有率。本部分将介绍进行竞争产品分析的一般流程，如图 2-1 所示。

```
明确分析的目的
    ↓
合理地界定需要分析的竞争产品
    ↓
确定合适的竞争产品分析维度
    ↓
选择合适的方法并进行具体分析
    ↓
输出分析结果并采取行动
```

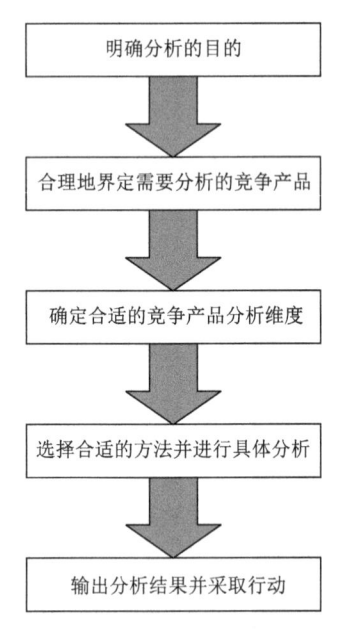

图 2-1 竞争产品分析的一般流程

（1）明确分析的目的。竞争产品分析前，一个很容易陷入的误区是：为分析而分析。竞争产品分析是为用户研究项目、为产品的设计而服务的，所以在分析前一定要明确分析的目的。缺乏明确的目的，仅仅是盲目地罗列出竞争产品的特征或者竞争产品的功能，是没有任何价值与意义的。有了明确的分析目的，才能有针对性地找到分析对象，并据此提前判断在具体的对比分析中需要得到什么类型的结果，这会使整个竞争产品分析的过程针对性更强，更加高效。因为竞争产品分析追求的并不是对竞争产品进行大而全的分析，而是对彼此之间的关键性差异进行深入的剖析。当目的不同时，竞争产品分析的分析对象应该是不同的；同时得到的也应该是有针对性的分析结果，并根据结果采取相应的行动。

（2）合理地界定需要分析的竞争产品。明确了竞争产品分析的目的后，就要确定分析的对象是单个的标杆竞争产品，还是需要多个或一类竞争产品，并使用合理有效的方法，在一定范围内去寻找相关产品并挑选出最有分析价值的一个或多个竞争产品。在开始寻找竞争产品之前，应明确从哪个范围开始，即要明白应该分析哪几个竞争层次的竞争产品。这样在寻找竞争产品时才会更有目的性，效率会更高。竞争产品的界定范围由多个因素决定，最主要的两个因素是分析的目的和市场现状。分析的目的主要考虑是对现有且已经较成熟的产品形态进行微创新，还是寻找跨界或多领域融合的创新产品机会；关注市场现状则是了解自己的产品是处于成熟行业，还是新兴领域，这可以帮助我们决定是要更多地寻找同类产品还是存在潜在竞争关系的"相关产品"。

（3）确定合适的竞争产品分析维度。在具体的分析中，无论是什么类型的产品，都可以首先从公司层面、产品层面、用户层面三个层面去思考竞争产品分析的子维度。特别是在要求快速分析时，可以直接从这三个层面去观察竞争产品，挑选出能体现竞争产品之间主要差异的维度进行深入的对比分析。分析维度的选择需要根据不同阶段的不同目的，依据具体情况灵活操作，选择不必过分求大、求全，面面俱到不一定意味着分析结果更有效。

（4）选择合适的方法并进行具体分析。完成了竞争产品的界定，并确定了分析的主要维度后，接下来就是选择并使用合适的方法进行竞争产品的具体分析了。除了制造业领域的大型产品推出前需要进行专业的、高成本的市场调研与竞争对手分析外，大多数情况下，竞争产品分析的工作并没有被分配较多的人力和时间资源，它们被要求快速执行并得到有针对性的分析结论和建议，所以，分析人员要根据可用的资源以及各方法的特点，选择合适有效的方法进行竞争产品的具体分析。

（5）输出分析结果并采取行动。竞争产品分析完成后，一般需要以报告或文档形式输出相关分析结果，有时为了方便快捷沟通，也可以只是简单的图片与表格等。在用户研究中，产出的竞争产品分析报告因主要受众（阅读报告的人员）不同，往往其详尽程度也不尽相同。无论是使用什么分析方法，从什么维度进行分析，一份竞争产品分析报告应当包含的主体内容，一般是类似的。简单来说，就是根据某些关键的维度，列出各产品（包括自己的产品）对应的具体表现，然后比较彼此之间的异同，并分析各自的优势与劣势、优点与缺点，最后一步，也是最能体现整个竞争产品分析价值的一步，就是通过判断自己产品（或概念）相对于竞争产品的优势与劣势，提出自己产品的机会或有针对性的改良建议。这些机会和建议，可以为相关决策人员或产品设计师提供宝贵的参考。

2.2　竞争产品分析的目的

单纯的竞争产品分析是没有意义的，为了避免陷入为了分析而分析的误区之中，应当将竞争产品分析视作了解竞争环境、解决问题的重要手段，明确分析的目的。总的来说，从产品的设计与开发价值来说，可将竞争产品分析的目的分为两类：①为产品开发提供参考，即对产品的多维度要素给出类比归纳的分析结果，用以了解现有产品的发展优势，从而借鉴于产品开发过程中；②为产品优化或改良提供参考，即通过与竞争产品（特别是公认的优秀竞争产品）的对比，找出自身的不足与优势，为产品的改进找准方向，同时挖掘竞争对手成功或失败的地方也能为自己提供学习和改进的标杆。

在产品开发的具体工作中，对于不同岗位的人员，以及在不同的项目阶段和产品的不同生命周期，竞争产品分析这项工作也具有不同的作用和意义，以整个项目流程为线索，可分为六类。

（1）产品定位。结合对竞争产品的战略层分析，以期明确行业的发展，准确为产品进行定位和布局，也为接下来的产品开发定下基调。

（2）决策参考。充分了解同类型、同行业的竞争产品，了解市场和行业的大环境，可以避免因低概率事件做出过于轻率的判断和决策。

（3）了解需求。从竞争产品的功能和表现形式，逆推设计者的目的或目标，从侧面了解用户的需求。同时，通过竞争产品的对比分析，可以找到大部分成熟的竞争产品体现出的共同点，这些特性很可能反映的是用户的普遍需求。

（4）学习标杆。在进行一款新产品的规划与设计前，如果行业内有成熟的竞争产品，对这款产品进行深入的分析是研究行业、产品最有效的捷径。此外，在产品的具体设计阶段，了解优秀竞争产品的解决方案也可以为产品细节设计提供有价值的参考。

（5）促进沟通。深入的竞争产品分析可作为项目组各职能人员沟通的基础，让团队对所研究的行业与对象有足够的了解，在产品上达成更多共识，有利于团队的后续研究和产品开发。

（6）测试验证。在可用性评估和测试中，加入竞争产品进行对比测试，能够更有效地评估、验证自己产品或设计方案的实际效果。在以用户为中心的产品设计中，竞争产品的分析已经成为正式进入设计前的研究工作中非常重要的一环。

实际上，在众多企业中，特别是一些中小型创业公司，竞争产品分析往往是产品团队需求分析中最重要甚至是唯一的方法，特别是当行业已经比较成熟，不需要对用户需求从零开始进行挖掘，或者因团队的时间和其他资源有限而无法全面分析用户，或是竞争对手的产品非常优秀已经是公认的学习标杆。总之，无论是什么规模的企业和团队，处于什么样的阶段和行业环境中，竞争产品分析都是策略制定、产品规划与设计前非常重要的一项工作。

2.3 竞争产品的选择与分析维度

2.3.1 竞争产品的界定范围

确定竞争产品集合的方法之一是考虑其他产品与本产品在实体属性上的接近性，因此，竞争产品的范围界定可以借鉴产品的竞争层次分析方法。在这里，我们借鉴产品的市场竞争、功能需求竞争和用户竞争的层次分析方法，提供识别竞争产品界定的参考思路。

（1）产品的市场竞争层次。如表 2-1 所示，市场竞争的四个层次对应于具体产品群，可以理解为产品竞争关系的四个层次，从直接到间接，由集中到发散，范围由小到大。实际上，它不仅定义了产品市场竞争关系的四种类型，同时也为相关人员提供了一种寻找并判断哪些产品与当前产品形成竞争的方法。这四个层次对于定义产品的竞争关系具有重要参考价值。

表 2-1 产品的市场竞争层次

竞争形式	定义	导向
产品形式竞争	这个层次是同类产品，具有相同的产品特征，面对同样的细分市场	以内部为导向
产品品类竞争	具有类似特征的产品或服务之间的竞争。在界定竞争对手时，企业应重点考虑这一层次的竞争对手	以内部为导向
产品属类竞争	满足同一用户需求的产品或服务之间的竞争，属类竞争以更长的时间跨度为导向，是着重于替代产品分类的一种概念	以外部（企业外部的用户）为导向
预算竞争	这个层面的竞争考虑了市场上争夺同一个消费者钱包份额的所有产品和服务	以外部（企业外部的用户）为导向

在图 2-2 的例子中，所有的"0 糖"可乐之间形成产品形式竞争（最内圈），"软饮料"构成产品品类竞争，所有"饮料"品类之间构成属类竞争，而包括食品、娱乐产品等其他所有争夺消费者预算的产品（或服务）则构成了预算竞争。这个竞争层次源于市场和品牌管理领域，适合用来定义传统实体产品的竞争层次。

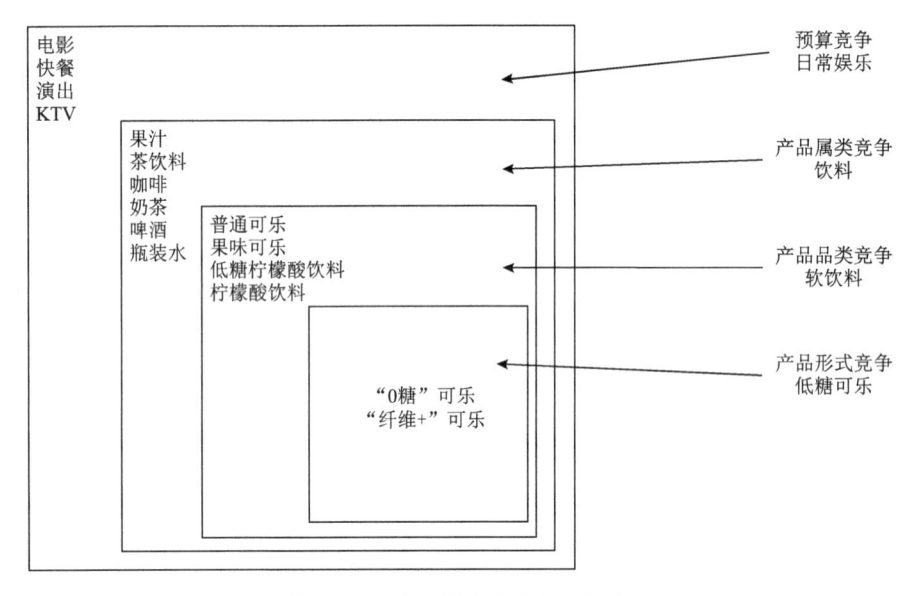

```
┌─────────────────────────────────────────┐
│ 电影                                      │  ← 预算竞争
│ 快餐                                      │    日常娱乐
│ 演出                                      │
│ KTV                                      │
│  ┌────────────────────────────────────┐ │
│  │ 果汁                                 │ │  ← 产品属类竞争
│  │ 茶饮料                               │ │    饮料
│  │ 咖啡                                 │ │
│  │ 奶茶                                 │ │
│  │ 啤酒                                 │ │
│  │ 瓶装水                               │ │
│  │  ┌──────────────────────────────┐  │ │
│  │  │ 普通可乐                        │  │ │
│  │  │ 果味可乐                        │  │ │  ← 产品品类竞争
│  │  │ 低糖柠檬酸饮料                   │  │ │    软饮料
│  │  │ 柠檬酸饮料                      │  │ │
│  │  │  ┌────────────────────────┐  │  │ │
│  │  │  │                          │  │  │ │
│  │  │  │    "0糖"可乐              │  │  │ │  ← 产品形式竞争
│  │  │  │    "纤维+"可乐            │  │  │ │    低糖可乐
│  │  │  │                          │  │  │ │
│  │  │  └────────────────────────┘  │  │ │
│  │  └──────────────────────────────┘  │ │
│  └────────────────────────────────────┘ │
└─────────────────────────────────────────┘
```

图 2-2　产品市场竞争的四个层次

（2）产品的功能需求竞争层次。依据产品的主要功能及满足用户需求的不同，可以将竞争产品分为两类：①直接竞争者，包括了市场目标一致，产品功能和用户需求相似度极高的产品，如美的空调与格力空调、新浪微博与腾讯微博、几大门户网站等；②间接竞争者，在功能需求方面互补的产品，它们往往用户群高度重合，但目前不构成直接的利益竞争，而一旦处于同一市场环境也可以成为潜在的竞争关系，例如可乐和咖啡、电影和书籍、空气加湿器与空气清新剂等。

（3）产品的用户竞争层次。以产品的目标用户来判断是一种更为直接和宽泛的竞争层次定义方法。通过对目标用户不同维度和粒度的细分，可以将所有产品细分为对应的类别。依据此理论基础，可以将竞争产品分为以下三类：①直接竞争者：这一类是最好理解且最常分析的竞争产品，即与自己产品目标用户相同、内容相似，构成直接竞争的产品。②潜在竞争者：这个的内涵其实很广，即产品目标用户相似，但目前产品的功能模块并不相同的一类产品。如产品 A 和 B，目标用户几乎相同，但 A 的主要功能模块之一 X，B 目前并不包括。虽然目前未形成直接竞争，但是通过后期的改版或升级，B 很有可能加上模块 X。此时，可将 B 视为 A 的潜在竞争对手。③转移性竞争者：是指目标人群具有一定的共性，但产品目标又有着明显差异的产品，比如在坐地铁时，用户可以选择用手机阅读、玩游戏、看新闻……这些产品都构成了转移性竞争。

2.3.2 竞争产品的界定方法

竞争产品的竞争层次理论，定义了产品在整个市场环境中的竞争关系，也为分析人员在什么范围寻找竞争产品奠定了理论基础。分析人员需要根据自己产品的特征及定位，参考竞争层次的定义，在一定范围内去寻找竞争对手并挑选出最有分析价值的一个或多个竞争产品，这个过程即竞争产品的界定。下面介绍几种竞争产品的界定方法。

（1）产品竞争层次界定法。前文提到的产品的市场竞争和功能需求竞争的层次理论，不仅可以用来定义产品的竞争层次，也可以用来作为搜集竞争产品的有效参考。分析人员以自己产品（或产品概念）为基准，参照产品的竞争层次分别去搜集一定数量的具有代表性的竞争产品，然后从每个层次选择若干个产品，加入到"竞争产品库"中，作为接下来要重点对比分析的产品。

以图 2-3 为例，现有一款 PC 端的即时通信类应用 A，欲寻找合适的竞争产品进行对比分析。此时，可以产品 A 的特质或关键词为参考，依四个层次从内到外去搜集竞争产品：①产品形式竞争——即时通信应用（PC 端）；②产品品类竞争——聊天软件（包括 PC 端和移动端）；③产品属类竞争——通信工具（包括软件和硬件）；④预算竞争——休闲娱乐活动。然后，再根据实际情况（信息搜集的难易程度、分析的深度、时间成本等）从每个层次中选择几个产品作为最终要分析的对象。竞争产品的搜集结果如图 2-3 所示。

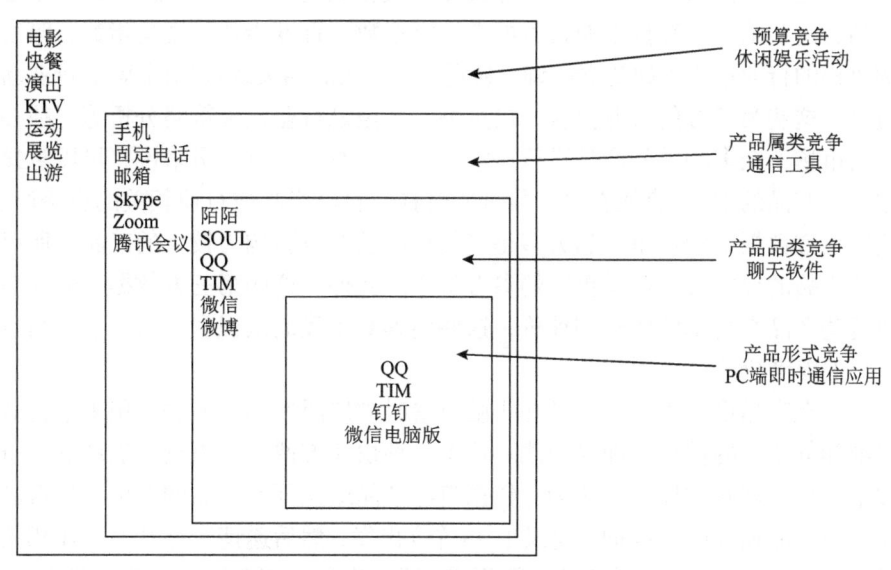

图 2-3 基于产品市场竞争层次的界定方法

（2）基于用户判断的界定方法。竞争产品的界定，一般是指以自己产品或产品概念为基准，搜集和选择合适的竞争产品作为研究对象。在市场调研与分析中，一种更为客观有效的竞争产品界定方法是邀请用户来判断。在产品的设计与开发过程中，邀请目标用户参照一定的维度以及自己的感知，对分析人员提前给出的大量产品进行选择或分类，找出用户认为的构成竞争关系的一类产品。通过这种方法，有助于分析人员以用户的感知和认识找到大量的竞争产品并对其竞争层次进行判断。在市场调查中被广泛传播的，用于消费者进行竞争产品界定的维度包括四个方面，具体如表2-2所示。

表2-2 基于用户判断的界定方法

界定维度	方法简介
整体相似	利用感知图（perceptual map）进行产品或品牌在整体印象上的相似性测量
部分相似	给用户列出大量产品名称，要求用户对这些产品进行分组，分出的每组产品是可以相互替代的
产品删除	假设一组产品是可替代的，并构成了一个市场，当一个产品从备选方案中删除后，用户更可能会从剩余产品中购买而不是在该范围之外选择
使用替代	让用户列出指定产品所具有的全部功能，再列出具有相似功能或特征的其他产品，最后对所列举的产品进行相似度打分

（3）直接参考第三方数据的界定方法。在进行竞争产品界定时，一种更加简单的方法是，直接从第三方数据来寻找相同或相似类型的产品。例如，对于互联网产品，这些第三方数据来源常见的有淘宝指数、百度指数、搜狗指数、第三方咨询机构的行业报告（如艾瑞咨询、易观智库、政府相关统计部门等）、行业新闻报道等。这些第三方的行业报告、白皮书，甚至是行业投资策略分析等，往往会对目前市场上众多相关的产品进行一定的分类。对于分析人员来说，可以直接参考这里对产品的细分，直接在这里找到并选择与自己产品或行业相关的竞争产品。这些第三方数据中的竞争产品大多是当前口碑较好或影响力较大的产品，所以对于竞争产品的界定具有极其重要的参考价值。此外，这些第三方数据一般或多或少对这些产品有简单的比较和评价，这些内容对于我们认识和分析竞争产品也具有重要的参考价值。

（4）在产品设计中，有一种在头脑风暴时被广泛使用的方法，用来进行概念的发散和创意点的搜集，即联想法。这是一种快速方便，且更具发散性的竞争产品搜集方法。其基本操作方法为：依据自己产品或拟开发产品的定位，从自己的产品或与产品相关的关键词（建议1~5个）出发，然后邀请产品开发工作相关的人员一起，通过头脑风暴的方式发散思维，联想出与拟定关键词相关的竞争产品，来有效地更大范围地寻找与自己产品直接或间接竞争的产品。一般来说，用联想法来界定竞争产品可分为三种类型，如图2-4、图2-5和图2-6所示。

图 2-4 横向联想法

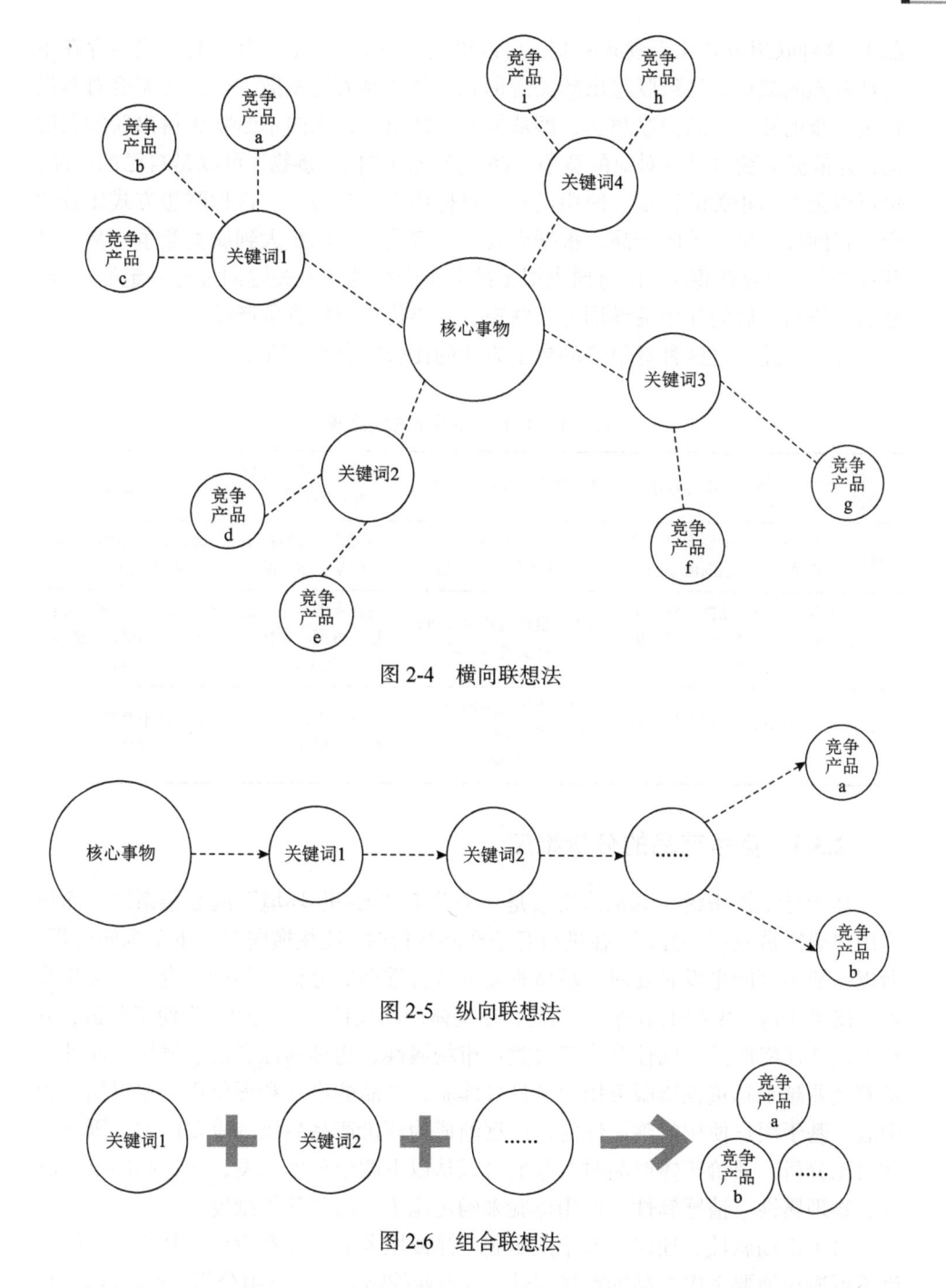

图 2-5 纵向联想法

图 2-6 组合联想法

横向联想法，即围绕一个核心事物（某个产品，一般是自己的产品）进行关键词联想，然后依据得到的关键词，再分别联想出与关键词相关的产品（竞争产品）。这种联想方式几乎没有限制，可以得到大量关键词，但相对地，也会存在主观性较强的缺点，导致联想出的关键词和竞争产品太过发散，往往还需要对其进行进一步的筛选。纵向联想法，即从核心事物出发，纵向不断联想得出新的关键词，并依据关键词寻找对应的竞争产品。这里的"核心事物"可以是自己的产品，也可以是产品相关的特征、使用场景、目标用户、行为等。这种联想方式比较适合寻找间接竞争关系的产品，根据需要，界定范围可以扩大到属类竞争，甚至是预算竞争。组合联想法，即对预先拟定的关于产品的几个关键词进行一定的组合，然后围绕组合后的几个关键词进行联想，并寻找对应的竞争产品。

综上所述，这四种竞争产品界定方法的比较如表 2-3 所示。

表 2-3 竞争产品界定方法比较

比较项目	产品竞争层次界定法	基于用户判断的界定方法	直接参考第三方数据的界定方法	联想法
特征	基于产品竞争层次来寻找竞争产品，范围由小到大	基于用户对产品的分类概念来收集竞争产品	参考第三方数据来收集竞争产品	通过关键词的联想来收集竞争产品
优点	参照某个产品核心特征去寻找，针对性强，结果更准确	可以从最广的范围找到大量相关竞争产品	直接参考第三方数据，方便、快捷、效率高	思考更自由，利于分析人员开阔视野，激发创新
缺点	比较依赖于分析人员的经验，主观性较强	需要对市场相关概念有一定的了解；范围过于宽泛，不易聚焦	思维受限，容易忽略更广层次的竞争	范围过于发散，不易聚焦

2.3.3 竞争产品的分析维度

从产品结构来说，其构成要素是一个关于"人-机-环境"的复杂系统。而作为用户研究员或产品经理，在进行竞争产品分析时，往往横向对比重于纵向分析。所以一般不可能也没必要对产品所有要素进行透彻的分析（如社会意义、文化背景、技术详情、生产细节等）。因此，在实体产品设计与研究中，为便于分析，分析人员往往将产品的属性分为三大类：市场属性、物理属性和情感属性。此外，随着企业越来越重视所服务用户的良好体验，产品的设计和评价更需要以用户为中心，基于用户使用的整体体验，已逐渐成为评价产品品质的重要因素。因此，在对比分析、评价实体产品时，我们可以从以下四个角度出发，从产品的市场属性、物理属性、情感属性、使用体验来确定竞争产品的分析维度。

（1）市场属性。任何为非个人定制产品或服务的研发和设计，从立项开始，就不可避免地要考虑产品的市场属性。从企业战略管理、营销分析，到项目立项、产品功能定位，相关人员都需要去了解相关行业的发展背景、现状和未来发展趋势。而对于大多数团队,它们并没有能力去进行全面的市场调查(事实上多数情况下也没有必要),而是通过了解有限数量的竞争产品,快速有效地了解整个行业的发展现状,预估未来的发展趋势。在进行竞争产品分析时,分析人员需要了解的产品的市场属性又可分为市场背景与企业背景(表2-4)。在选择具体分析的维度时,需要依据分析的侧重点及信息获取的难易程度,有针对性地选择细分维度。

表 2-4 产品的市场属性

市场背景	企业背景
行业发展脉络	企业发展现状及战略
发展趋势	产品目标定位
市场细分	目标用户及用户反馈
行业价值链	销售情况、市场占有率
行业技术	营销战略战术
环境影响	设计能力
相关政策法规	生产水平
社会及政治影响	技术特征

(2)物理属性。产品的物理属性是指以物理形体或形象为载体呈现出的各种属性,这些属性是评价一个产品时的最重要和最直观的分析对象。对于实体产品,其最常见的物理属性包括:功能(产品之于用户的作用或产品能完成的事情)、材料、配件、工艺、质量、结构、色彩、图案、包装、使用的技术与规范等。这些属性是实体产品最基本的组成元素,因此在传统的产品设计中,这是设计师进行具体设计时需要考虑的核心元素。对竞争产品的评价与分析,不可能绕开对这些要素的分析。通过对竞争产品物理属性的对比分析,可以为自己产品的设计提供具体的借鉴和参考,取其精华、避其糟粕。

(3)情感属性。人们在认识客观世界时,总会对它采取一定的态度,并产生某种主观体验,从而形成各种各样的情感。产品情感属性区别于物理属性,但由物理属性延伸而来。产品除了要满足用户的基本功能需求外,还要具有一定的情感价值,给用户带来美的、愉悦的情感体验。对于常见的消费类实体产品,其情感属性常见的有安全感、美感、舒适性、力量感、个性、亲和感、掌控感、科技感等。需要特别指出的是,对产品的情感属性并没有较为统一的定义,因为对于不同类型的产品、不同的用户,在不同的自然和人文环境下,产品带给人的情感体验差异很大,因此无法一一列举。在进行具体的竞争产品分析时,对于产品的情感属性分析人员只需要根据产品的实际情况合理选择其中的一个或几个维度即可。另外，产品的情感属性是基于使用者（用户）来说的，所以在分析时一定要结合用户使用和感受的真实情况来进行分析。

（4）使用体验。竞争产品分析中的用户体验维度分析是为了评估产品的可用性和易用性。在分析时，研究人员需要寻找若干个功能相似的同类型产品，根据产品的主要功能点，拟出一系列任务；然后邀请用户依次完成这些任务，并需要用户向研究人员反馈其操作过程中的生理和心理方面的感受。当然，在此过程中，研究人员还需要主动统计诸如完成率、成功率、错误率等客观数据。这些也是评估竞争产品实际体验的重要参数。这个过程，与用户研究中的可用性测试非常相似，但不同的是，此时的可用性测试加入了竞争产品作为分析对象，其目的更多是进行横向对比。很多时候，分析人员会使用"用户体验地图"这一种简单高效的工具来进行产品使用体验的分析。

2.4 竞争产品分析方法

明确竞争产品分析的目的、界定需要分析的竞争产品的范围，并通过一定的方法选择好要分析的竞争产品后，接下来就是最关键和最重要的一步了，即竞争产品的具体分析环节。竞争产品的具体分析方法，重点在于对比，即罗列信息并找出"异"与"同"，然后深入地分析这些异同背后的因素并形成自己的观点。而最后的"深入分析"才是整个竞争产品分析的关键所在，也是最有价值的部分。

很多时候，最直观常用的具体分析方法，就是罗列出竞争产品的各个功能、特征等要点，然后进行简单的对比分析。这种先罗列然后对比的方法，确实是竞争产品分析的核心思路，而且对于分析人员来说也是最简单的方法。但在很多情况下，这种程度的分析容易停留在判断竞争产品之间功能或属性的"相同"或"不同"等层面。其深度和客观度是远远不够的。简单地罗列并对比可以找到竞争产品的共同点和差异点，但很难挖掘出产品背后的逻辑，即出现这些差异的原因和这样做的优缺点。因此有必要在此基础上，对竞争产品的具体分析方法进行更多的拓展和丰富。

2.4.1 根据已有信息进行直接分析

根据已有信息对竞争产品进行直接分析（这里简称为直接分析法），是指针对现阶段已掌握的竞争产品的信息、数据进行对比分析，从而更深刻地去认识自己以及竞争方产品的问题。这些信息和数据可以来自各种行业报告、产品分析网站，如论坛、企业报告、搜索引擎等。直接分析时，由于大部分信息是二手资料，所以关于产品具体细节的信息相对较少，除了对可观察到的核心属性进行对比外，更容易聚焦于产品的市场属性或战略层。当然，也可以通过竞争产品的官网、电商平台、用户和官方论坛等途径去了解产品的主要功能、参数等；然后综合通过各渠道收集来的信息，利用一定的方法，进行直接的对比分析，找到竞争产品的优势和劣势。

利用现有的与竞争产品相关的信息进行对比分析，可以使用很多方法，包括信息对比法，在营销分析时常用的 SWOT 分析、PEST 分析、GE 矩阵、安索夫矩阵，以及在互联网产品定位分析时应用广泛的精益画布分析等，还有参考用户研究的相关概念引进的方法（人物角色法、KANO 模型等）。这些方法各有自己的优势、局限与特征（图 2-7），接下来将以 SWOT 分析法为例进行重点介绍与研究。

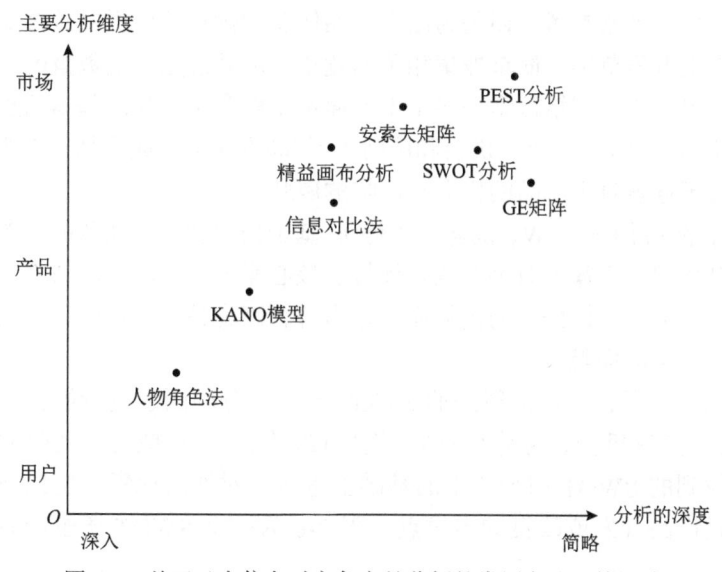

图 2-7　基于已有信息对竞争产品分析的常用方法比较矩阵

SWOT 分析法，又称优劣势分析法，最早由旧金山大学的管理学教授于 20 世纪 80 年代提出，是用来确定企业自身的竞争优势与劣势、机会与威胁的一种分析方法，旨在帮助企业将战略规划与内部资源及外部环境有机结合起来。优势和劣势、机会和威胁都是相对的，因此 SWOT 分析的重点是与竞争对手进行全方位的比较。通过比较才能对产品的优势和劣势有客观的认识，从而帮助企业或产品团队在行业环境中找到自身定位。显然，SWOT 分析更适合从市场与行业背景等比较宏观的维度来分析竞争产品，而不是产品的具体功能与结构等细节。

SWOT 分析法在竞争产品分析中的应用模型如表 2-5 所示。分析的一般步骤如下。

表 2-5　竞争产品分析中的 SWOT 分析法

		内部	
		优势 strength	劣势 weakness
外部	机会 opportunity	SO 优势+机会	WO 劣势+机会
	威胁 threat	ST 优势+威胁	WT 劣势+威胁

（1）明确自己企业（产品）的行业属性，以及竞争产品分析的目的，是为新产品的设计提供策略参考，还是为已有产品体验的优化迭代提供数据支撑等。

（2）界定竞争范围，简单搜集相关的竞争产品并确定一定数量的竞争产品作为分析的对象：通过网络搜索等多个渠道简单了解竞争产品的基本信息。

（3）外部分析（O 和 T，机会和威胁），判断本企业（或产品）在所处行业环境中，相对于竞争对手产品的机会和面临的威胁。

（4）内部分析（S 和 W，优势和劣势），基于公司和产品团队的资源与能力判断，写下自身相对于竞争对手的竞争优势、核心竞争力及弱点、缺点。进行内部分析时要着重关注分析公司的优势而不是劣势，因为整个分析的目的是要发掘市场机会，而不是市场阻力。

（5）综合分析，对以上得到的 SWOT 四个部分的因素进行组合分析，分为四个类别：优势+机会、劣势+机会、优势+威胁、劣势+威胁。此时的分析目的是在已经找到的 SWOT 四个要素的基础上进行针对性的探索，挖掘新的市场机会，或寻找产品开发或改良的出发点。表 2-6 为一个 SWOT 竞争产品分析结果的示例。

表 2-6 是关于智能睡眠监护设备的 SWOT 竞争产品分析，此类产品主要包括硬件端的监测设备，以及智能手机端的 APP 两个部分。根据产品"睡眠生命体征监护"的初步定位，以及国内外行业睡眠及体征监测产品的现状，选择了 5 款产品作为竞争产品来比较，通过相关产品官网、论坛等互联网渠道，了解产品的一些基本信息：主要是一些比较容易获得和了解的信息，如产品主要定位、核心功能与技术、使用方式、价格定位、维护或运营方式等。然后分析人员需要根据此类有限的信息，对比自己产品（或产品概念）的定位以及技术资源等，分析自身相对于这些竞争对手的优势与劣势、机会与威胁，最后进行组合分析得出结果。

表 2-6　SWOT 竞争产品分析案例

	内部	
	strength 优势	weakness 劣势
	①非接触监测技术，可减少对用户的干扰，提升佩戴体验； ②监测精准度高，有核心技术优势； ③有医院等合作资源	①产品刚起步，在技术与体验的优化方面需要较长时间去完善； ②团队规模小、相关产品经验少； ③前期小规模生产，成本不易控制
外部 opportunity 机会 ①现代人对健康、医疗等越来越重视； ②众多科技企业都在手环等非必需品上火拼，但对健康监护、云医疗等领域缺乏足够重视； ③目前的睡眠监测产品大多是利用运动感应器监测用户体动，实用价值极其有限； ④众多同类产品佩戴体验不佳	SO 优势+机会 ①以移动健康与云医疗为重要推广概念，抢占智能健康监护设备的风口； ②设计和推广可重点从 B 端发力； ③产品重点关注"无扰式"概念，从各方面优化体验； ④产品运营探索与社区、医院等资源合作的模式； ⑤形成长期的个人健康报告，提高检测数据的价值	WO 劣势+机会 ①在除技术核心之外的产品链其他环节，与其他企业合作，加快产品的推出进度，尽快抢占市场； ②与优秀的用户体验研究团队合作，保证产品能够实现优秀的体验后再推出
threat 威胁 ①在同类产品中已存在某些方面相对成熟的对手，无先发优势； ②用户担心产品的辐射等安全问题； ③很多用户更信赖国外产品的技术； ④此类型产品的市场接受度较低，普及有难度	ST 优势+威胁 ①以技术优势为产品核心，并将此作为市场宣传推广的重要卖点，与其他产品区分开来； ②从技术和材料上降低辐射隐患的同时加强对用户的教育； ③突出技术的绝对优势	WT 劣势+威胁 ①强调产品的增值健康服务概念，弱化产品硬件成本高的印象； ②强调在行业内领先于国内外技术的优势； ③探索与医疗机构合作的模式，帮助推广产品概念

2.4.2　通过直接体验产品来分析

在大多数情况下，使用直接分析的方法对罗列出的竞争产品属性进行对比分析，往往比较直观、高效，可以满足大多数类型的产品的分析。但是在各企业对用户体验越来越重视的背景下，这样的分析往往是不够的：产品的功能属性与其表现出来的可被观察的特征是企业产品保持差异性的关键，但在功能愈趋同质化的趋势下，产品的良好用户体验才是维持用户黏度、保持竞争力的核心要素。深入地分析、比较竞争产品的交互细节，能够挖掘出可以借鉴参考的设计亮点，以及发现需要避免的设计误区。所以分析人员不仅要细致地观察产品，还要通过亲自体验产品来了解并分析竞争产品有价值的细节设计,在此简称为"体验分析法"。

竞争产品分析中的体验分析法是指分析人员直接使用竞争对手的产品,通过系统地亲身体验去了解竞争产品。在体验并分析竞争产品的过程中,同样可以使用前面提到的各类信息对比法及其他直接分析的方法。而且在体验过程中,会比使用直接分析法获得更多更直接的产品细节,这也使产品之间的属性对比更为可靠,同时,在拥有产品的直接体验后,相关人员的分析会更为深刻。

在体验并分析多个竞争产品的过程中,需要遵循一定的逻辑与用户流程,重点关注与任务相关的可用性问题,对体验细节的评估也要参照一些权威的可用性与易用性原则。所以,虽然这种方法非常依赖于研究人员自身的体验和认知,但它并不是盲目主观的。在体验分析法中,最常用的方法包含了产品可用性研究中常用的两种方法,即"认知走查法"与"启发式评估法"。

1. 认知走查法

认知走查法是通过分析用户的心理过程来评价用户界面的一种方法,常用于界面设计初期进行的产品可用性研究。这种方法不需要招募用户,只需要专家(分析者)参加,也不需要收集和分析大量的数据,因此同样适用于对竞争产品的研究。从该方法的起源,以及关注点来看,显然这种体验法更适宜于软件或软硬件结合类产品的分析。简单来说,这种方法就是要求评估者模仿用户,使用产品(或原型)来解决问题并检查产品是否易用的过程。

认知走查法关注用户是否能在每个操作步骤上根据产品界面提供的线索判断出正确的下一操作,而不是"应该去如何使用产品",这样就将对竞争产品的可用性评估的研究视角从产品和设计者转移到用户身上(这也与以用户为中心的设计思路一致);通过这种方法,从用户的视角对包括自己产品在内的多个竞争产品进行可用性评估,可以有效地判断出哪个产品的哪个部分存在可用性问题,或者哪个产品的哪个设计是一种非常有效的解决方案。特别是对于那些公认的标杆竞争产品,这种分析方法可以发掘其在产品的设计细节上值得学习的亮点,这将为自己产品的设计与优化提供重要的启发。

在竞争产品分析中,使用认知走查法进行竞争产品可用性评估的一般步骤可总结如下。

(1)准备一个或多个要进行评估的产品,也可以是相关产品的原型。

(2)分析人员根据对此类型产品的核心功能和主要用户的了解,预设一系列明确且具体的走查任务。

(3)以完成预设的任务为目标,通过进行产品体验来完成每个任务,并记下体验过程中的关键信息(也可以请其他分析人员帮助),关键信息主要包括两个方面:完成任务时遇到的问题、"用户"的经验与看法。

（4）依据同样的方法体验其他的竞争产品（当要分析多个产品时），可使用表2-7所示的方式记录走查中的关键信息。

（5）完成体验后，对比在体验中记录下来的所有产品关键信息列表，在同一任务或子流程中进行横向比较，分析哪个产品对于用户来说可用性更好。

表 2-7　认知走查法在竞争产品分析中的应用

任务	竞争产品 1	竞争产品 2
任务 1	问题	问题
	"用户"经验与看法	"用户"经验与看法
任务 2	问题	问题
	"用户"经验与看法	"用户"经验与看法
……	……	……

通过这种形式的对比，很容易看出对于同一任务哪个竞争产品的任务流程明显更复杂，以及用户（分析人员模拟）遇到的问题有哪些，这些问题是否一致等等，这样就可以做一个横向的对比，判断哪个竞争产品的任务流程设计得更合理，哪些细节的处理对用户顺利完成任务效果更好。这有利于发掘出不同产品之间在可用性问题上的相对优势与劣势。

2. 启发式评估法

与认知走查法类似，启发式评估法也是一种非正式的、分析性的可用性评估方法。启发式评估法可以用于研究并提高产品的可用性，或者用于收集需求，也可以用于对竞争产品进行评估以找出其优势和劣势。简单来说，就是由评估者（一位或多位）对照一些可用性准则并依据自己的经验来对产品的界面的可用性进行相对独立的评估。从直接对产品的界面进行评估这个角度来说，启发式评估法也可以被视作一种"直接分析法"，但是使用这种方法的目的是了解产品的可用性而非某些表象的特征，更多的是要求评估者模拟用户来使用产品。

与认知走查法相比，启发式评估法一般并没有比较系统的步骤或流程。一般的做法是：①准备需要进行评估的竞争产品的主要界面；②邀请在产品可用性研究方面或在本行业内经验丰富的评估者（一般称为专家，如果不能找到专家，则需要评估者在充分了解产品与评估标准后再参与），依据一定的顺序对所有要评估的界面参照一定的可用性原则进行可用性评估；③分析评估结果：通过评估，可以找出竞争产品在可用性的表现上，哪些是优秀的，哪些是差强人意的，哪些对于自己产品的开发或优化是有参考价值的，哪些是要引以为鉴并避免的。需要说明的是,启发式评估法最早源于软件和界面设计领域,而且针对用户的操作来说,一般软件产品的使用细节会比普通硬件产品更多更复杂,一般软件产品更加关注产品的可用性,所以这种方法更加适用于软件产品的竞争产品评估。

2.4.3 通过对用户的调研进行分析

在竞争产品的具体分析方法中,无论是直接分析法,还是体验分析法,都是由分析人员来主导,而几乎不需要用户的参与。这样的方法往往成本低、简单易用,但也存在一定的局限性:因为大多是基于分析人员的主观判断,一般是从产品的战略层到功能体验细节的一种自上而下的分析过程,所以非常依赖于分析人员自身的认知与经验。鉴于此,在成本及用户等资源允许的情况下,将用户纳入竞争产品评价分析者的范围是非常必要的:让用户参与对竞争产品功能和使用体验的评估,是以一种自下而上的视角来分析竞争产品,这样能使竞争产品的分析更为完整、透彻、客观,这也与以用户为中心的设计思路相一致。

通过对用户的调研进行分析(这里简称调研分析法),是将用户调研纳入竞争产品分析的范畴。一般的产品分析与测试中,用户的参与可以说是极其重要的部分,在竞争产品的对比分析中,为了使分析结果更加客观,真正体现产品之于用户的优点与缺陷,同样需要对用户感知、使用产品的情况进行调研。只是这里的调研可以不用像标准的用户研究那样那么系统全面、细致深入,达到能甄别出几个产品之间的关键差异点即可。所以这里的调研可以是简单的调研,也可以是系统化的调研。一般来说,能深入了解自己产品的方法——在线访谈、入户访谈、焦点小组、问卷调查、可用性测试等方法,同样适用于了解竞争对手的产品。

所谓简单的调研就是通过电话、微信、QQ 等联系一批用户,并通过在线沟通的方式,了解用户使用竞争对手产品时的情况。系统化的调研则可以引入一般用户研究的常用方法。使用诸如访谈、焦点小组、问卷调查等方法固然可以比较客观地了解到用户对产品的意见,从而分析出竞争产品存在的问题;但是,往往比较耗费时间与人力,而且这些方法本就是以用户而不是以产品为直接研究对象,在竞争产品分析环节显得并不如直接分析法与体验分析法那样高效。因此,为了让用户参与的同时针对性更强,一些用于产品原型评估与测试的方法,可能更适合,如价值机会分析、语义差异法、感性工程、可用性测试等。接下来以价值机会分析法为例进行简单介绍。

价值机会分析,也叫价值机会测量,最早是用来分析、界定产品的设计与改良机会的,是由 Cagan 和 Vogel 在 *Creating Breakthrough Products: Revealing the Secrets that Drive Global Innovation* 一书中率先引进的。Cagan 和 Vogel 指出:一

个好的、有用的产品必须是对用户有价值的；而产品的价值，又可以被分解为可用性、易用性等各种具体属性；在产品概念成型后，对其进行价值机会分析，可以找到产品的哪些属性没有达到预期目标，需要进行改进；然后通过针对性的改良与重新设计，最终可以得到用户满意的较为理想的产品。用户研究中的价值机会分析方法，一般用来对用户使用某个产品的体验进行调查，这种方法同样可以用在竞争产品的对比分析中，用来评估自己产品相对于竞争产品在这些价值属性上有何优势和劣势，并据此思考对策。

价值机会分析是指对两种产品概念或产品机会所进行的各项价值机会的定性比较。根据定义，价值机会分析明显更适合对硬件产品进行分析。这种分析方法的核心是产品的七大价值机会（即包括情感属性在内的七类产品属性），每个价值机会又可分解为若干对应的子属性，具体如表 2-8 所示。使用价值机会分析法进行竞争产品分析的一般步骤如下。

（1）找到并邀请一定数量的用户（最好是这一类型竞争产品的经验使用者，对于竞争产品分析来说一般 5 个左右即可）。

（2）让用户针对几个主要竞争产品就量表的各子项目分别进行打分（为方便其后的统计对比，在实践中可以使用的方法是：低分、中分、高分分别打 1 分、2 分、3 分；某些属性无法评价则记 0 分）。

（3）综合所有用户对于同一产品各属性的评分，得出平均值；重复这个过程，得出其他产品的各属性平均值；然后绘制出对应的量表。

（4）在评分比较中进行横向与纵向的对比。在横向上可以很容易看出不同产品的相同属性之间的差异，在纵向上可以看出某个产品的哪些属性评价明显偏低。要注意的是，竞争产品的分析重点在于横向对比，所以这里重点关注的是要找出对于同一属性，哪个产品的表现明显较好或较差，这样可找到某个产品相对于竞争对手最具优势和劣势的属性。

表 2-8　竞争产品价值机会分析

价值机会类型		产品 1			产品 2		
		低分	中分	高分	低分	中分	高分
情感	冒险						
	独立						
	安全						
	感性						
	信心						
	力量						

续表

价值机会类型		产品1			产品2		
		低分	中分	高分	低分	中分	高分
工效学	舒适						
	安全						
	易用						
美学	视觉						
	听觉						
	触觉						
	嗅觉						
	味觉						
产品形象	适时						
	适地						
	个性						
影响	社会						
	环境						
核心技术	可靠性						
	可用性						
质量	工艺						
	耐用度						

2.5 竞争产品分析的应用

竞争产品分析文档属于策略文档：它没有描述用户体验本身，但它是用户体验的垫脚石。它不是设计过程中的输出物，而是对设计最基本的输入。无论竞争产品分析是为了能够对战略有个整体的把握，还是为了瞄准某一具体设计问题，都需要估计一下它将如何整合到产品开发的过程中。竞争产品分析的具体应用如下。

1. 与其他文档搭配使用竞争产品分析文档

竞争产品分析的目的是为具体设计问题或整体战略决策建立讨论的背景，比如产品将包含哪些功能。因此，大多数竞争产品分析文档都会与其他的、更直接地记录了具体决策的交付文件配合使用。

（1）竞争产品分析文档和用户需求文档。用户需求文档是对目标用户的研究或者是对目标用户的研究有所贡献。竞争产品分析可以在两方面发挥作用，既有助于对用户研究日程的详细说明，又可以将结果应用于实际。

一方面，如果你是在与用户接触之前进行竞争产品分析，那么你可以用分析的结果来明确你想通过研究所要澄清的问题。例如，在看了不同的宠物网站之后，你可能注意到了竞争产品使用了两种不同的主页导航策略，即某些网站仅仅用宠物分类将用户引入产品目录，而其他站点提供了额外的产品分类（如在售产品、本周新品等）。在进行用户研究时，可以试着从用户的角度关注这些不同的策略。因此，可以将竞争产品分析文档作为即将成形的用户需求文档（如人物角色）的参考，它们将会对一些具体的问题做详细的说明。

另一方面，可能会将竞争产品分析保留到用户研究或者可用性测试之后。在这种情况下，用户研究可以为竞争产品分析设定议程。例如，在宠物网站项目中，在对可用性测试中的用户做了反馈收集之后，才开始了改进站点的流程。测试结果可能会表明：站点的某些特定的方面最重要，用户对某些功能或特征的设计非常肯定或强烈反对。站点的当前版本提供了大量的宠物护理建议，这有助于分类目录中产品的销售，且用户对该部分内容的反响很强烈。在这种情况下，竞争产品分析可能会着眼于其他站点是如何利用建议部分的内容的。该竞争产品分析应该将可用性测试的结果作为依据，来检验某些特定的评测标准。

（2）竞争产品分析文档和其他策略文档。竞争产品分析文档属于策略文档，它们协助确定了设计方向而不是设计本身。由于每一种策略文档在设计过程中所起到的作用迥然不同，所以它们之间很少彼此引用。但仍可以将这些策略文档作为竞争产品分析的一部分，用它们来描述或者强调各竞争产品的差异之处。简单说来，就是可以为各竞争产品建立概念模型或内容模型，并将此作为一种附加的对比手段。

（3）竞争产品分析文档和设计文档。虽然竞争产品分析有助于推动设计决策，但是，以线框图为例，很难在竞争产品分析和一套线框图间建立某种参照关系。当设计过程进行得很深入时，竞争产品分析的结果早已深入贯穿在设计团队所用的方法中了。结果表明，设计决策与竞争产品分析中的具体观测数据可能根本没有直接的关系。当竞争产品分析针对的是非常具体的设计问题时，它就被当作了设计的源泉。例如，宠物网站的设计团队可能正试着确定搜索框的放置位置，这就是个非常具体的设计决策问题。竞争产品的调查结果可能会表明，它们都将搜索框置于页面的顶端，且大多数都靠左。当将搜索框融入到新站点时，你就可以将竞争产品分析的结果作为设计依据提出了。然而，在设计过程中的这一阶段，此类的参照有时并不必要。

2. 认可竞争产品分析的价值

无论从竞争产品分析中收集到的信息多么丰富，它在设计过程中始终都属于次要内容。毕竟，不能仅仅因为竞争对手怎么做了，自己的产品设计就也应该怎么做。对比的好处就是可以得到一些思路并能确定一个涉足该行所需成本的基准。但是那些信息用于设计决策时，它们的价值是有限的。

以互联网为例，互联网的创新速度很快，无论设计过程如何演进，这类信息（即其他站点是如何解决你所面临的问题的）通常都是有价值的。因为它可以与最新的技术变革潮流同步。变革创新会给现有的格局带来变化。从最基础的层面来讲，受众必须做出选择，而让该选择过程变得简单正是我们作为设计师的职责所在，即使我们不能了解影响决策的所有因素。

当商业网站开始出现时，零售店就面临着一种新的竞争方式。突然之间，竞争者就潜伏到了每一个角落。因此，驱使企业去了解竞争产品的正是企业想了解其受众的那种渴望。在互联网领域，竞争再普遍不过了，其他所有的站点都同样在做你正在做的事情。竞争几乎存在于任何能够吸引并保持用户的注意力的站点之间。了解了受众是如何支配时间以及如何做出决策的之后，就可以预料到其他站点或技术是如何吸引用户的注意力的，从而可以从那些方面展开调查。

【练习与思考】

（1）企业为什么要进行竞争产品分析？企业应该从哪些方面对竞争产品进行分析？

（2）企业进行产品开发之前需要对竞争产品进行分析，那么竞争产品分析的方法有哪些？请举例说明。

（3）选择一款你感兴趣的新产品，查阅相关资料，看看企业是如何进行竞争产品分析的。企业的竞争产品分析是否合理？请作简要说明。

第 3 章

产品规划与定位

在产品开发过程中，产品开发团队需要根据自身的情况和发展方向，制定出可以把握市场机会的产品规划。同时，基于市场上已有产品提供的信息，开发团队可以通过产品定位来明确用什么样的产品满足目标消费者的需求。本章将对产品开发中产品规划与定位这一重要环节进行介绍。

【知识地图】

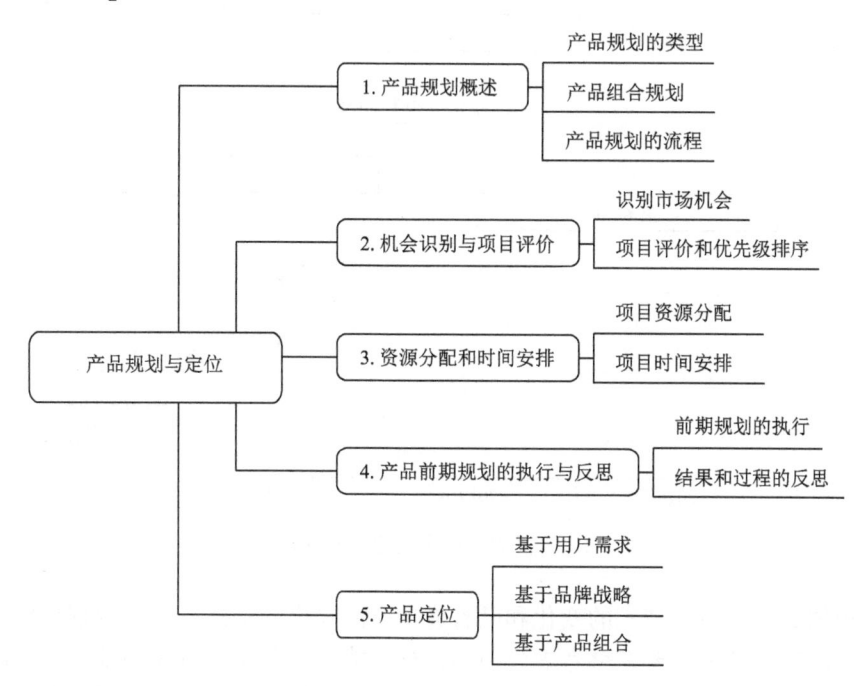

产品规划与定位
- 1. 产品规划概述
  - 产品规划的类型
  - 产品组合规划
  - 产品规划的流程
- 2. 机会识别与项目评价
  - 识别市场机会
  - 项目评价和优先级排序
- 3. 资源分配和时间安排
  - 项目资源分配
  - 项目时间安排
- 4. 产品前期规划的执行与反思
  - 前期规划的执行
  - 结果和过程的反思
- 5. 产品定位
  - 基于用户需求
  - 基于品牌战略
  - 基于产品组合

【学习目标】

本章将介绍产品规划的类型和具体流程，以及产品定位的若干方法。通过本章学习，学习者应达到如下学习目标。

（1）了解产品规划的类型。
（2）熟悉产品规划的流程。
（3）掌握产品定位的相关方法。

3.1 产品规划概述

产品规划是指产品规划人员通过调查研究，在了解市场、客户需求、竞争对手、外在机会与风险以及市场和技术发展态势的基础上，根据公司自身的情况和发展方向，制定出可以把握市场机会、满足消费者需要的产品的远景目标以及实施该远景目标的战略、战术的过程。产品规划确定了公司将要开发的项目组合和产品进入市场的时间。规划流程要综合考虑由各种因素带来的产品开发机会，包括来自市场、研究部门、客户、已有产品开发团队的建议及竞争对手的标准。从这些机会中，可以选定项目组合，同时项目的时间计划和资源分配也随之确定。图 3-1 是一个表明产品开发时间安排的产品规划示例。

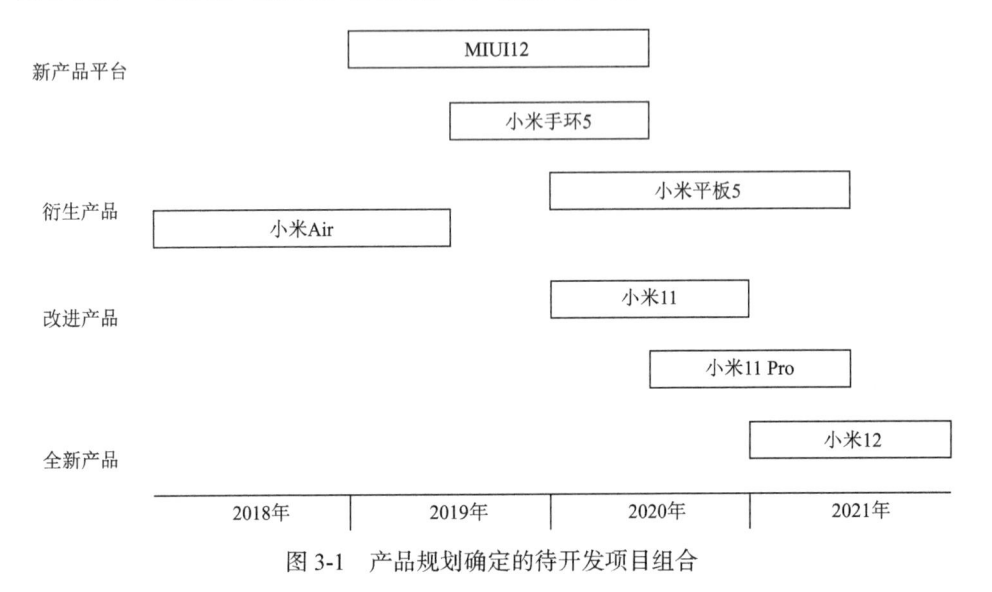

图 3-1 产品规划确定的待开发项目组合

根据竞争环境、技术的变化和已有成功产品提供的信息，产品规划需要不断更新。制定产品规划要综合考虑公司的目标、能力、限制和竞争环境，通常涉及高层管理工作，并在一年内制定一次或多次产品规划。一些公司由规划主管完成该项工作。

重视产品规划往往能够带来好绩效和高效率，而那些不重视制定开发项目组合规划的公司，可能会出现一些低效率问题：①不能以有竞争力的产品占有足够的目标市场份额；②产品引入市场的时间安排不合理；③总开发能力与所从事开发的项目数量不匹配；④资源分配不合理，一些项目人员过多而另一些项目却人手不足；⑤构思错误的项目，启动后又取消；⑥项目方向经常变动。

3.1.1 产品规划的四种类型

产品规划可以分为以下四种类型。

（1）新产品平台。这类项目主要致力于在一个新的通用平台基础上开发出一个新产品家族，这一新产品家族将进入相关市场和产品领域。瞄准新的数字复印平台而开发的多功能办公文件设备项目就属于该类项目。

（2）衍生产品。这类项目是在已有产品平台上进行扩展，用一种或多种新产品更好地占有相关市场。在已有光透镜（非数字）产品平台基础上开发新型复印机就属于该类项目。

（3）改进产品。这类项目只是增加或改进已有产品的特点，以使生产线跟上潮流和具有竞争力。改进已有复印产品的小缺陷就属于该类项目。

（4）全新产品。这类项目涉及全新的产品或生产技术，并由此进入一个新的、不熟知的市场。这种项目本质上存在更大的风险，但是，公司的长期成功可能要依赖于从这种重要的项目中获得的经验。这类项目的一个典型例子便是施乐公司第一台数字复印机的开发。

3.1.2 产品组合规划

产品组合是指一个企业生产或经营的全部产品线、产品项目的组合方式，它包括四个变数：产品组合的宽度、产品组合的长度、产品组合的深度和产品组合的一致性。例如，某公司有一条牙膏产品线，生产 A、B、C 三种品牌的牙膏，所以该产品线有三个产品项目。其中，B 牙膏有三种规格和两种配方，则 B 牙膏的深度就是 6。通过计算每一个产品项目的品种数目，可以进一步计算出该产品组合的平均深度。

在进行产品组合时，企业需要就三个层次的问题做出决策：①是否增加、修改或剔除产品项目；②是否扩展、填充或删除产品线；③哪些产品线需要增设、加强、简化或淘汰。三个层次问题的抉择应该遵循既有利于促进销售，又有利于增加企业的总利润这个基本原则。

产品组合的四个因素为产品组合的宽度、产品组合的长度、产品组合的深度和产品组合的一致性，这四个因素对于提高销量和利润十分重要。一般来说，拓宽与增加产品线能够让企业最大化利用资源，开辟或进入新的市场；延长或加深产品线则能够帮助企业满足用户的特殊需求；增强产品线之间的一致性，可以充分发挥企业的专业能力，巩固企业的市场地位。

市场需求和竞争形势的变化将使得产品组合中的各个项目发生分化，有些产品会获得较快的成长，有些产品将继续取得较高的利润，也有一些产品趋于衰落。企业若不重视新产品的开发和衰退产品的剔除，其产品组合将会随着市场环境的变化变得不健全、不平衡。因此，企业需要经常分析产品组合中各个产品项目的各项市场指标（如销售增长率、利润率和市场占有率），判断各个产品项目的发展趋势，以确定企业资源的调动方向，做出开发新产品和淘汰衰退产品的决策，不断优化其产品组合。企业通过不断开发新产品和剔除衰退产品对产品组合进行动态优化，能够实现产品组合的动态平衡。产品组合动态平衡的形成涉及对企业资源和市场环境变化，各产品项目市场指标变化，以及这些变化对企业总利润率所造成的影响的系统性分析。虽然对一个拥有众多产品项目或产品线的企业来说，这可能是一个非常复杂的问题，但是目前系统分析方法和电子计算机的应用，已为解决产品组合最佳化问题提供了良好的前景。

3.1.3 产品规划的流程

首先，按照优先级对多种项目机会进行排列并确定出一个项目组合，将资源分配到这些项目中并进行时间安排，这些规划活动注重多种机会和潜在的项目组合，并集成了生产规划、产品线规划或者产品管理。一旦项目被选定并分配了相应资源，每个项目的任务陈述就会被制定出来，因此，产品规划和任务陈述的制定先于实际的产品开发流程。

虽然我们将产品规划流程表述为顺序的，但是选择项目和分配资源的过程实际上是重叠的，鉴于时间安排和预算的实际情况，经常需要重新确定优先级并对项目做进一步的细化和选择。因此，经常需要对产品规划进行重新评估并根据研发部门、生产部门、营销部门和服务部门等的最新信息对其进行修改。后加入这一过程的人员常常最先认识到整个规划流程或某个项目的任务的不一致、不可行或者过时性。随时调整产品规划的能力对公司的长期成功是至关重要的。

产品规划的任务陈述主要包括以下四个步骤：①机会识别与项目评价；②资源分配和时间安排；③产品前期规划的执行与反思；④产品定位。

3.2 机会识别与项目评价

3.2.1 识别市场机会

规划流程始于对产品开发机会的识别，这种机会可能包括前述四种类型项目中的任何一种，可以将对产品开发机会的识别这一步看成是"机会漏斗"，因为它将来自整个公司的各种投入汇聚到一起。机会可能是被动收集得来的，但我们也建议公司努力尝试去创造机会。

积极运用"机会漏斗"可以持续收集各种构想，新产品机会也可能随时出现。作为一种追踪、排序和细化这些机会的方法，我们建议对每个有希望的机会加以简单清晰的描述并存放到一个数据库中，尽管一个简单的电子表格可能已经足够，但是一些基于 Web 理念的管理系统也可以用于收集和存储产品开发机会的各种信息。

下面是一些与施乐公司提出的机会描述相似的例子，其中既包括对已有产品的简单改进，也包括基于全新技术的产品建议。

（1）建立一个文件分发系统，使每个办公人员都可以使用一台网络打印机，并能自动发送邮件和其他文件。

（2）建立一套文件传送软件，使公司的大多数内部文件可以通过员工的个人计算机进行数字化传送和存储。

这一机会描述最终成为多功能办公文件设备项目，并为办公用品市场开发出一个新的黑白式（B&W）、数字化、网络式的文件中心平台，这一平台包括了扫描、存储、传真、分发和打印功能。

3.2.2 项目评价和优先级排序

如果能实施有效的管理，机会漏斗在一年中可以收集到成百上千个机会，这些机会中有些对于企业的其他活动没有意义，因为在多数情况下，有太多的机会需要企业立即去把握。因此，产品规划接下来就是要选出最有希望的项目。对已有产品领域中新产品机会进行评价和优先级排序时，需要仔细讨论以下四个基本方面：竞争策略、市场细分、技术曲线和产品平台。讨论了这四方面之后，将进行全新产品的机会评价以及如何平衡项目组合的讨论。

1. 竞争策略

一个公司的竞争策略决定了它在市场和产品上针对竞争者的基本运作方法，这一策略可以指导选择应该把握的机会。多数企业都是在高层管理的层面上讨论其竞争策略的有效性及如何进行竞争。以下是几种可能的竞争策略。

（1）技术领先。为实施这一策略，企业必须强调新技术的研究和开发，并将其应用到产品开发流程中。

（2）成本领先。这一策略要求企业在生产效率上进行竞争，可以实行规模经济，使用先进的制造方法和低成本的劳动力，或者引入更好的生产管理系统。因此，在这一策略指导下必须强调产品开发流程中面向制造的设计。

（3）以客户为中心。为实施这一策略，企业必须跟新老客户保持密切联系以评价其需求和偏好的变化。精心设计的产品平台有助于快速开发出拥有满足客户偏好的新特点或新功能的衍生品。这种策略将造就用来满足不同层次客户需求的多种产品生产线。

（4）模仿策略。这一策略要求紧跟市场趋势，允许竞争者围绕已经在市场上获得成功的新产品进行探索，当确定了可行机会之后，企业快速开始模仿成功竞争者的新产品，快速的开发流程对于这一策略的有效实施至关重要。

2. 市场细分

一般认为客户属于市场的不同部分。把市场分为不同的部分，使企业能够按照各详细定义的客户群来考虑竞争者的行动和企业已有产品的市场力度。通过将竞争者的产品和企业自己的产品对应到各个细分市场，企业就可以评价哪些产品机会最好，以揭示出企业自身的（或竞争者的）产品生产线问题。一般来说，产品市场的细分标准可以概括为地理因素、人口统计因素、心理因素和行为因素四个方面，每个方面又包括一系列的细分变量，如表 3-1 所示。

表 3-1 市场细分标准及变量

细分标准	细分变量
地理因素	地理位置、城镇大小、地形、地貌、气候、交通状况、人口密集度等
人口统计因素	年龄、性别、职业、收入、民族、宗教、教育、家庭人口、家庭生命周期等
心理因素	生活方式、性格、购买动机、态度等
行为因素	购买时间、购买数量、购买频率、购买习惯（品牌忠诚度）以及对服务、价格、渠道、广告的敏感程度等

作为一个比较、分类、选择的过程，市场细分需要遵循一定的程序来展开，通常包括下列步骤。

（1）正确选择市场范围。根据企业自身的经营条件和能力确定进入市场的范围，包括所进入的行业、所生产的产品以及所提供的服务等。

（2）列出市场范围内所有潜在客户的需求情况。按照细分标准，尽可能全面地列出潜在客户的基本需求，作为后续深入研究的基本资料和依据。

（3）初步划分市场。企业针对所列出的各种需求通过抽样调查的方式来进一步搜集有关市场信息与客户背景资料，对潜在客户的不同需求进行分析，然后初步划分出一些差异最大的细分市场，从中选出分市场（一般至少为三个）。

（4）筛选。根据市场细分的有效规则，对所有细分市场进行分析，去除不合要求和无用的细分市场。

（5）为细分市场命名。根据各细分市场上客户的特征，用形象、直观的方法为细分市场命名，方便后续的流程和操作。例如，某旅游市场分为舒适型、冒险型、专业型等。

（6）复核。对细分后选择的市场进行更进一步的调查研究，充分认识各细分市场的特点并关注哪些特点需要更深入的分析研究，了解本企业所聚焦的细分市场的规模、潜在需求。

（7）确定细分市场规模，选定目标市场。从各子市场中，选择与本企业经营优势相一致的子市场作为目标市场，最终达到细分市场的目的。

经过以上步骤，企业便完成了市场细分的工作，就可以根据自身的实际情况确定目标市场并采取相应的目标市场策略。

对于企业而言，进行市场细分的目的是通过定位于用户的特定差异化需求，来实现经济效益。由于产品的差异化必然导致生产成本和营销费用的相应增长，因此，企业必须在市场细分收益与成本之间进行权衡。基于以上讨论，有效的细分市场必须具备以下特征，如表 3-2 所示。

表 3-2　有效细分市场的特征

市场特征	主要内容
可衡量性	各个细分市场的购买力和规模能够被衡量，这是界定市场的前提
可盈利性	企业新选定的细分市场规模能使企业获利
可进入性	所选定的细分市场与企业自身要素禀赋相匹配，企业有优势占领这一市场；具体表现在信息进入、产品进入和竞争进入；考虑市场的可进入性，实际上是分析其营销活动的可行性
差异性	所选定的细分市场在观念上能被区别并对不同的营销组合要素和方案有不同的反应
相对稳定性	细分后的市场有相对应的时间稳定性；为了保证企业生产、营销的稳定性，细分后的市场应该在一定时间内保持相对稳定，特别是对大中型企业以及投资周期长、转产慢的企业来说，市场稳定性差容易造成经营困难，严重影响企业的经营效益

3. 技术曲线

在技术密集型企业，产品规划的关键决策是什么时候在生产线上采用一种新的基本技术。例如，对文件处理类企业来说，世纪之交的关键技术问题就是向数字图像处理和打印的转变。此类企业的产品规划要确定的是何时开发数字化产品，而不是基于光照-透镜技术的另外一种产品。S 形技术曲线是一种有助于考虑这种决定的概念性工具。

S 形技术曲线显示了在一种产品领域内产品的性能随时间变化的情况，通常关乎单一的性能参数，如完成情况、速度或可信度。S 形技术曲线显示了一个基本但很重要的事实：技术在刚出现时性能相对较低，发展到有一定经验之后快速成长，最后达到一些自然的技术性限制时成熟，继而过时。S形技术曲线捕捉到了这种动态的一般变化（图3-2），横轴可能是研发工作的工作量或持续时间，纵轴可能是性能/成本比率或者任何一种重要的性能参数。尽管S形技术曲线清晰地表示出了多种行业中的技术变化，但是性能曲线的未来走势（距离最终性能限制是近还是远）很难预测。

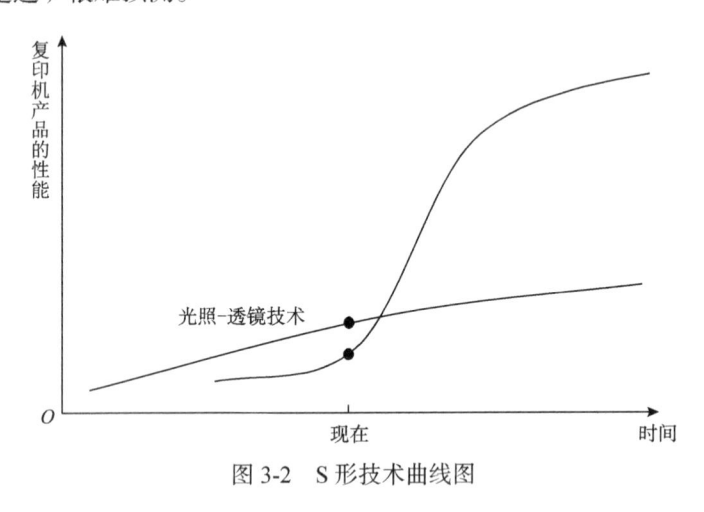

图3-2　S形技术曲线图

4. 产品平台

产品平台是指由一系列产品共享的一整套资产。通常，零件和部件是这些资产中最重要的部分。一个有效的平台可以更快更容易地制造出许多衍生品，每种产品都提供了一个特定细分市场所需要的特点和功能。

由于平台开发项目在时间和资金上的消耗是衍生品开发项目的2～10倍，企业不可能使每个项目都成为平台开发项目。此时，关键的策略是：项目将从现有平台还是从全新平台开发衍生品？产品平台的决策与企业的技术开发工作以及在新产品中采用哪种技术密切相关。通过技术路线图，就可以清晰地回答上述问题。技术路线图是描述与正在考虑开发的产品相关的各种技术的预期实用性和未来应用性，它使得技术开发和产品规划相协调。这一方法已经被快速发展的高技术行业中的领先者所采用，它对于规划那些关键功能元件已经被详细了解的产品尤其有效。

5. 评价全新产品的机会

除了已有产品领域的新型产品之外，企业还将面对许多机会，如新的市场或全新技术。尽管在使用新技术或为进入新市场而进行的产品开发中投入紧缺资源有很大风险,但是这种投入对于定期更新产品组合是必要的。评价全新产品机会的标准包括:①市场规模;②市场增长率;③竞争激烈程度(竞争者的数量和实力);④企业对市场的了解程度;⑤企业对技术的了解程度;⑥与企业其他产品的匹配性;⑦与企业能力的匹配性;⑧专利、商业秘密或其他竞争障碍的潜在压力;⑨企业中拳头产品的存在。

这些标准不仅对评价全新产品机会非常有效,同时也适用于任何其他产品机会的评价,它可以通过一个简单的筛选矩阵来评价任何机会的吸引力和风险类型。

6. 权衡项目组合

有很多种方法可以帮助经理权衡公司的开发项目组合,其中一些方法是用有效的标准来衡量项目组合,以便考虑规划决策的战略意义。Cooper 等(2001)描述了多种衡量方法,包括技术风险、资金回报、市场吸引力和偏好等标准。

虽然没有一个通用的方法来决定项目组合应该是什么样的,然而企业对于竞争策略的选择将会影响产品开发项目组合的形式。例如,追求成本领先策略的企业会希望项目组合中包含更多的生产工艺改进项目;遵循产品多样化策略的企业要在已有平台上更多地开发衍生品;实施技术领先策略的企业需要更多的技术开发和突破性项目,并预见到并非所有这些有风险的项目都会产生市场上的新产品。注意,研究和技术开发活动的规划是与产品规划流程紧密联系的,但通常在产品规划流程的范围之外进行。

3.3 资源分配和时间安排

要使期望项目组合中的每个产品开发项目得到满足,所需的资源量是巨大的,企业可能负担不起。由于时间安排和资源分配是按照最有希望的项目来制定的,项目过多会导致不可避免的有限资源争夺。其结果是,资源分配和时间安排不得不退回到前面的项目评价和优先级排序这一步骤,以削减所要开发的项目。

3.3.1 项目资源分配

如果公司开发太多的项目而不考虑开发资源的有限性,那么有经验的工程师和经理就会被分配到越来越多的项目上,将可能导致生产效率急剧下降,项目完成时间延长,产品上市迟缓,利润水平低下。综合计划有助于公司通过合理地利用预算内的资源完成多个项目,从而高效地利用公司的资源。

3.3.2 项目时间安排

确定项目时间和顺序,必须考虑以下因素。

(1)产品上市时间。通常情况下产品上市越快越好。但是,产品质量未达标就上市,会损害企业的声誉。

(2)技术储备。基础技术的稳健性对于规划流程十分重要。一种被证实了的、成熟度高的技术可以快速可靠地集成到产品中去。

(3)市场准备。产品上市的顺序决定了最初使用者的购买意图——是先购买低端产品再买价格高的高端产品,还是直接购买价格高的高端产品。一方面,改进的产品上市太快,会打击紧追产品更新步伐的客户;另一方面,新品上市太慢会面临落后于竞争者的风险。

(4)竞争。竞争性产品的预期上市将会加快开发项目的进度。

3.4 产品前期规划的执行与反思

3.4.1 产品前期规划的执行

当项目确定下来,但是还未进行物质资源分配时,就需要进行项目前期规划。这一过程涉及一个小的跨职能团队,通常被称为核心团队。例如,施乐公司多功能办公文件设备项目核心团队由大约 30 人组成,他们分别代表技术、市场、制造和服务部门等多方。这时,早期的机会描述可以作为产品前景描述,多功能办公文件设备项目核心团队以下面的产品前景描述作为开始:开发网络式的、中等规模的,用于成像、打印和修饰的数字平台。

产品前景描述所定义的目标可能是非常宽泛的,它可能没有说明将采用何种新技术,也没有说明产品和服务相关职能,如生产和服务的目标和限制。为了给产品开发组织提供明确的指导,通常要对目标市场和开发团队的工作设想做出更加详细的定义,这些内容在任务陈述中完成,如表 3-3 所示。

表 3-3 施乐公司多功能办公文件设备的任务陈述

产品描述	具有复印、打印、传真和扫描功能的网络式数字设备
获益方案(获益建议)	在一台机器上进行多文件处理 连接办公电脑网络
主要商业目标	支持施乐公司在数字办公设备保持领先的策略 作为所有未来的 B&W 数字产品和解决方案的平台 在主要市场中占据数字产品 50% 的市场份额 环保

续表

产品描述	具有复印、打印、传真和扫描功能的网络式数字设备
一级市场	办公部门,中等效能(月平均复印量在 42 000 页以上)
二级市场	快速复印市场 小型"卫星"操作
设想和限制	新产品平台 数字图像技术 与中心处理软件(centreware software)兼容 输入设备在加拿大制造 输出设备在巴西制造 图像处理设备在美国和欧洲制造
利益相关者	购买者和使用者 制造商 服务商 经销商和分销商

1. 任务书

任务书应包括以下部分或全部信息。

(1)对产品的概括性描述(用一句话描述)。这一描述通常包括产品的主要用途,但要避免包含特定的产品概念,实际上它可以是产品的前景说明。

(2)获益方案(获益建议)。这部分陈述了客户会购买商品的几个关键原因。在某种程度上这只是一个假设,并将在产品概念发展过程中得到验证。

(3)主要商业目标。除了支持公司战略的项目目标之外,这些目标通常包括时间、成本和质量目标(如产品的上市时间、预期财务效益和市场份额目标等)。

(4)产品目标市场。每一种产品可能会有几个目标市场。任务陈述的这一部分确定了一级市场和开发工作中应该考虑的任何二级市场。

(5)指导开发工作的设想和限制。必须仔细地制定设想,尽管它会限制可能的产品概念范围,但它有助于项目管理。有关设想和限制的决策信息可以附加到任务书中。

(6)利益相关者。确保开发流程中的细微问题均被考虑到的一种方法是,清楚地列出产品的所有利益相关者,也就是所有受产品成败影响的人群。利益相关者列表以末端使用者(最终的外部客户)和做出产品购买决定的外部客户开始,此外还应包括企业内部与产品相关的人,如经销商、服务商和制造商。利益相关者列表可以提醒团队考虑被产品影响到的每个人的需求。

2. 假定条件和限制

制定任务书时，团队应考虑企业内部不同职能部门的战略。例如，施乐公司的多功能办公文件设备项目在要考虑的职能战略中，制造、服务和环境战略影响最大。实际上，这些战略指导着产品核心技术的开发。

人们可能会问，为什么制造、服务和环境战略（举例来说）应该成为新产品任务书的一部分？也有一种观点认为有关这一问题的决策应该从客户对新产品的需要中得来，而不应该提前确定。这是因为，首先，对于像多功能办公文件设备这种十分复杂的项目，制造系统的设计是和产品设计一样巨大的项目，因此，产品的制造设备必须很早就确定下来。其次，有些产品需求并非完全从客户需求中得来。例如，很多客户不会直接表达对于产品的低环境影响的需求。但是，施乐公司选择采取对环境负责的设计策略。在这种情况下，任务书应该反映这些公司目标和限制。

下面是施乐公司在界定多功能办公文件设备项目的假定条件和限制时考虑的一些问题。

（1）制造。即使在初期阶段，考虑制造系统的性能、产量和限制也是十分重要的。许多问题都与此相关，包括：制造和组装产品需要哪些内部生产设备？产品开发涉及哪些重要供应商以及什么时候需要他们？已有生产系统是否具有生产产品所需要的新技术？对于多功能办公文件设备项目，施乐公司假设输入设备在加拿大制造，输出设备在巴西制造，图像处理设备在美国和欧洲制造。

（2）服务。在客户服务和服务收入对企业的成功非常重要的行业中，确定服务质量水平的目标是十分必要的。在设计产品时，提高服务水平包括一项战略承诺，该承诺仅包含有限的几项，从而可以提供快速服务。对于多功能办公文件设备项目来说，服务能力目标包括减少机器大修时可替换模块的数量和按照大小顺序安装这些模块的时间。

（3）环境。许多公司依据"环境可持续性发展"的原则指导产品开发。多功能办公文件设备项目团队实施由施乐公司首先提出的"零垃圾"战略，即使对于施乐公司这样的环境设计实践的领先者来说，这一目标也非常具有挑战性。确定的目标使多功能办公文件设备项目产品的任何组件都不会成为垃圾。所有组件都可以再加工或回收，没有任何部分需由客户处理掉。多功能办公文件设备项目的环境设计战略还包括一个能源效率目标，那就是"成为同类产品中最高效的设备"。

3. 人员配备和其他项目前期规划活动

项目前期规划通常还包括确定项目经理和人员，这包括与关键研发人员在新项目中签约。也就是说，要求他们承诺领导产品或其关键部分的开发。预算通常也要在项目前期规划中制定出来。

对于全新产品来说，预算和人员计划只为概念开发阶段制定，这是因为项目的细节是不确定的，这种状况会一直持续到新产品的基本概念确定下来，更细致的规划要等到概念进一步开发时再制定。

3.4.2 产品前期规划结果和过程的反思

在规划流程的最后一步，团队应该问几个关于评价过程和结果质量的问题，我们推荐的问题如下。

（1）机会漏斗收集到各种令人激动的产品机会了吗？
（2）产品规划支持企业的竞争策略吗？
（3）产品规划是否针对企业现在面临的最重要的机遇？
（4）分配给产品开发的资源足以贯彻企业的竞争策略吗？
（5）使有限资源发挥最大作用的方法被充分考虑了吗？例如产品平台的使用、合资，以及与供应商的合作等。
（6）核心团队接受最终任务书的挑战了吗？
（7）任务书的各个部分一致吗？
（8）任务书的假定条件真的必要吗？项目的限制过多吗？开发团队能自由开发最好的产品吗？
（9）怎样才能改进产品规划流程？

由于任务书是将管理权移交给开发团队，在进行开发之前必须进行现状核实。这一早期阶段要纠正已知缺陷，以免开发进行之后这些缺陷越来越严重，加倍耗费精力。

为了使表达简单易懂，将产品规划方法解释为一个逐步的过程。但是，对于一致性和适应性的反馈和评价是一个不间断的过程，这一过程中的步骤可以也应该同时执行，以确保那么多的计划能相互协调并与企业的目标、能力和限制相一致。

下面，我们对产品规划步骤进行总结。

（1）产品规划是一个关于所要从事的产品开发项目组合的周期性过程。
（2）产品规划包括以下五个步骤：①识别市场机会；②项目评价和优先级排序；③资源分配和时间安排；④完成项目前期规划；⑤对结果和过程进行反思。
（3）机会漏斗从企业内外部的各种资源中收集新产品平台、对已有产品的改进和全新产品的可能性。
（4）潜在产品开发项目要根据公司的竞争策略、市场细分、技术曲线和产品平台进行评价。
（5）一个产品开发项目的平衡项目组合可以投资突破性产品、新平台、衍生品和支持现有产品。

（6）集成性规划确保有足够的资源保证所选项目成功完成。

（7）产品开发项目的任务书指明了产品前景、获益方案、商业目标、目标市场、设想和限制及产品的利益相关者。

3.5 产品定位

3.5.1 基于用户需求的产品定位

美国卡内基梅隆大学设计系教授针对设计、市场、工程和软件开发的关系提出了以消费者需求作为产品开发的基本出发点的思想，认为设计、工程、制造、市场营销等都应该围绕这一基本要求服务，从各个方面进行协调发展，最终实现消费者最满意的需求。谁买（Who）？为什么买（Why）？在何地买或者使用（Where）？何时买（When）？买什么产品（What）？如何买（How）？以上对于"5W1H"的描述，将消费者购买行为的轮廓清晰地呈现出来了。从设计师的角度说，产品设计"5W1H"考虑的是谁用、为何用、用什么、何时用、何地用、如何用（图3-3）。

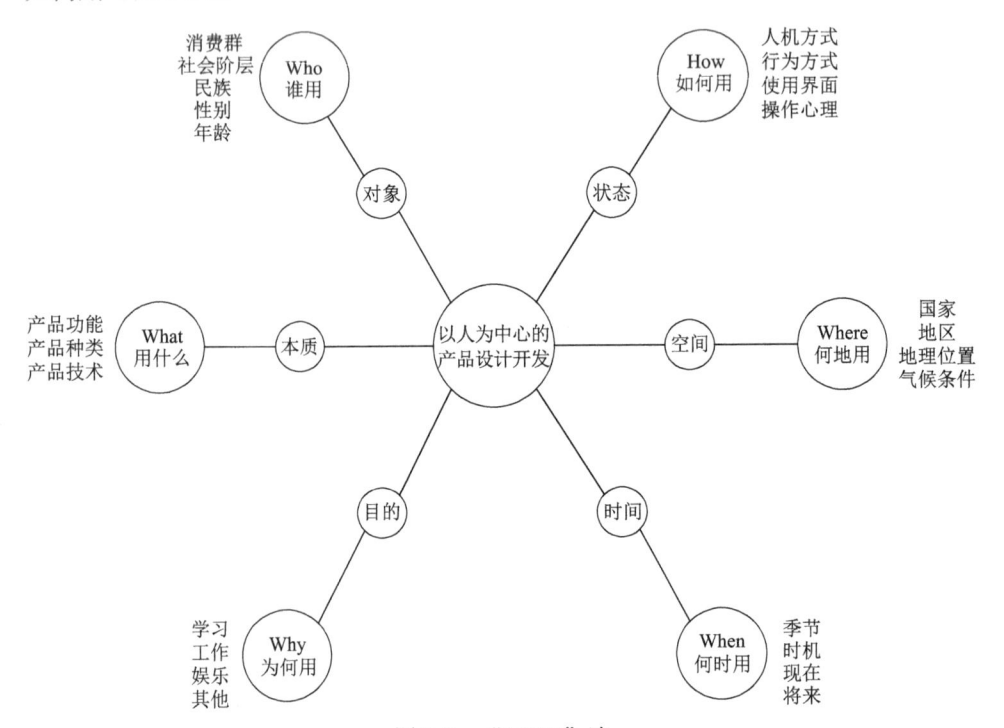

图 3-3 "5W1H"法

1. Who——谁用？

我们设计的产品是给谁用的？在这个问题上我们可以从两个角度进行讨论：谁是我们产品的主要消费者，谁参与了购买决策。

谁是我们的主要消费者？了解消费者是产品设计师的首要任务，我们必须明确地知道谁是主要消费者，他们有什么特性。其中，我们可运用人口、心理、地理以及行为等变量，描绘出消费者人群画像。产品设计要符合目标消费者的特征。

谁参与了购买决策？我们知道产品要到消费者的手上，必须经过购买这个环节。购买决策是一项复杂的行为，金额越大，复杂度就越高，参与决策的人越多，决策的时间也会越长。在一般的购买决策里，人们可能扮演的角色有五种，营销人员必须对家庭各个成员的角色与影响力有清楚的认识，以便针对特定的角色，设计出产品特征与诉求重点。

（1）发起者：第一个提议或想购买特定产品的人。
（2）影响者：对最后购买决策具有某种影响的人。
（3）决策者：对全部或部分购买决策具有决定权的人。
（4）购买者：实际从事购买行为的人。
（5）使用者：消费或使用该产品或服务的人。

当然，并非每项购买决策都会出现这五种不同的角色。在简单、例行的购买行为里，可能是家庭主妇自己决定购买，不会涉及他人，但在金额较大、牵涉众多的购买决策里，如购买汽车，家庭里的每一分子都可能扮演一种角色。在有些情况下，购买者并不是使用者，如儿童玩具。在进行产品设计的时候，我们要兼顾这些购买决策参与者的特征，有的放矢。

2. Why——为何用？

消费者为什么购买某特定产品？购买此类产品有什么用处？这是产品设计人员必须解开的谜题。对产品设计而言，我们所要了解的是消费者所追求的产品利益点究竟是什么。例如，高级轿车除了提供舒适平稳的实质利益，还提供了心理满足、成功的象征、自我的肯定等精神功能，由此可知，购买动机十分复杂，不一而足。与此相对应的是，我们要根据消费者的购买动机来规划产品的用途。

3. Where——何地用？

新产品将要在什么地方使用，这对产品设计而言是很重要的。在一个地方适用的产品可能会因为地理位置的转移，出现产品性能的降低。在一个地方受欢迎的产品可能会因为文化背景不同，而在另一个地方遭受抵制。就是在同一个地区，面对不同的使用环境，也有不同的要求。产品设计必须因地制宜，综合考虑产品所要投放地区的天时、地利、人和等因素，使产品适应当地的地理位置、气候条件、人文背景、使用环境等。

4. When——何时用？

产品设计必须考虑到产品使用的季节、时机等。例如，不同的时机对产品有不同的要求。在进行产品设计时要根据产品使用时机的特征，有针对性地进行设计，以使产品符合使用要求。例如，面包机一般使用的时间是早晨，早晨的时间一般是十分紧张的，面包机的功能和操作就不宜复杂。

5. What——用什么？

在回答前面"4W"的基础上，我们可以清楚地知道消费者对产品的需求，以及产品的使用环境、场合、时机等要素，设计师就要综合考虑这些因素，将其物化到产品设计中去。

设计产品最终是为了让消费者购买产品并使用。因为市场上能够满足消费者需求的产品有很多，消费者在购买产品时会货比三家，所以我们要考虑到消费者的评估标准。有些产品属性虽然非常重要（重要因素），但在购买决策上却发挥不了影响力（非决定因素），所以，设计人员在了解消费者的产品评估标准时，一定要把重要因素与决定因素分开，重点研究决定因素，重要因素不比竞争对手差，决定因素要有自己的特色，这样才能让我们的产品在竞争中获利。

6. How——怎么用？

进行产品设计时还必须要考虑到消费者的使用情况。使用方便对于那些频繁使用的产品和很少使用的产品都是很重要的。如果产品具有多种特性，并且有多种操作方式，那么使用方便就更加重要了。为此，设计的时候必须保证产品的特征能够有效地反映它们的功能。例如，产品需要经常维护和修理，那么便于维护就显得非常关键。在大多数情况下，更可取的办法是减少维护的需要。通常情况下，用户的使用界面越多，产品就越需要考虑用户的使用方式、人机关系、操作界面、操作心理等，产品设计应使用户能够很容易地掌握产品的基本使用方法，并具有自我学习的能力。

目前，流行的指导产品设计的"5W1H"理论是一种趋同性理论，缺乏深入细致的总结。大多数产品设计人员都是基于经验进行手工式操作，不能有效地整合现代工业发展日新月异的成果。由于各产品形态还要受行业规范的约束，加上企业不重视趋异设计，设计师无章可循。"5W1H"理论作为一种设计思想的大框架是有意义的，但由于企业处于特定市场竞争格局中，如果不考虑市场中的竞争对手，是不足以有针对性地进行特定产品设计的，也就不能保证产品在竞争中具有某些方面的优势。

在同质化日益严重的今天，仅仅从需求导向出发，只考虑消费者，而不考虑竞争对手，已经很难在竞争中取胜，因为你的竞争对手和你一样会去考虑消费者的需求，你的竞争对手和你面对的是同一个市场，对于消费者的需求很可能得到比较类似的结论。在需求导向的指引下，开发出的新产品很可能雷同。如果你所专注于或者引以为豪的地方，竞争对手早已取得优势，胜负则不言自明。

3.5.2 基于品牌战略的产品定位

1. 品牌与品牌战略

品牌是具有经济价值的无形资产，是用抽象化的、特有的、能识别的心智概念来表现其差异性，从而在人们的意识当中占据一定位置的综合反映。现代营销学之父菲利普·科特勒在《市场营销学》中对品牌的定义：品牌是销售者向购买者长期提供的一组特定的特点、利益和服务。品牌是给拥有者带来溢价，产生增值的一种无形资产，它的载体是用于和其他竞争者的产品或服务相区分的名称、术语、象征、记号或者设计及其组合。增值的源泉来自消费者形成的关于其载体的印象。品牌更多承载的是一部分人对产品以及服务的认可，是品牌商与客户购买行为间相互磨合的产物。

在瞬息万变的经济活动中，消费者对商品和服务的选择有限，往往只根据对"品牌"的印象和忠诚度进行消费，因而品牌的价值在于它在消费者心中独特的、令人瞩目的形象。

产品品牌是指有形的实物产品品牌，它主要包括三个部分：

（1）品牌名称。它是品牌中可以用文字表达并能用语言传递的部分，如梅赛德斯-奔驰、美的、海尔等。

（2）品牌标记。它是品牌中可以识别但不能读出来的部分，包括各种符号、设计、色彩、字母或图案等。

（3）商标。它是通过依法注册而获得法律保护的品牌。商标保护品牌名称和品牌标记的专用权。

品牌战略中的"品牌"则强调的是企业品牌，它包含产品品牌，同时还包含其他内容。它提供了一种整体形象，超越了产品的基本要素性能及功用，而将其作为一个整体来看待。在这个整体中，体现了品牌名称及附加于产品实用性能上的诸多联想。它是一个集合概念，包括产品质量、形象、技术、功能、效用等诸多内容。企业品牌需要企业日积月累的努力和长期的品质、价值保证。

所谓品牌战略是指企业通过创立市场良好的品牌形象，提升产品知名度，并以知名度来开拓市场、吸引客户、扩大市场占有率、取得丰厚利润回报、培养忠诚品牌消费者的一种战略选择。品牌战略是现代企业市场营销的核心。品牌战略是企业为了提高产品的竞争力而努力设定的，并围绕企业及其产品的品牌而展开的形象塑造活动。

从品牌战略的功能来看，一个品牌不仅仅是一个产品的标志，更多的是产品的质量、性能、满足消费者效用的可靠程度的综合体现。它凝结着企业的科学管理、市场信誉，追求完美的精神文化内涵，决定和影响着产品的市场结构与服务定位。因此，发挥品牌的市场影响力、带给消费者信心、给消费者以物质和精神的享受正是品牌战略的基本功能所在。

2. 品牌战略下的产品定位方法

一般性的产品概念和企业或品牌的产品是不同的，企业或品牌的产品是通过企业的产品设计政策和设计师的个人理解来完成的，结合影响企业或品牌产品的诸多决定性因素，设定企业或品牌识别和设计师的研究方向与情景研究方法。企业或品牌的产品识别主要来自外界识别和与之有关的用途定义、功能组合与服务策划等。

人类能在复杂的环境中快速地进行物体识别、目标搜索等动作，是因为视知觉组织把从感受器传来的信息转化为人能知觉到的图形，同时不仅对周围环境信息进行检测，还把这些信息组织成正确、有用的知觉。消费者购买、使用产品的过程实际就是对产品的解读过程，通过视觉对显在形态特征进行解读，进而领会隐藏在表层背后的象征意义，得到物质上和精神上的满足，从而影响下次的消费，品牌的意义便在消费者心中形成了。所以，产品形态作为传递产品信息的第一要素，能使产品内涵等本质因素转化为外在表象因素，并通过视觉使人产生一种生理和心理过程。产品形态主要包括造型、色彩、材质三大要素。产品形态是企业产品在一定社会群体中的总的印象，它包含企业文化、经营战略与设计理念、制造水平等方面的内涵，是企业形象在产品上的体现。它的具体体现是产品在设计、开发、生产、流通、使用中形成的统一形象特质，是产品内在的品质形象与产品外在的视觉形象形成统一性的结果。

设计作为人类理性造物的一种活动，创造新物以满足人的需求是其终极目的。设计表达是这一活动的组成部分，设计师把设计表达作为沟通的手段和媒介，目的在于"说服"设计受众接受设计，确保所表达的产品能由虚拟的概念转化为现实的产品，这使得信息的有效传达成为设计表达的价值取向，而视觉语言的形式运用服务或服从于这一目标。

产品的外在视觉特征既是外部构造的承担者，同时又是内在功能的表达者。可通过对材料的运用和加工将造型、色彩、质感等表现出来，不同的材料有不同的质感语义，具备不同的"品格"。不同性质的材料组成的不同结构体现在外部形态上的产品都会呈现出不同的视觉特征，给人不同的视觉感受。从产品自身来讲，体现在外在视觉上的特征主要包括三方面：造型特征、色彩特征、质感特征。

设计师一方面要以产品用户为中心开展设计工作，这时，"用户"即"客户"；另一方面还要对产品品牌负责，这时，"品牌"也是"客户"。所以，设计师进行设计定位时要考虑两方面的因素：用户和品牌。

在品牌战略下对产品视觉特征的定位是基于产品品质特征的控制，对造型特征、色彩特征、质感特征进行一系列统一的策划、统一的设计，使之能够形成统一而具有识别性的感官形象，满足消费者的个性需求，同时又起到塑造、提升和传播品牌的作用。

设计师通过设计使用户易于理解产品的视觉特征，从而实现产品的认知功能。产品的认知功能是实现产品使用功能和审美功能的前提，只有实现了产品的认知功能，产品的使用功能和审美功能才能得以实现，产品诉求才能得到有效的认同。在此基础上的品牌认同和进一步的品牌识别也自然而然地产生，品牌价值得以实现。

（1）造型特征定位。造型特征是产品视觉特征中最重要的一个因素，产品的造型特征是产品存在的主要表现形式。此外，设计师不仅是形式的创造者，更重要的是还是信息的传送者，产品造型也因而是承载信息的传达媒介。在表达品牌战略的理念下，设计师所赋予产品的造型积淀了大量的心理原型，直接影响着使用者对产品的认知。品牌策略下的产品往往需要建立产品的家族性、系列化特征，从而更好地帮助消费者认识品牌、识别品牌。

产品像家庭一样，也可以具有家族性特征。家族性产品又称为"集群化产品"，其最大的特点是系列化地呈现在消费者面前。家族性产品通过造型、细节、色彩等元素进行共性化处理，使系列化的产品具备一种共同的基因，不必借助品牌商标就可以在视觉上形成家族化观感，同时又都具有差异性。在一定程度上，单个产品的设计更加依赖于对其群体系列的设计。例如，所有小米的产品，都有一个小米企业特有的标识（图3-4），它已经成为小米的一个标志性特征。

企业的产品往往不是以单独的形式发展，而是以"某一系列的产品"方式进行延伸，系列化的产品更容易赢得消费者的青睐。如果消费者信赖系列中的某个产品，自然会对同系列的其他产品产生好感，这在品牌的建设及推广中显得非常重要。

图 3-4　小米产品特有标识

所谓系列化，一般是指企业根据产品生产和使用的技术要求，经过技术经济分析适当地对产品加以归纳和简化，将产品的主要参数和性能指标按一定的规律进行分类，合理地安排产品的品种、规格以形成产品系列。在产品设计中，还应该赋予它特定的含义，即产品的造型、色彩、质感等方面的系列化。在产品设计系列化中，统一性一般指：①形式统一，如使用或者放置方法等统一；②形态统一，如造型、色彩、质感、风格等统一；③某些部件统一，如部件的通用性和互换性统一；④材料统一，即所用材料统一。

（2）色彩特征定位。色彩作为产品的一大视觉特征元素，能够规划产品系列，提升品牌的价值。人们对物体的感知首先是色彩，产品首先作用于人视觉的是它的色彩。产品的色彩在品牌迅速打开销售市场方面起着极大的推动作用，许多企业都利用色彩，尤其是利用系列化色彩达到在品牌战略方面的目的。

企业的视觉识别系统是以标志、标准字、标准色为核心展开的完整、系统的视觉表达体系，在进行产品色彩特征定位时，需要将标志的色彩、标准色合理地运用到产品设计中。

色彩作为一种最普遍的审美形式，存在于日常生活的各个方面。产品的目标是为用户服务，好的色彩能使用户产生心理上的共鸣并获得情感上的满足，也使产品实现本身的价值。用户心理在很大程度上决定着产品色彩特征的定位。一方面，色彩本身具有暗示作用，会对用户产生心理上的影响；另一方面，人们不同的性别、年龄、职业等会影响其对色彩的感知。设计师需要通过分析色彩的含义及目标用户的色彩喜好来进行色彩特征定位。

流行色是一种趋势和走向，它是一种与时俱"变"的颜色，是在一定的社会环境中随着时代变迁而不断推出的一种社会性的色彩爱好。它反映了工业化背景下的社会心理。其特点是流行快但周期短。流行色不是固定不变的，常在一定期间演变，运用流行色能够帮助品牌与时俱进，有效提高产品的销量。

在进行产品设计时，应该通过尽量综合考虑品牌战略来决定系列化产品的质感特征定位。在产品质感定位过程中最重要的是质感语义的表达，也有一些基本性的普遍适用的法则可供设计师遵循。

3. 品牌定位与产品定位的关系

品牌定位是品牌创建的基础与核心，一个企业必须有一个清晰的品牌定位。品牌定位是指在消费者心目中建立企业所期望的形象，即企业通过一定的沟通方式把品牌确定在消费者某一个特定的心理位置上，形成与竞争品牌的特点差异，突出鲜明的品牌特征，从而影响消费者对品牌的态度，增加品牌的价值。

品牌定位完成之后不能轻易改变和随意变动，定位应该保持稳定性、连续性和持续性。但由于消费者的要求是不断变化的，市场形势变化莫测，一个品牌由于最初定位的失误或者即使最初定位是正确的，但随着市场需求的变化，原来的定位也可能已经无法适应新的环境，此时，进行品牌的重新定位就势在必行了。

在品牌策略下的产品定位是指基于客户的生理和心理需求，为企业的产品及其品牌设计独特的个性和良好的形象，从而使其能在目标消费者心中占有一个独特的、有价值的位置的行动，或者说是建立一个与目标市场有关的品牌形象的过程与结果。品牌定位是针对产品品牌的，其核心是要打造品牌价值。

从两者的定义来看，产品定位和品牌定位都是对企业及其产品形象的传播。但是，由于定位对象、实质等不同，产品定位和品牌定位也是不同的。同时，由于二者定位的对象、实质之间存在关联，产品定位和品牌定位也是密不可分的。

产品是具体的，是消费者可以通过使用体会到的；而品牌是抽象的，是消费者对产品综合印象的感知。产品是品牌的基础，但不是所有产品都能成为品牌。产品只有通过有效的市场传播，并最终被消费者认可，才能成为品牌。

产品定位的实质就是做产品的差异化，品牌定位的实质就是把这种差异化定位在消费者的头脑中。二者各有侧重但又密不可分：产品定位是品牌定位的依据，成功的产品定位可以支撑品牌定位，提升品牌形象；品牌定位的载体是产品，其核心利益最终要通过产品实现，因此必然包含产品定位于其中，体现产品的核心价值诉求。因此，品牌定位可以赋予产品象征性的意义，更好地诠释产品定位。

成功的产品定位是品牌定位的前提，可以指引品牌定位。同时，成功的品牌定位通过更好地诠释产品核心价值，增强了产品在消费者心中的定位。认清产品定位和品牌定位及两者的相互作用，可以使企业对自身有更清晰的了解，在竞争激烈的现代社会中更持续地发展壮大。

3.5.3 基于产品组合的产品定位

基于产品组合的产品定位是按照产品系列的不同特征进行组合和定位。基于产品组合的产品定位常用方法是基于波士顿矩阵进行产品组合与定位。波士顿矩阵是将组织的每一个战略事业单位（strategic business unit，SBU）标在一种二维的矩阵图上，从而显示出哪个 SBU 能提供高额的潜在利益、哪个 SBU 是组织资源的漏斗，并区分出四种产品组合，具体如图 3-5 所示。

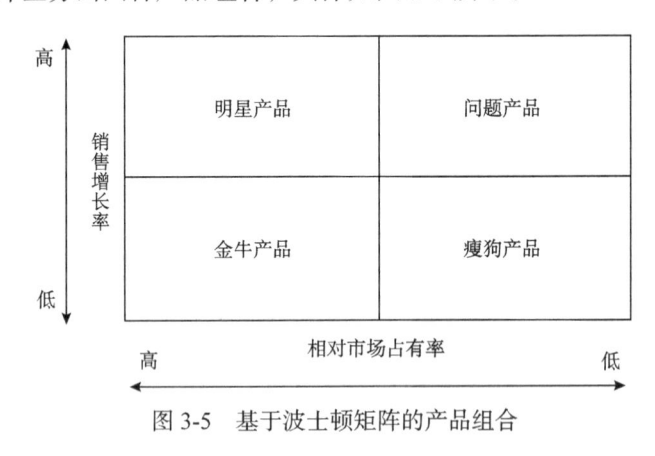

图 3-5 基于波士顿矩阵的产品组合

（1）问题产品组合。问题产品组合是面向高增长的市场但市场占有率低的产品组合。这种产品组合的特点是利润率较低，所需资金不足，负债比率高。例如，在产品生命周期中处于引进期，因种种原因未能开拓市场局面的新产品组合。此类产品组合的定位策略是：识别经过改进可能会成为明星的产品组合并对这些产品组合进行重点关注，提高市场占有率，使其转变为"明星产品"；对于其他在将来有希望成为明星的产品组合，则在一定时间内采取扶持的策略。

（2）明星产品组合。明星产品组合是面向高增长的市场且市场占有率高的产品组合。这种产品组合的特征是需要加大投资以支持其迅速发展。此类产品组合的定位策略是：积极扩大经济规模和把握已取得的市场机会，以长远利益为目标，提高市场占有率，增强竞争优势。

（3）金牛产品组合。金牛产品组合是拥有高市场占有率且低预期销售增长率的产品组合。这种产品组合的特点是销售量大、产品利润率高、负债比率低，可以为企业提供资金，而且由于销售增长率低，也无需增大投资，因而成为企业回收资金、支持其他产品，尤其是明星产品的投资后盾。此类产品组合的定位策略是：尽量压缩设备投资及其他投资；采取压榨式方法，争取在短时间内获取更多的利润，以为其他产品提供资金；对于销售增长率仍有所增长的产品，应进一步进行市场细分，以维持现有市场增长率或延缓其下降速度。

（4）瘦狗产品组合。瘦狗产品组合是拥有低市场占有率及低预期增长的产品组合。这种产品组合的特点是利润率低、处于保本或亏损状态，负债比率高，无法为企业带来收益。此类产品组合的定位策略是：尽量减少批量生产，逐渐撤退，对那些销售增长率和市场占有率均极低的产品应立即淘汰；转向关注其他产品组合；在整顿产品组合时，最好将瘦狗产品与其他产品整合，产生新的产品组合，从而使其焕发生机与活力。

通过波士顿矩阵，将产品分为不同的组合进行定位和规划——基于问题产品组合、明星产品组合、金牛产品组合和瘦狗产品组合的特点进行定位和规划，能够更加科学地对产品进行规划，为后续产品设计提供基础和支撑。

【练习与思考】

（1）产品定位为什么重要？企业在开发新产品时应该如何进行恰当的产品定位？

（2）通过互联网或公司年报进行研究，确定你有兴趣投资的公司。研究该公司的战略，了解公司的生产线和最新产品以及这些产品是怎样支持公司的战略的。你希望在生产规划中看到哪种类型的项目？为什么？

（3）对你所了解的一种产品，如智能手机，建立一个产品技术路线图以说明其技术的实用性。

第二篇 产品设计

第 4 章

产品功能设计

　　功能是产品存在的依据，功能设计则能够帮助产品开发团队找出实现用户需求功能的具体结构和方式，并对产品进行完善和创新。那么产品功能的含义是什么？产品功能可以如何分类？在产品开发过程中如何实施产品功能定义这一重要环节？如何对产品功能进行优化设计以及组合与配置？本章将围绕这些问题介绍产品开发过程中产品功能设计这一重要的环节。

【知识地图】

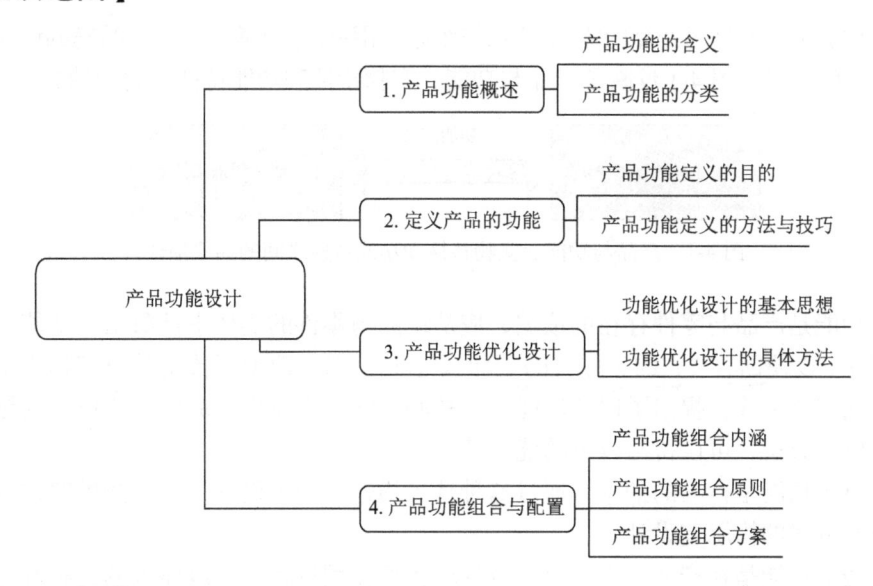

```
                                    ┌─ 产品功能的含义
                ┌─ 1.产品功能概述 ───┤
                │                   └─ 产品功能的分类
                │
                │                   ┌─ 产品功能定义的目的
                ├─ 2.定义产品的功能 ─┤
                │                   └─ 产品功能定义的方法与技巧
产品功能设计 ───┤
                │                       ┌─ 功能优化设计的基本思想
                ├─ 3.产品功能优化设计 ──┤
                │                       └─ 功能优化设计的具体方法
                │
                │                         ┌─ 产品功能组合内涵
                └─ 4.产品功能组合与配置 ──┤─ 产品功能组合原则
                                          └─ 产品功能组合方案
```

【学习目标】

　　本章对产品功能的含义和分类进行介绍，同时介绍了产品功能定义、功能优化设计以及功能组合的相关原理和方法。通过本章学习，学习者应达到如下学习目标。
（1）了解产品功能的含义和分类。
（2）熟悉产品功能定义的方法与技巧。
（3）熟悉产品功能优化设计的思想和方法。
（4）掌握产品功能组合的原则和方案。

4.1　产品功能概述

4.1.1　产品功能的含义

产品功能是指产品所具有的特定职能，即产品总体的功用或用途。产品的功能可以理解为产品的功效，它虽然与产品的用途、能力、性能等概念有着不可分割的联系，但又不尽相同。例如，电动机的用途是作为原动机，用来驱动机械或设备运转，而反映电动机特定工作能力的功能是能量转换，即将电能转换成机械能，其用途与功能并不相同。再如，核桃取仁机的用途是从核桃中分离出核桃仁，其功能为"壳与核桃仁的分离"，它的主要行为是砸、压、夹、击等，其用途与功能基本一致。

功能定义就是对产品的需求信息或效能，用科学、准确、简洁、明确的语言进行抽象的描述。图 4-1 反映了产品与功能、实物特性和功能特性之间的抽象描述。

图 4-1　产品与功能、实物特性和功能特性之间的抽象描述

功能是产品与零件存在的依据，应从产品与零件的实体中抽象出"功能"这一概念，以便回答"它的工作目的是什么"。这一概念改变了传统的以实物为中心的研究问题模式，提出了以"功能"为核心内涵，来研究产品的功能设计问题。按照以上分析，可以得出以下功能特性。

（1）功能是行为的抽象，通过这种抽象描述有利于设计人员开阔思路进行工作原理方案的构思与设计。

（2）功能是在产品与工作对象及环境互相作用过程中予以体现的，离开产品的动态过程，产品功能就无法实现。

（3）功能具有可变性。在外界输入的物质、运动形态、能量、指令、信息有所变化时，通过相互影响，会使产品的功能发生变化。

4.1.2 产品功能的分类

从不同的角度出发，产品的功能可有各种不同的分类方式。我们以现代机械产品或系统为例，按产品或系统的结构层次与各功能的用途、性质、重要程度等可作如下分类。

1. 按产品或系统的结构层次分类

按产品或系统的结构层次划分，产品的功能有总功能和分功能。功能系统图的一般表达形式如图 4-2 所示。

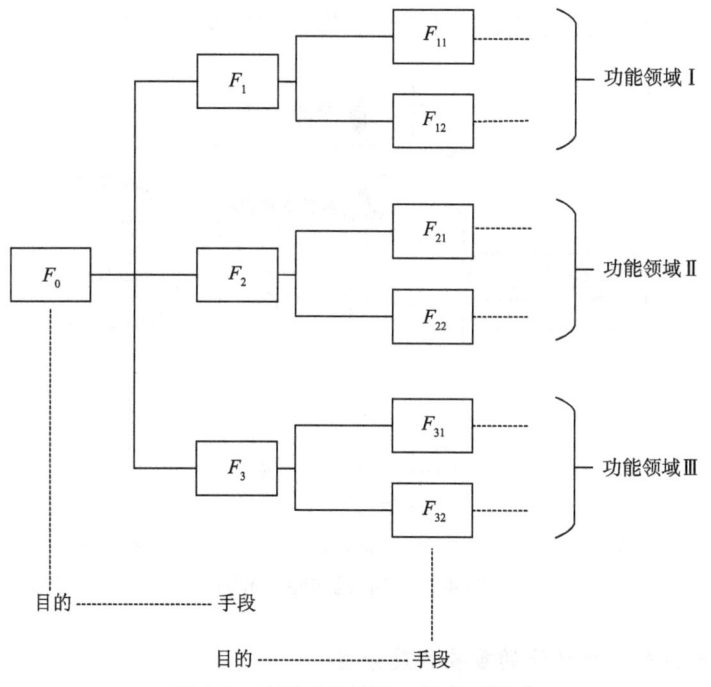

图 4-2 功能系统图的一般表达形式

由于机械系统结构上的层次性对应着功能上的层次性，故总功能可依次逐级分为一级分功能、二级分功能……直到不能再分的 n 级分功能即末端功能为止。图中末端功能不再需要下位功能作为手段，是一些能够直接找到解法的分功能，称为功能元。而图中能独立完成某种功能并自成一个子系统的部分称为功能域，功能域也称功能模块、功能单元。在一个功能单元中可包含若干个功能模块，而功能元则是对应于末端功能的最小功能单元。与功能单元相对应，常常存在着一个由机、电、液、气或它们组合而形成的物质实体或结构模块，成为实现该功能的载体。

（1）产品或系统的总功能是指整个机械产品或系统所完成的一系列功能总

和。如车床的总功能是"对旋转工件进行切削加工",洗衣机的总功能是"洗涤衣物",起重机的总功能是"提升重物",振动筛的总功能是"筛分物料",振动沉拔桩机的总功能是"将预制桩压入土体或从土体中拔出",计算机打印机的总功能是"把计算机中的各种信息打印在纸上以供阅读"。

（2）产品或系统的分功能是指组成产品或系统的各子系统所完成的功能。如图 4-3 所示，在洗衣机系统中，存在着不同层次且具有从属关系的子系统，洗衣机的总功能是将信息化了的洗涤过程自动复现，通过波轮搅拌将衣物清洗干净。为实现此功能，洗衣机必须具有容纳衣物和水、搅拌衣物和水、控制、脱水和能量转换功能，即为"一级分功能"。此外，洗衣机还必须具有波轮旋转功能、排水功能、控制时间功能和控制进排水功能，即为"二级分功能"。

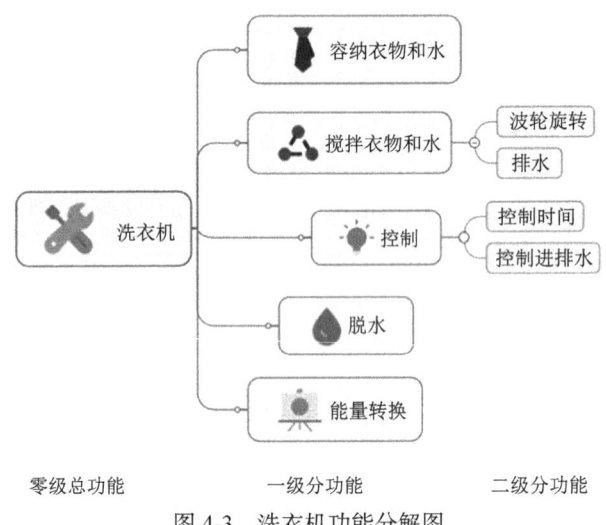

图 4-3 洗衣机功能分解图

2. 按产品或系统功能的重要程度分类

按功能的重要程度划分，功能可分为基本功能（主要功能）和辅助功能。

（1）基本功能。基本功能是产品或系统的主要功能，也是产品或系统存在的基本条件。基本功能是用户要求的功能，是用户购买产品或系统的基本原因。如车床的基本功能有：主轴旋转功能；纵向、横向自动走刀功能；变速功能；攻螺纹功能；装夹工件功能；装夹刀具功能；等等。再如，手表的基本功能是显示时间，电灯的基本功能是发光照明，变速机的基本功能是改变速度，电线、电缆的基本功能是传递电流，等等。

（2）辅助功能。对实现主要功能起支持、保证和完善作用的次要或附带的功能，称为辅助功能。辅助功能与基本功能并存，它可以使产品的功能更加完善，属于锦上添花的功能，但即使没有它，产品也不会失去其基本使用价值，所以设计者可视具体情况对辅助功能进行添加或删除。例如，手表中的日历显示功能、自行车后面的货架、轿车内的音响与空调、电视机的遥控装置等都属于辅助功能。

3. 按产品或系统功能的内在联系分类

按产品或系统功能的内在联系划分，可分为目的功能和手段功能。

（1）目的功能。任何一种功能，无论是基本功能还是辅助功能，都具有一定的目的，所以均可视为目的功能，目的功能也称为上位功能。例如，轿车的目的功能是运送旅客，冰箱的目的功能是产生低温，铣床的目的功能是铣削金属，等等。目的功能往往又是实现另一目的的手段，相对于另一目的来说，它又是一种手段功能。

（2）手段功能。对实现目的功能起手段作用的功能称为手段功能，手段功能也称为下位功能。任何功能都具有目的功能与手段功能两种性质，这就是功能的两重性。如轿车的目的功能是运送旅客，但是将轿车应用于家庭、公务、出租、医疗急救、巡查等不同场合时，轿车的目的功能就变成了实现不同目的的手段功能；冰箱的目的功能是产生低温，其手段功能的效应则根据使用场合的不同而不同，用于家庭或超市的冰箱，其手段功能为保鲜食品，用于宾馆客房的冰箱，其手段功能为向房客提供冷饮料；在铣床中，借助旋转主轴这种手段功能，达到旋转刀具的目的，而借助旋转刀具这种手段功能，可达到进一步铣削金属的目的。

4. 按产品或系统功能的性质分类

按产品或系统功能的性质划分，可分为使用功能和表观功能。

（1）使用功能。使用功能是指产品或系统所要实现的实际用途或价值，通常包括使用价值、可靠性、安全性、维修性等，使用功能也称为物质功能。例如，电线的使用功能是传导电流，加湿器的使用功能是增加空气湿度。

（2）表观功能。表观功能是在使用功能的基础上，对产品起美化、装饰作用的功能，它是产品的美学功能，也是一种精神功能或心理功能。产品的表观功能一般是通过外观以及物质功能本身的审美、象征、装饰件、包装等效果来实现的。大多数产品通过添加表观功能可以提高产品的价值，增强产品的使用功能。例如，一些家具同时具备使用功能和表观功能，其使用功能是存储物品，其表观功能是从视觉上给人以美的享受。除此之外，家具也可以作为文化产品，能表现出使用者的生活特性、文化特性和社会特性。如法院审判席上的高背座椅及其色彩配置体现出了法律的威严；而家用餐椅则给人以亲切、温馨的感受。随着经济条件的改善和文化生活水平的提高，人类对产品表观功能的追求日益增强。因此，现代产品设计不仅要保证使用功能的品质，而且要注意表观功能的开发，以此来满足人们的精神需求。尤其像汽车、手表、自行车、缝纫机、家用电器等产品，其使用功能不相上下，因此除了满足使用功能外，还要高度重视表观功能，否则就缺乏市场竞争力。但也有些产品并不需要很好的表观功能，其在使用中不露在外面，如潜水泵、洗衣机用的电动机、埋在地下的水管等。

5. 按用户的需求分类

按用户的需求划分，可分为必要功能和不必要功能。

（1）必要功能。必要功能是指用户需要并接受的功能，包括基本功能和辅助功能。由于产品的使用功能和表观功能是通过基本功能与辅助功能来实现的，因此，必要功能也包括使用功能和表观功能。如手表显示时间的基本功能和防水、防磁、防震、夜光等辅助功能；自行车代步的基本功能和带少量货物、警铃等辅助功能，都是用户需要并能接受的功能；电风扇的降温基本功能和照明辅助功能，也都是用户需要并能接受的功能。

（2）不必要功能。不必要功能是指用户不需要、不接受或无法享用的功能。例如，20世纪80年代，进口彩色电视机具有高清晰度、可接收200多个频道、宽屏幕显示、双声道等功能，都因中国电视台没有相应的发射信号而显得多余，这些功能对于中国用户来说实属不必要功能。手机的主要功能是通话和发短信，而照相、看视频、彩铃等功能，对于一些用户而言可能就是多余的、不必要的功能。又如，风扇的主要功能是降温，有的设计制造者在风扇的扇叶保护罩上设计很多图案，希望这种设计能增加风扇的表观功能，而这些图案装饰物既容易被灰尘污染，又影响风扇的排风效果，增加这种表观功能完全不必要。另外，在产品设计中，不适当地加大安全系数；超过实际要求的过高公差值、粗糙度；过多的辅助功能；采用不必要的贵重材料或元件；制定过长的寿命指标；设计不相称的表观功能，如廉价物采用豪华包装；在看不见的部位施以装饰镀层等；这些都会增加设计制造的复杂性，延长制造周期等，进而会提高制造成本，造成资源浪费等。

6. 按用户的需求层次分类

根据用户的需求层次进行分类，可以将产品功能分为物质功能和精神功能。

（1）物质功能。物质功能主要是指产品能否满足人们在生理方面的需要，如产品的操作是否方便，能否提高工作效率，维修、运输是否方便、安全等。简单地说是指产品的实用性、耐用性、科学性。物质功能一般包括实用功能和技术功能。产品的实用功能是设计者和使用者最关注的问题，指的是产品的实际用途和价值，通过产品外观与使用者直接发生接触，实现产品的功能。消费者在购买产品的时候首先是寻求能满足实用功能的产品，比如汽车有代步的功能。技术功能指如何通过满足生产制造的要求来满足消费者的需求，包括产品外观本身所具备的结构性能、理化性能、工作效率、工作精度以及可靠性和有效度。

（2）精神功能。精神功能是指在满足物质需求的同时，从人的文化、心理需要出发，使人们获得精神上的满足和审美的享受。精神功能延伸为审美功能和认知功能。审美功能是指产品通过外观要素即产品的造型、色彩、肌理和装饰等来满足人们的审美需求、唤起审美感受的能力。认知功能是指产品通过本身的形态、结构、质地、色彩、用途向使用者和社会提供的表征产品内容的信息以及产品作为符号带给消费者的象征意义，比如产品是什么、如何使用等。

4.2 定义产品的功能

4.2.1 产品功能定义的目的

产品功能定义的目的主要体现在以下四个方面。

（1）明确现有产品的功能构成。在保留并补足必要功能的前提下，最大限度地从产品的原有设计中剔除不必要功能。

（2）明确用户需求的功能。明确用户需求也就是明确设计需求，把以事物为中心的研究转变到以功能为中心的研究上来，将功能与实现这种功能的具体结构和方式分离开来，以利于设计者找出实现用户需求功能的具体结构和方式。

（3）利于开拓创新。功能定义只是抽象描述出需求的本质和核心，与实现功能的具体结构和形式无关。因此，设计者在思想和概念上将功能与具体的结构和形式分离，有利于摆脱设计时的思想束缚，有利于产品设计的创新。

（4）利于产品功能评价。功能定义和功能整理是对功能进行定性分析的过程，而功能评价则是对功能进行定量的研究。功能定义的合理与否，直接影响功能的评价质量。功能定义可以通过使用便于定量化的术语，为功能评价提供有利的条件。如保温瓶的功能是"保持温度"与"储存热水"，而"温度"更有利于定量化。

4.2.2 产品功能定义的方法与技巧

对功能进行描述通常被认为是一件很简单的事情，例如，钟表的功能是"显示时间"，载重汽车的功能是"运输物料"，车床的功能是"切削工件"，等等。但实际上，定义功能是一件非常困难的事，它不仅需要设计人员的认真思考，而且需要一定的方法和技巧，以便更好地进行功能整理和功能评价，避免在价值分析中发生混乱。

（1）"动词+名词"定义功能。功能定义没有固定的模式，最简单的方法是"动词+名词"，形成主、谓、宾的语法结构形式，其中谓语与宾语具体描述功能，而主语则表明具有该功能的产品或技术系统。如图 4-2 所示，将车床的实物特性抽象为"切削工件"，即用"动词（谓语）'切削'+名词（宾语）'工件'"的方式，将车床的功能定义为"切削工件"，而车床（主语）则是具有"切削工件"功能的技术系统。又如，载重汽车的功能是"运输物料"，振动筛的功能是"筛分物料"，空调的功能是"调节温度"，手表的功能是"显示时间"，等等，均属以动宾词组型的定义对功能进行抽象描述。在功能的描述中，应当特别认真地推敲作为"动作"的动词表述。因为在功能定义中，动词决定着创造的方向，决定着实现功能的具体方法、手段和途径，因此功能定义中的动词必须简练、准确和高度概括，避免使功能定义含糊不清，产生误解。不同的功能定义会产生完全不同的设计思想和方法，会找到不同的功能载体，得出完全不同的设计方案。例如，如果将功能定义为"钻孔"，只能想到钻床，思路就很窄；若将功能表述为"打孔"，就可能联想到激光打孔机、钻床和冲床；如果再抽象一些，把功能定义为"加工孔"，那么就有可能联想到激光打孔机、钻床、冲床、镗床、车床、线切割机、腐蚀设备等。

（2）功能定义尽量抽象化。任何一种新产品的开发过程总是一个由抽象到具体、由定性到定量的过程。功能定义一定要有利于揭示功能最本质的东西，以利于拓宽创造思路。正确的抽象化是人们认识事物本质的最好途径，无须涉及具体解决方案就能清晰掌握产品的基本功能，使设计者的思维集中到问题的关键点上，因此，功能定义要尽量选择比较抽象的词汇。例如，载重汽车可以抽象为远距离运输物料的工具，振动筛可以抽象为筛分物料的设备，联轴器可以抽象为传递扭矩的元件，等等。在进行功能定义时，除了要准确、简洁地描述需求信息外，还要尽可能地抽象化，才更有利于启迪创新思维和扩大理解的范围。例如，在生产手机的过程中，"制造"比"加工"抽象，因为"制造"不仅包含"加工"，还可以是"检验""搬运""停留"等；"加工"比"包装"抽象，因为"加工"可以是产品包装，也可以是"加热""分割""调配"等。功能定义越抽象，拟定原理方案时的创造性思维的空间就越大。

（3）功能定义尽可能定量化。定义功能时，应使功能定义中的名词尽可能具体，直至能够进行定量度量为止，这样有利于进行定量分析。例如，在给新设计的联轴器的功能定义时，用"传递扭矩"比用"传递转矩"好，因为这样的定义说明了转动是在传递一定扭矩的基础上完成的。如果可能，还可以在"传递扭矩"前加上一定的数据对产品的功能进行量化，例如，"传递 1000N·m 的扭矩"。有了这个数据，设计者在寻找新方案时就必须考虑产品功能结构的可能性、几何尺寸、材料和加工方法等细节，使创新过程由抽象逐渐变得具体。在很多情况下，人们往往会忽视对功能作定量的描述，这就意味着对设计减少了许多约束，这也许会给设计者带来一定的方便。在这种情况下，人们会以习惯概念来思考设计的对象，一般情况下这是允许的，例如，钟表的功能是"显示时间"，人们并未仔细去考虑钟表的寿命有多长。但若将钟表的功能定义为"显示100年的时间",设计者就必须考虑这一钟表的特殊要求带来的一系列难题,因此在定义功能时,一定要考虑尽可能地给产品的功能定义作出定量化的描述。

4.3 产品功能优化设计

4.3.1 功能优化设计方法及其基本思想

1. 功能"优化"的概念和优化设计方法种类

"优化"原来的含义是广义的,它存在于整个自然界和人类社会环境中,不管是自然科学还是社会科学,都存在应用优化的概念。从古至今,没有"优化"就不可能形成当今的自然和社会,"优化"是自然与人类社会和谐发展的动力,一切领域中均存在着优化。因此,优化的应用领域是广义的、广泛的,它可以概括为以下四大领域,即优化设计、优化试验、优化控制、优化管理。

从优化的历史发展进程来看,优化方法可分为进化优化、直觉优化、试验优化、图解优化和数学分析优化,以及以计算机技术为基础的优化等。按优化所包含的内容和优化所涉及的范围划分,优化方法可划分为广义优化和集成优化。

(1)广义优化,是指包括以数学规划为核心内容的优化方法在内的各种优化方法:①数学规划优化,利用数学方法进行优化的方法;②人工智能优化,通过专家系统进行优化的方法;③工程综合优化,对获取的信息进行综合分析与类比的优化方法,包括列表法等。此外,也可以把几种优化方法综合在一起完成产品优化设计工作。

产品的功能优化多数不采用数学规划的方法,而是采用大量信息积累的数据对产品的功能进行优化,而动态优化、智能优化和可视优化有时采用数学规划的方法进行优化,同时也可采用其他方法进行优化。

(2)集成优化或全局优化,集成优化或全局优化包括以下一些优化方法:①整体结构优化,对产品的全部结构进行优化;②全系统优化,对产品的整个系统进行优化;③全过程优化,对产品整个生命周期内的各个过程进行优化和对产品生产或使用的全部过程进行优化等;④全性能优化或全功能和全性能优化,对产品的全部功能和性能进行优化。

通用的以数学规划论为基础的最优化设计,实质上是在产品原理方案已定的情况下,对其结构参数进行寻优的一种方法,不涉及更高层次的原理方案优化问题。但如果优化只停留在这个层次上是远远不够的,是不符合现代产品设计的质量要求的,不能代表产品的实际,也说明不了它的全过程,更高层次的原理方案优化显然是更为重要的，它会带来产品的创新和突破，能够提高产品的综合质量和满足面向产品设计质量的综合设计理论与方法的要求。

参数优化是优化的一类层次，方案选择和功能优化是优化的另一类层次，后者指的是须满足任务要求、用户要求和企业及社会要求，即产品的总功能要求，这时要求以功能设计法为指导，在客观约束的限制条件下，利用创造工程和功能形态学矩阵产生多种可选择方案，通过对各种可行方案进行分析评价、筛选和决策，可以使产品设计达到更高的水平，获得"理想"的设计方案，并通过参数的优化设计，使产品在开发设计上有可能产生创新和飞跃。

若产品优化设计只停留在原理方案已定条件下的参数优化上，则会影响和限制产品的发展和产生飞跃的可能。虽然，在当前看来，原理方案选择及功能优化的难度很大，而且难以完全套用数学规划论的现成理论和方法，但这是应该解决的一项急需的优化任务。

2. 优化设计的基本思想

在设计一个系统时，首先要寻求最佳总体方案，各部件即各子系统的优化，必须考虑使总体系统、总功能最佳，这不单单是优化设计的思想，还是每一个设计师应该遵循的一个设计原则。

产品优化设计的设计思想取决于设计师的价值观和自身的品质素养，设计师只有具备创新思想，才能独创性地、坚忍地去填补产品设计的空白，创造出新的产品，创造出满足企业和消费者需求的，而且能够体现当代社会科技水平的具有较高综合质量的优秀产品。因此，优化设计的设计思想，只有在科学发展观和自主创新思想的指导下才能够建立。

由于现代科技和社会的发展，以及设计问题的复杂性，要求做到多学科的交叉，人机的交叉，可靠性、适用性与经济性的交叉，气、液、电、机的交叉，以及设计、制造、使用、管理、维修的交叉。因此，广义优化设计的思想是多维的和广泛的。设计思想必须遵循自然的客观规律，只有运用这些规律，才能有正确的设计思想。如果没有创造性的设计思想，先进的、现代的设计方法也是不能发挥其作用的，也是徒劳无益的。有了创造性思维，而不结合现代优化设计方法，也很难满足当前时代对产品的要求，也很难实现时代赋予产品的时代特征，也不可能把科技转化为现实生产力。由此可见，树立良好的现代优化设计思想，需要遵循以下三条规律。

（1）量变设计与突变创造的质量互变规律是现代设计的一条基本规律。量变，是指从长期积累的设计经验与传统的精华中得到启发，从而创造出新的设计；突变，是指通过新的创造，不局限于现有经验进行研发设计，制造出新的产品。

（2）设计的过程是发挥人类智能与运用机器智能的综合过程，二者相辅相成。现代产品设计，蕴涵了时代赋予它的时代特征，逐渐向自动化、智能化发展，设计工作须结合具有模糊识别能力的人脑和快速、准确的电脑共同完成，实现能够赋予产品质量"先天性"优良的功能优化设计。

（3）一切设计都是为了获得用来构成事物的有用信息，所以从信息载体中提取的可感知或不可感知的、真伪难辨的信号，必须经过科学转换与分析，由低级到高级、由经验到优化获取设计信息，由此来满足人们对产品的各项要求。

对于产品的功能方案，较常采用的优化方法包括类比优化法、直觉优化法、试验优化法、专家系统优化法、目标树法等，本书将在下文分别加以叙述。

4.3.2 类比优化法

通过比较、分析同类功能的实现原理，找出解决问题的方法，称为类比法。类比法以比较为基础，将陌生的与熟悉的、未知的与已知的进行对比，这样由此物及于彼物，由此类及于彼类，可以拓宽思路，触类旁通。采用类比法的关键是分析本质的类似之处，对于类比对象之间的差别也要了解，避免生搬硬套。类比需要借助前人的研究成果，但又不能受其束缚，应善于同中求异，异中求同。类比对象之间的差异越大，其创造性的构思才更富有新颖性。类比法有多种形式，常用的类比形式有：直接类比、象征类比、拟人类比、幻想类比、对称类比和综合类比等。

1. 直接类比

直接类比是将求解对象直接与类似的事物或现象进行比较，从中获得启发。直接类比的典型方式有功能模拟和仿生。从自然界中或从已有的成果中，寻找与猜想对象相类似的东西，通过直接类比，创造新的事物。如利用仿生学原理猜想设计飞机外观、潜艇体形；仿效蝙蝠猜想提出超声波定向；类比实数的运算，猜想出向量的运算，类比等差数列的性质，猜想出等比数列的性质。

2. 象征类比

象征类比亦称符号类比、问题类比，即以事物的形象或者能抽象反映问题的符号或词汇来比喻问题，间接反映和表达事物的本质，以启发创造性设想的产生。例如，人们想发明一种开罐头的新工具，于是选择"开"这个关键词，由此出发，产生撬开、剥开、撕开、拧开、揭开、破开、割开、划开等联想，然后再回过头来寻找这些"开"法的各种设计方案，从中找出最理想的方案，创造出开罐刀。

3. 拟人类比

拟人类比亦称亲身类比，即把自己想象为所讨论问题中的某个因素，然后从这种环境出发，设身处地地来想象假如自己是这个因素会有什么感受，会采取什么行动。例如，比利时某公园，为了保持公园内优美洁净的环境，采用拟人类比法对垃圾桶进行设计，当人们把废弃物放入垃圾桶内时，它会说"谢谢"。垃圾桶这种原理方案的构思，引发了游人的兴趣，有的游人专门捡起垃圾投入桶内。

4. 幻想类比

运用现实生活中根本不存在的神话幻想做类比，以探求可以解决问题的新办法和新途径。这些幻想常常源于神话故事，但随着技术的进步发展，许多已变为现实。例如，对着城门念几句咒语，城门就自动开了，这实际意味着人发出一个信息，命令门自动打开。今天不仅有声控自动门，而且有人一走近就自动开启的门和只让熟悉或指定的人进出的门。又如，通过与嫦娥奔月的神话幻想类比，探求出了解决人类登月问题的设计方案，制造出了登月飞船。人们不仅根据古代神话幻想，而且还利用当今知识对未来作出幻想，如登上月亮居住、生活在海底中、与太空人交流，等等。幻想是创造灵感的源泉。

5. 对称类比

许多事物，相互间具有对称性，人们可以通过对称类比，猜想出新的事物。例如物理学家狄拉克从自由电子运动方程中得出正负对称的两种能量解。一个能量解对应正电子，另一个能量解对应什么呢？通过对称类比，他提出了存在"负电子"的猜想。这一猜想为后来的科学家所证实。又如，宇宙理论存在宏观与微观的对称性；哲学中有辩证法与形而上学的对称性；几何学也有欧氏几何和非欧几何的对称性。

6. 综合类比

物质属性之间的关系是错综复杂的，但是，人们可以综合它们相似的特征进行类比。例如设计一架飞机，可先将飞机做成数学模型，在电脑中进行模拟飞行试验，从而猜想出各种数据。

4.3.3 直觉优化法

直觉法是设计者主要靠直觉、联想、智慧、经验和创造力，调动设计灵感来寻找问题的原理解。直觉思维是人对设计问题的一种直觉判断，经常是非逻辑地、快速地直接抓住问题的本质，这种直觉判断不是无中生有，而是设计者通过一定时间的寻求和思考后，突然获得一个解决问题的方案。下面介绍通过直觉思维进行原理方案设计时常用的头脑风暴法、六三五法和列举法。

1. 头脑风暴法

头脑风暴法又称智力激励法，是美国学者奥斯本（Osborn）于1939年提出的世界上最早付诸实践的创新方法。头脑风暴法是运用群体创造原理，充分发挥集体的创造力来解决问题的一种创新设计方法。头脑风暴法是通过一个主题明确的会议，使与会者敞开思想、打破思维定式，不受传统逻辑或常规的限制，并坚持独立思考，针对主题各抒己见，自由讨论，将各种突然产生的解题构思汇集起来，其目的是找出各种解决方案。头脑风暴法适宜解决单一的问题，对于复杂的、涉及面广的复杂问题可分解为若干个单一的子问题，分别针对各个子问题召开头脑风暴法会议，这样就比较容易达到预期目的。头脑风暴法通过小型会议讨论要解决的问题，将与会成员组成由一人领导的小组，小组人数以5~15人为宜，人员的专业构成应是对议题熟悉、经验丰富的行家，他们要代表尽可能多的不同方向或领域，与会者对会议要解决的问题应有全面了解，便于有的放矢地进行创造性思考。会议开始时应先由小组领导介绍议题并宣布规则，要尽量创造一种轻松气氛。头脑风暴法要求与会者仔细倾听他人的发言，注意在他人启发下及时修改自己不完善的设想，或把自己的构思与他人的构思加以综合，提出更加完善的方案。会议上营造一种高度激励的气氛，使与会者能够突破种种思维障碍和心理约束，自由奔放地思考，并借助与会者之间的知识互补、信息刺激和情绪鼓励，提出大量有价值的构思。

2. 六三五法

六三五法是由头脑风暴法进一步发展而成。这一方法是指组织六人参加会议，在宣布了活动主题后，要求参加者针对议题在卡片上写出三个设想方案，时间是五分钟，然后将卡片传给邻座，后者借助前者所提方案的启发再在卡片上写出三种设想方案，时间也是五分钟，而后再将卡片传给下一个邻座，如此循环，半个小时之内可传递六次，共得108条方案，或者说六人所提初始方案都能经其他五人做出修改、组合、发展，故称六三五法。与头脑风暴法相比，在六三五法中，每个人的主意都会得到系统的反映，而且消除了活动领导者的影响；缺点是思维冲撞的程度差些。

3. 列举法

列举法是指详细列举待设计、改进产品的各种特性，在全面分析的基础上找出更多设计方案的创新方法。常用的有特性列举法、缺点列举法、希望点列举法等。

（1）特性列举法。世界上一切新事物都出自旧事物，创新实际上就是对旧事物某些特征的继承、改变和发展。故应首先全面列举事物的属性特征，通过分析来拓宽思路，从而促使创新方案产生。例如，想对一台电风扇进行改进，若只是笼统地寻求改进整台电风扇，则无从下手。这时可将电风扇的电动机、扇叶、立柱、网罩、风量、外形、转速等各元素分离，然后对各元素逐一分析，提出改进方案。针对扇叶可以设想：能否增加一层扇叶？即采用两端出轴的电动机，在两端的出轴上分别安装相同的扇叶，组成"双面扇叶电风扇"。针对电风扇网罩的造型特性进行思考，可设想出改进调节风速和转速的按钮。针对电风扇的颜色特性进行思考，设想可否采用变色材料，设计开发出一种"迷幻式电风扇"，这会给人以新的感受。

（2）缺点列举法。任何人造物品都并非尽善尽美，总会存在缺点和不足。当发现了现有产品或技术的缺点，就需要有针对性地提出改正缺点的原理方案，克服了缺点和不足就意味着进步和创新。系统列举缺点的常用方法有：用户意见法和对比分析法。用户意见法就是将现有产品投放到市场试销，让用户提意见，根据用户的意见提出改进的原理方案。例如，20世纪80年代的较为普遍使用的老式洗衣机的缺点有功能单一，缺乏甩干功能；使用不方便，缺乏自动给水、排水功能；衣领和袖口洗不干净；衣物清洗过程中容易绞结在一起不易漂洗；等等。针对洗衣机的这些缺点和不足，提出开发设计具有自动进排水、正反清洗、甩干等功能的双动力自动洗衣机。有比较才有鉴别，缺点列举法的目的不在于列举，而在于改进。在分析鉴别缺点时，要从产品功能、性能、质量等影响较大的方面着手。如英国人科克雷尔发现船体外表面与水之间的摩擦阻力及船运动时的波浪阻力大大降低了船舶性能。针对这一缺点，通过分析研究和改进，科克雷尔设计出了在船与水面之间能形成薄薄一层空气垫的气垫船。

（3）希望点列举法。希望点列举法是按设计者的意愿，通过列举希望点形成创造目标，并由此提出各种新的设想。人们的愿望永远不可能完全得到满足，一种需求满足之后还会提出更高的需求，这种不满足是推动人们不断去进行发明创造的重要动力。人有丰富的想象力，对美好的事物充满期望是人类的天性，它可以激发和引导人们去创新。例如，人们希望像鸟一样在蓝天上飞翔，终于发明了飞机；希望像嫦娥一样奔月，终于发明了探月飞船；希望相隔遥远的两地通话不仅能听其声又能见其人，创造出了视频电话。

4.3.4 试验优化法

在工程产品设计中，在解决产品本身机理不是很清楚，写不出参数间的函数表达式，无法采用数学规划方法，或者对新产品设计经验不足，各参数对设计指标的影响主次难分等问题时，或者是方案没有可参照经验时，试验优化法是一种很好的优化设计方法。试验优化需要试验模型（或者样机或者模型装置），第一次设计的模型并不要求一定是一个好的方案，经过数次试验后，便可根据试验结果的好坏来优选方案。或者也可以根据试验数据，构造一种函数，再求出这个函数的极值。一般可用正交试验、导数求极值方法或黄金分割法等。

试验优化是对实物试验与非实物试验（仿真）进行优化设计与分析的一种通用的现代技术，是现代优化理论的一个重要方面。在现代社会中，实际过程和目标的最优化，已经成为解决科学研究、产品设计、生产管理等实际问题的一项重要原则。试验优化就是在这种优化思想指导下，通过广义试验（包括实物试验与非实物试验，其中非实物试验即仿真）进行最优设计的一种优化方法，也是应用数学的一个新兴分支。它从不同的优良性出发，合理设计试验方案，有效控制试验干扰，科学处理试验数据，全面进行优化分析，直接实现优化目标，已在各个领域得到广泛的应用。

现代优化技术主要分为三个方面：优化控制、优化设计、优化试验。常用的优化技术不是属于直接优化就是属于间接优化，而试验优化就属于直接优化的一种方法。具体地说，在设计试验方案时，不仅使方案具有一定的优越性，也使试验点或者试验次数大大减少，降低了产品的开发成本，利用少量的试验获取丰富的试验信息，得出全面的结论。

在如今的信息时代，一切设计、控制和决策，都必须首先从信息载体中获取有用的信息，信息已经成为价值手段，知识、信息和技术成了重要的生产力，关于信息量的科学——试验优化，则能够满足时代的需要，既快又省地获取既多又好的相关信息，并能科学地分析和利用已获得的信息对方案的确定、功能的优化、产品的设计、质量的提高等起到积极的作用。

在科研与生产的实际应用中，试验优化主要是进行离散优化，有时也进行序贯优化，有时则必须综合应用离散优化和序贯优化。随着科学研究的深入、科学技术的发展和计算机技术的广泛应用，试验优化的内容越来越丰富，设计方法也越来越多，常用的方法有试验设计和回归设计。

（1）试验设计。试验设计是离散优化的基本技术，是从正交性、均匀性出发，利用拉丁方、正交表、均匀表等作为工具来设计试验方案，实施广义试验，直接寻找最优点。作为相对独立的一门学科，试验设计既是应用数学的一个新分支，也是试验优化的一个重要组成部分。

（2）回归设计。如果仅以最优回归方程为优化目标，多数回归设计方法都是离散优化，但在 D-最优回归设计、混料回归设计以及测度设计寻求最优方案时，则表现为序贯优化；如果最优化目标是最优组合条件，则回归设计一般表现为离散优化与序贯优化的综合。回归设计将方案设计、数据处理与回归方程的精度统一起来进行优化，已成为现代通用的一种试验优化技术。各种回归设计都必须对因素进行编码，即将自然因素通过编码公式变成编码因素的过程，因此，回归设计时，从方案的编制到回归系数的计算及回归方程的统计检验的整个过程，都是在编码空间进行的。

随着科学技术的发展，在某些产品的设计中可以不采用物理样机进行试验优化，可以完全借助数字化手段进行非实物试验优化，对产品进行虚拟三维数字化建模，配置与真实产品相同或近似的运动副等构件间的相互关系，利用多体动力学仿真软件进行实际工作状态的模拟实验，从而达到物理样机的功效。

4.3.5 专家系统优化法

专家系统作为一种实用工具，为人类保存、使用、传播和评价知识提供了一条有效的途径，由于其实用性，专家系统的开发、应用已遍及各个领域，并获得了巨大的经济效益。同时，专家系统的高性能及其对专家的能力的延伸使其具有无比广阔的前景，结构较为完整的专家系统应该包括以下两个功能。

（1）人机接口上具有与人交互的各种模块，使专家和用户能够以尽可能自然、易于实现的方式实现信息的传输和结果反馈。

（2）知识库的组织和维护有一个专门的知识库维护模块或管理模块，实现对知识库中知识的存储、共享等。

专家系统又称知识库专家系统，它是一种计算机程序，这种程序具有在专家级水平上工作的知识、经验和能力，一般用于求解那些需要人类专家才能求解的高难度问题。建立一个专家系统的核心问题是知识的获取、存放专门知识的知识库和利用知识库解决实际问题的推理机，具体结构如图4-4所示。

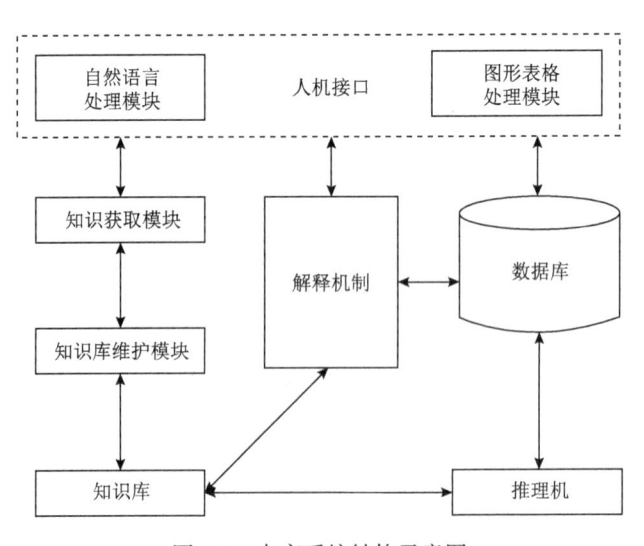

图4-4 专家系统结构示意图

（1）知识库。知识库是存放问题求解需要的领域知识的地方。

（2）数据库。数据库也称为上下文库或综合数据库，用于存放系统运行过程中所需要的原始数据和产生的所有信息，包括用户提供的信息、推理的中间结果、推理过程的记录等。

（3）推理机。根据动态库的当前状态，利用知识库中的知识进行推理。推理机的程序与知识库的具体内容无关，即推理机与知识库相分离是专家系统的重要特征，其优点是在对知识库进行修改和扩充时，无须改动推理机。

（4）知识获取模块。知识获取模块负责建立、修改与扩充知识库，以及对知识库的一致性、完整性等进行维护等。

（5）解释机制。用于对求解过程作出说明，并回答用户提出的问题。

（6）人机接口。人机接口也称为人机界面，负责人与机器之间的交互式访问，是专家和用户的一个交互平台。

4.3.6 目标树法

在方案选择过程中提出的评价指标或标准是多方面的，具有不同的权值，即加权系数，在进行方案总体评价时应对其进行仔细的定义。

提出这么多的评价指标或标准，给产品设计方案的选择、设计质量的评价工作带来了困难。事实上，这么多的评价指标，没有必要全部加以考虑。因为有的评价指标可以完全不考虑，这样，评价指标的数量可以大大减少。此外，每一个评价指标对产品的影响程度是不一样的，所以在评价时必须对每一个评价指标进行加权处理。

诸多的评价指标对产品广义质量的影响有所不同，有的影响很大，有的影响较小或很小，在某些情况下，有的评价指标几乎没有影响，可以不必考虑。评价指标的加权系数可以在很大的范围内变化。

方案评价的依据是评价目标，也称评价准则，通常有三个方面：①技术性能评价目标，主要评价产品在技术上的可行性和先进性，包括结构性能、工作性能、工艺性能等方面；②经济性能评价目标，评价产品设计质量的经济效益，包括成本、利润、使用经济性、实施方案的措施费及投资回收期等方面的指标；③社会性能评价目标，评价产品给社会带来的利益和影响，是否符合国家科技发展的政策和规划要求，是否有利于资源开发与新能源的利用，以及对环境的影响和产品的可回收性与报废情况。必须针对这些评价目标对产品广义质量的影响程度来确定其加权系数。

从以上内容可知，在对产品设计方案进行评价的过程中，有很多评价指标与产品本身的相关程度很小，甚至没有任何关系，即对产品质量的影响程度为 0，那么对于这种情况，这些评价指标加权系数的值可以取为 0，即不予考虑。

对于确定加权系数的方法，没有一个固定的模式。可以利用简单的对比判别法，采用对重要程度不同的评价指标赋予不同大小的数值来区别，而对重要程度相同的评价指标则赋予同样的数值。例如，当其中一个指标的重要程度高于另外一个指标时，高的给 5 分，低的给 3 分或 1 分；而当两个指标重要程度相同时，分别赋予 2 分；或者是当其中一个指标的重要程度比另一个指标高时，高的赋予 4 分或 3 分，低的赋予 1 分，而重要程度相同的分别为 2 分。

无论利用何种方法进行各指标的重要程度分析，通常最后得到的加权系数都需要进行归一化计算，使得产品方案的所有评价指标加权系数之和为 1。

4.4　产品功能组合与配置

产品的功能是用户对产品需求的本质所在，产品是功能的实现载体。功能设计强调将功能作为系统设计或产品设计的首要对象和内容，确定了功能在整个设计程序中的指导地位，为技术系统提供了功能依据；系统或产品是功能构成的有机整体。随着微电子、新材料、新能源的不断发展和应用，实现单个功能的成本下降，使产品的功能组合成为可能；市场越来越追求产品的多功能特性，而功能组合是实现产品多功能特性的有效途径。

根据设计任务合理选择功能组合方案，设计者可以通过互补功能间的组合、基本功能与辅助功能的组合、目标功能与手段功能的组合、广义相似功能的组合等方式实现。在功能组合设计的基础上，需要通过功能匹配设计对被组合功能在数量关系和功能的协同配合方面进行设计、权衡和确定。

功能组合设计流程如图 4-5 所示。在选定需要进行功能组合的（产品）系统后先进行系统的功能分解，分析系统内部各功能之间或系统内部功能与外部系统功能之间的功能组合关系；功能组合的依据是产品市场和用户定位，所以在选择功能组合方案时必须考虑以市场和用户需求为基准，结合系统功能定位和功能组合原则的约束，合理选择功能组合方案；选择功能组合方案后，需要进行功能匹配设计，包括功能定量设计、功能均衡设计和功能协同设计，避免功能过剩或不足，以保证各功能间的最优整合；最后进行功能组合合理性判定，功能组合的基础是各分功能间逻辑关系明确、物理关系相容、几何关系独立，这同时也是功能组合正确性、可行性的基本判断准则，进而最终得出正确合理的功能组合方案。

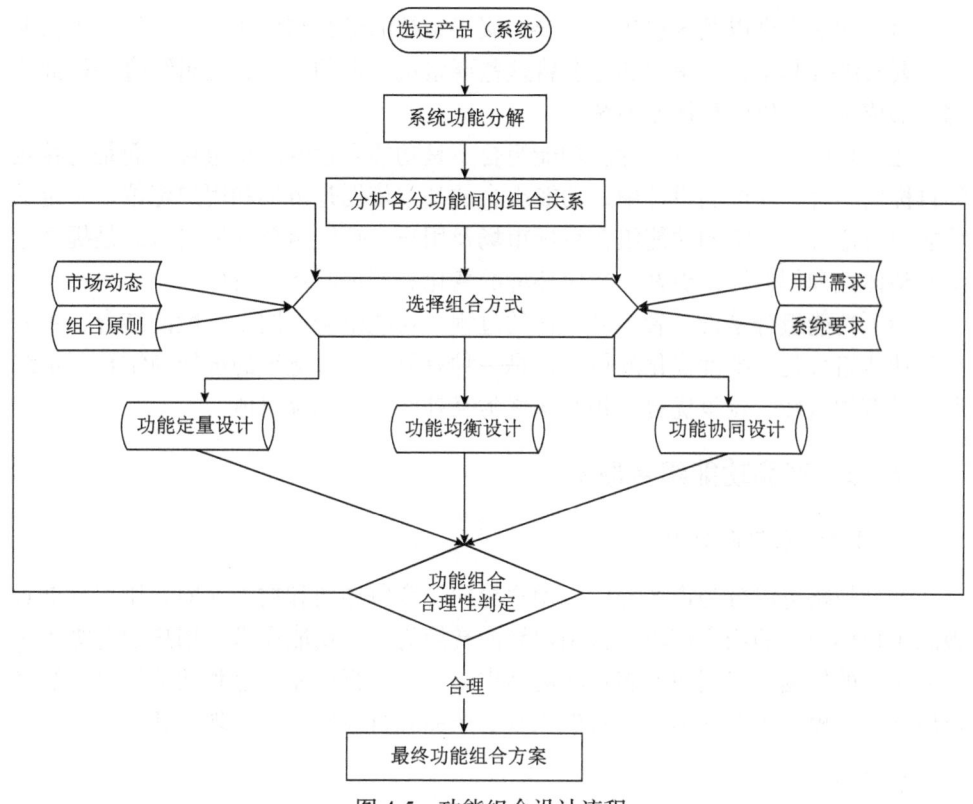

图 4-5 功能组合设计流程

4.4.1 产品功能组合内涵

消费者真正购买的是产品的功能价值。产品的功能组合也可称为功能一体化过程，是产品创新发展领域的一个重要趋势。功能组合不是一般的结合、混合、叠加、汇集、堆积，而是一种创造性的有机结合过程，即在各要素结合过程中，注入创造性思维。只有将功能要素经过主动的优化、选择搭配，相互间以最合理的形式组合在一起，才能形成一个适宜功能要素组合、功能要素相互匹配、创造性的有机整体，其目的是提高系统或产品的整体功能，形成独特的创新能力和竞争优势。

功能组合是在技术和需求的基础上，为实现既定的目标，设计者将具备组合特性、满足系统优化目标的功能要素（单元、子系统等），按照一定的组合关系使之结合并优化，以形成新的功能价值的过程。功能组合的目的是要提高功能系统的整体性和创造性，提升功能系统的整体性能，适应环境的变化，更加有效地实现特定的功能目标。

从上述定义可知功能组合思想包括以下方面。

（1）功能组合以系统思想为指导，属于系统的综合与优化。功能组合不仅要将各要素结合起来，更重要的是要将这些要素按一定的关系和逻辑结合并彼此协调，形成一个有机的整体或系统。

（2）功能组合具有目的性。功能组合不是功能要素的随意组合，而是为特定的目标而结合。在产品设计中，功能组合的基本依据是市场和用户定位。一定的功能组合适合于一定的功能组合目标市场及用户。功能组合的最终目的是提高系统的整体性和创造性，更好地适应环境的变化和实现既定的目标。

（3）功能组合是设计者主动优化的过程。功能组合不同于一般的结合，主要在于功能组合是系统性优化的行为，是一种有目的、有意识的选择与结合，最终形成具有创造性、竞争优势、相互间优劣互补匹配的系统整体。

4.4.2 产品功能组合原则

1. 用户需求导向原则

产品战略可以分为市场导向、用户导向、竞争导向和技术导向。用户导向重视满足目标市场的用户需求。将用户导向转换为用户功能需求，用户功能需求是功能组合的依据。以用户的多种功能需求为中心进行产品构思和功能组合，往往可以在技术模式不变的情况下打破固有的产品和行业模式，实现创新。

2. 突出重点原则

设计者在选择功能组合方案时，必须以市场需求为根本出发点进行调整重组，并且紧随国内外市场发展趋势，坚持"有所为，有所不为"、重点突破的原则，重点选择国家政策鼓励、有市场潜力、符合消费需求变化结构的功能组合形式；产品在进行功能组合设计时应首先具备基本功能，不仅组合后的功能载体所体现的功能要明确，同时应突出产品某一方面的实用功能，并将此功能作为此产品的突出特征。

3. 整体优化原则

功能组合的整体优化性是指设计者对功能要素有目的地整合、优化，使得要素能够以一种充分发挥组合要素优势的方式结合起来，并最终实现整体优势和整体优化的目标。

4. 功能协同原则

功能协同是考虑了组合产品（系统）各功能之间的相互制约问题，从整体效果或效用出发对相关功能的定量进行统筹权衡，避免出现相关功能之间的抵触，尽量使各个功能发挥各自的最大作用，达到整体上的优越性。

5. 相关性原则

被组合的功能之间在某一方面应有一定的相关性，并非任何功能随意组合都会具有优越性。一般是在作用对象相同、使用场合一致、使用者一致、不同功能的载体相同或在技术上相关的情况下组合。同时，功能组合产品（系统）所具有的各功能的量要与目标市场中用户的功能需求"绝对匹配"，从而避免出现功能不足或功能过剩。

4.4.3 产品功能组合方案

1. 基于设计任务的选择

根据设计任务合理选择功能组合方案，设计者可以参照以下方案来进行。

（1）互补功能间的组合。不同功能之间由于其作用相互补充促进可以得到较好的功能价值。这种补充促进作用包括功能间的优势互补、功能间有害作用的抵消等。例如，卡车的移动输送功能与混凝土搅拌器的搅拌功能组合，克服了相互之间的劣势，组成了混凝土搅拌车这种兼具移动和搅拌功能的新功能体。

（2）基本功能与辅助功能的组合。这种组合方式更多地表现为功能的扩充，是以某一基本功能为核心，为了保证基本功能的最佳实现，通过扩充一些功能，将其作为对基本功能的补充和完善。或者是以某一功能为核心，加入其他功能，使其产生新的两者都不具有的功能。例如，计算机系统的基本功能是处理数据，需求的发展使其功能不断扩展，并以处理数据这一基本功能为基础，加入了文字处理、音频处理、休闲娱乐、数据传输等功能，进一步完善了计算机系统。组合音响也是如此。

（3）目标功能与手段功能的组合。与前述基本功能与辅助功能组合不同，目标功能与手段功能的组合更像是总功能与分功能之间的总分关系，而前者是一种主次关系。该类型的组合是指为了实现某一目标功能，通过与一个相对意义上的"功能载体"手段进行功能组合，进而更好地实现目标功能，产生更广泛的适用范围。例如，将臭氧的强氧化功能与洗衣机组合为强力杀菌的臭氧洗衣机。

（4）广义相似功能的组合。设计人员需要从更广义的范围，寻找系统相同、相似功能或替代功能进行组合，拓展系统的宽度和适应性。对相同或相似功能做适当变化加以组合，以强化原有功能或产生新功能。通常，那些影响用户进行选择的关键需求要素可以转化组合为新系统的功能要素，从而增加竞争力。

空调的"功能黑洞"效应正是上述组合方案的最佳体现。健康的室内环境不仅包括适宜的温度，还包括适宜的湿度、声音、气流、空气清洁度等。而传统的空调、加湿器、空气净化器等功能单一，无法承载用户对产品更丰富内涵的需求。

现今的主流空调产品，已经脱离了空调作为单一的室内温度调节器的身份，正在不断吸收和囊括诸如送风、空气净化、加湿、抽湿、除菌、负离子等以往为风扇、加湿器、空气净化器等所独有的功能。空调的"功能黑洞"效应是对广义相似功能组合的说明。

（5）特色功能设计。特色功能设计是利用功能组合技巧，将某一很平常的功能创造性地组合到其他功能构成的商品中，使其具有鲜明的特色，实现其独特的市场分隔方式和产品定位。

功能组合设计完成后，接着需确定功能的量及其相互关系，进一步全面深入地进行功能设计，对功能组合的合理性及其相互关系进行分析，免除过剩功能，补足不足功能。这一任务应由"功能匹配设计"来完成。

功能匹配设计是指在功能组合设计的基础上，对被组合功能在数量、数量关系和功能的协同配合方面进行设计、权衡和确定，避免功能过剩或不足，以保证各功能的最优整合，满足使用者对功能量的需求。功能匹配设计的任务是确定功能量及其相互关系方面与客户需求的符合关系，以指导具体的载体设计工作。系统中被组合的功能的"质"和"量"以及功能之间的相互匹配与协调，称为"相对匹配"。匹配时功能组合方案最优，不匹配时则会产生应有价值或效率缺陷，表现为功能"相对过剩"或"相对不足"。

2. 基于功能结构的调整

在产品功能设计中产品创新通常是在保持产品主功能不变的前提下，对功能编制中的基本功能、辅助功能、附加功能进行如下调整。

（1）可通过改变产品工作原理的方式对功能结构中的基本功能进行调整。传统洗衣机用电动机驱动波轮的机械方式搅动水，而新型洗衣机则采用超声波洗涤和水电解的方式，工作原理的变化导致两款洗衣机的基本功能不同。

（2）在保持产品工作原理不变的前提下，调整辅助功能，改进产品性能。

（3）按功能集成的方式添加新的附加功能，以满足用户多样性的需求。例如，在手机传递信息主功能实现的基础上，集成照相、摄像、音乐播放、文档处理等功能，以满足用户除通话以外的其他需求。

（4）按简约设计的方式对功能结构中的功能进行裁剪，以简化产品结构，降低成本。

如果在产品创新过程中改变产品的主功能，则该产品将变为其他产品，具体方式为将功能结构中某一功能强化为主功能。

综上所述，功能结构的调整主要通过功能的增加、减少、替换、改变等方式实现。

【练习与思考】

（1）企业进行产品开发的过程中为什么要定义产品的功能？企业应该如何定义产品的功能？请说明理由。

（2）产品功能优化设计是产品功能设计的关键内容，那么产品功能优化设计的方法有哪些？请举例说明。

（3）针对一款你感兴趣的新产品，谈谈该产品的功能组合与配置是如何进行的？该产品的功能组合与配置是否合理？请作简要说明。

第 5 章

产品外观设计

随着经济的发展和信息化与科技化的推进，越来越多的人对于产品的要求不仅仅局限于其质量上的需求，往往更加倾向于其外观的设计。实际上，外观也是产品质量的有机组成部分，产品外观设计则是产品内部环境和外部环境的"桥梁"。本章将对产品外观的概念和特征以及产品外观设计的方法和流程进行介绍。

【知识地图】

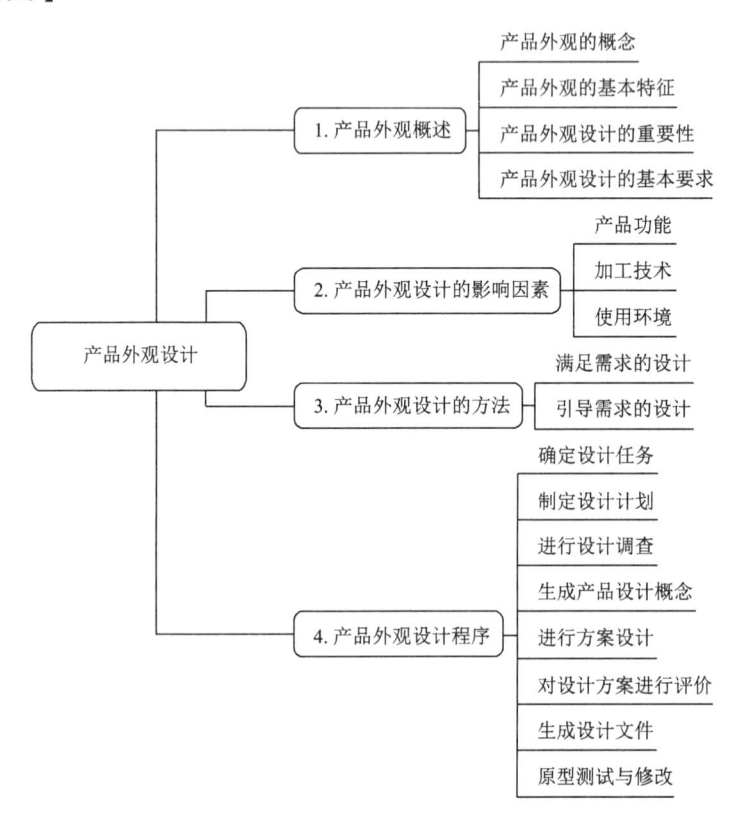

```
产品外观设计
├─ 1. 产品外观概述
│    ├─ 产品外观的概念
│    ├─ 产品外观的基本特征
│    ├─ 产品外观设计的重要性
│    └─ 产品外观设计的基本要求
├─ 2. 产品外观设计的影响因素
│    ├─ 产品功能
│    ├─ 加工技术
│    └─ 使用环境
├─ 3. 产品外观设计的方法
│    ├─ 满足需求的设计
│    └─ 引导需求的设计
└─ 4. 产品外观设计程序
     ├─ 确定设计任务
     ├─ 制定设计计划
     ├─ 进行设计调查
     ├─ 生成产品设计概念
     ├─ 进行方案设计
     ├─ 对设计方案进行评价
     ├─ 生成设计文件
     └─ 原型测试与修改
```

第 5 章 产品外观设计

【学习目标】

本章介绍产品外观的概念和特征，讨论产品外观设计的影响因素。在此基础上，本章还介绍了产品外观设计的方法和一般程序。通过本章学习，学习者应达到如下学习目标。

（1）熟悉产品外观的概念和基本特征。
（2）了解产品外观设计的重要性和基本要求。
（3）了解产品外观设计的影响因素。
（4）掌握产品外观设计的方法和一般程序。

5.1 产品外观概述

5.1.1 产品外观的概念

1. 外观的含义

想要了解产品外观设计，首先要明白什么是外观设计。第七版《现代汉语词典》中对外观的解释是：物体从外表看的样子。

一个客观存在的物体的外观首先是通过视觉和知觉等感觉器官在人脑中产生直接的反映，即感觉。外观是基于一定的承载物而存在的，通过人眼识别然后对物体形成具象的认知。

对外观的认识可以基于对形态的认知，形态一般可以分为两大类：客观形态和概念形态，如图 5-1 所示。客观形态是人可以直接触摸到、真正感知到的东西，分为自然形态和人造形态。自然形态就是指自然界形成的，如山川河流、花草树木都有的形态；人造形态是人们按照自己的意愿或需求创造出来的形态，如生活中使用的工具。概念形态是不能直接触摸的，需凭借想象，存在于人的思想观念之中，分为几何形态、有机形态和偶然形态，见图 5-1。

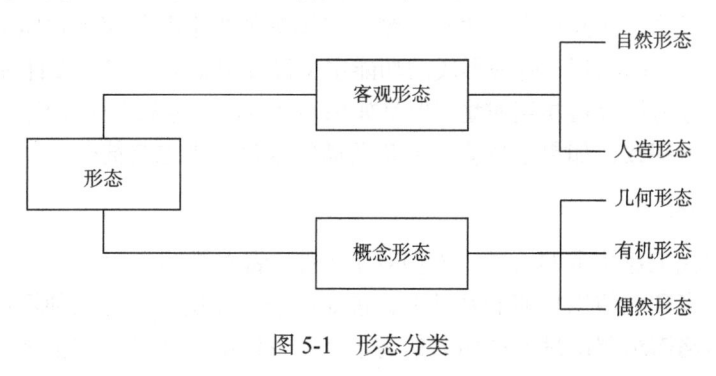

图 5-1 形态分类

2. 产品外观的含义

产品是被批量生产出来以满足人们某些特定需求的物品，这种需求指物质需求和精神需求两个方面，并以此为基础来完成产品的使用功能和审美功能设计。产品外观依据形态分类固然是属于人造形态。将外观依附于产品之上，也就是产品外观。

产品外观不能理解为单纯的产品造型，而是包含产品造型在内的完成产品视觉形象的全部因素，即产品外观是指产品的外在造型、图案、颜色、结构、大小等方面的综合表现，是产品质量的有机组成部分，因此对产品进行外观设计时要结合多种元素进行考虑。

外观设计是对产品的形状、图案或者二者结合以及色彩与形状、图案的结合所做出的富有美感并适于工业应用的新设计。其中，形状是指三维产品的造型，如手机、汽车等的外形；图案一般指二维的平面设计，如印刷在产品表面的图形、文字等；色彩可以是构成图案的成分，也可以是构成形状的部分。所以，外观设计可以是立体的三维造型，可以是二维的平面图案，可以辅以适当的色彩，当然更多的是三者的有机结合。

5.1.2 产品外观的基本特征

我们在做产品外观设计时，要注意到产品在使用过程中不是以单一的个体而存在，它往往与使用者和使用环境进行交互，形成操作使用系统。产品外观设计作为产品内部环境和外部环境的"桥梁"，其本身承载着"人-机-环境"三者之间的互动。可以从产品外观传达的内容层面将其特征分为功能性、审美性和象征性。

1. 功能性

一件产品存在的基本要求就是要具有一定的功能性，李砚祖先生在《论设计美学中的"三美"》中提到：人们设计和生产产品，有两个起码的要求或者说产品必须具有两种基本特征，一是标志产品属性的功能；二是作为产品存在的形态。产品的功能是决定产品形态的主要因素，美国芝加哥学派代表人物路易斯·沙利文提出"形式追随功能"，后来形成的功能主义设计也是源于这一设计理念。比如，一辆汽车的造型设计得相当时髦，但是如果不能驾驶，也只能是个模型；再比如，设计的鱼缸再别致，如果不能盛放养鱼所需的水量，则也是徒劳。

2. 审美性

随着现代工业技术的发展，人们对于工业产品的要求，已经从使用功能的基本需求，提高到在使用功能的基础上，进而能美化环境、满足某种精神上的需求等等。马斯洛需求层次理论说明人的需求是分等级的，从简单的生理需求到情感需求再到自我实现需求的提升，反映到产品本身而言，就要从满足人们不断发展的需求方面进行设计，在产品外观设计方面也要从满足基本的功能性提升到满足人们的审美性需求。

产品形态的审美性是指通过对产品造型的设计传递给人的感官的一种特定的心理感受，如稳重、活泼、圆润、冰冷等。产品形态的审美性与艺术审美有一定的相似性，通过产品外观设计传达出正面、美好的情感可以陶冶人们的情操、影响人们的思想。现在越来越多的品牌注重通过产品外观设计来满足消费者的精神需求，这也是提高市场竞争力的一种策略。

3. 象征性

产品外观的象征性，指通过产品造型形象代表时代特征和显示一定意义的作用。产品的造型符号是象征信息的传达媒介，积淀了人类长期的经验，并随着丰富的联想和想象，直接影响到人的思想情感的变化。

随着时代的发展，人们愈加重视对个性化的追求，人人渴望获得身份认同和尊重，产品外观的象征性可以反映为对个性和身份地位的象征，这往往通过品牌来体现。在市场竞争中，企业通过商业手段如广告宣传等在消费者心中逐渐形成品牌观念。久之，所谓对的"名牌"往往会成为人们的个性或身份地位的象征。比如，Chanel以其高雅、简洁、精美的设计风格成为人们心目中的高奢品牌；Apple品牌以简约和人性化的高科技感成为时尚和卓越品质生活的代名词。

产品外观的象征性也可以反映为消费者对社会和文化归属感的认可。越来越多的国家和城市开始推崇文创产品，希望设计出代表自己区域文化的产品，文创产品往往能引起人们的情感共鸣，表现出一定的社会价值和社会意义。在弘扬民族文化的大背景下，我们在进行产品外观设计的过程中需要结合中国传统文化内涵，结合现代工业生产，设计出反映我国社会和文化特色的产品，这样才能更好地推动我国的产业发展。

5.1.3 产品外观设计的重要性

伴随着时代经济的快速发展，信息化、科技化的发展引领当今时代发展潮流，尤其是随着当今社会快节奏的发展，越来越多的人对于产品的要求不仅仅局限于对其质量上的需求，往往更加倾向于其外观的设计。产品外观设计的重要性体现在以下几个方面。

（1）提升产品竞争力，提高产品的额外附加值。美观、新颖的产品造型容易博得客户的好感，从而使商品畅销。三星集团CEO尹钟龙表示"好的设计是将我们与竞争对手区分开的最重要方法"。从某种意义上说，设计就是生产力。而产品外观设计可以赋予产品本身更大的竞争力，提升产品的附加价值。例如，许多糖果糕点原材料和比例未变，但经常推出外观优美、包装新颖的产品，就能获得客户的喜爱等。

（2）通过产品外观的再设计，延长产品生命周期。产品外观的设计和外观设计的不断更新是许多企业的商业策略。每种产品在市场上都有存在的周期，不少产品原先似乎已接近衰退期，销售已呈疲软状态，但一旦对产品的外观造型进行再设计，将其重新投入市场后又会起死回生，成为市场畅销品。如同一型号的自行车，由过去单一的黑色发展为红、蓝、棕、绿等多色后，满足了各种消费者的爱好和需求，受到市场欢迎，产品寿命大增。

（3）满足人们的审美需求，美化生活环境。人们的生活是丰富多彩的，并且人们都有追求美的心理。由于社会环境和消费观念的变化，人们对产品的需求不仅仅局限于功能方面，同样趋于得到精神层面的满足，对产品进行外观设计能在一定程度上满足人们的心理需求。人们在学习、工作、生活中要与各种各样的工具、用具相接触，厂房、住宅等造型优美，机器设备、家具用品等外型美观，都能增添美化环境、丰富生活的功能。例如，一些汽车的内饰采用了胡桃木等木料，经过精细抛光处理的内饰板显得格外光滑和具有美感，很好地诠释了产品的品质，能给人带来生理和心理上的愉悦感和满足感，受到消费者的青睐。

5.1.4 产品外观设计的基本要求

（1）性能要求。产品外观设计要在满足产品可用性的基础上，让产品通过外观设计更好用，因此要求外观设计与产品内在的技术性能相结合，整体结构合理、适用、美观、大方等。

（2）审美要求。审美是主观性概念，不同人群、不同社会环境、不同时代会有不同的审美标准，在进行产品外观设计时要对目标用户进行前期调研，并做出正确的产品定位。外观设计要符合不同的国家、民族、社会阶层、年龄、性别、文化程度的人的审美观念。

（3）跨学科要求。设计是一门交叉学科，涉及技术学、美学、心理学、社会学、经济学等方面的知识。在进行产品外观设计时要结合不同的学科，要求设计师有广阔的眼界，和其他领域的专家相互合作，关注不同领域的新工艺、新材料、新技术等。

5.2 产品外观设计的影响因素

5.2.1 功能对外观设计的影响

任何产品都应该有其存在的价值，首要的是应该满足一定需求，这样才能达到消费和生产的目的。人们通过使用产品来完成需求，这样产品外观就自然成为人机交互的"媒介"，即产品外观是功能的载体，因此在产品外观设计过程中要考虑产品功能性这一基本要求。功能是指事物或方法所发挥的有效作用和效能，就产品功能而言，包括产品的用途、使用价值和目的，产品的功能决定了产品存在的目的和价值。

产品的功能最初的含义是指产品的实用功能，即产品的用途、使用价值和目的。随着社会的发展、科技的进步及物质的极大丰富，产品的功能出现了极大的延伸和发展，除了实用功能外还包括认知功能和审美功能。根据马斯洛需求层次理论，可以将功能分为物质功能和精神功能两大类，如图 5-2 所示。其中物质功能包括实用功能和技术功能，精神功能延伸为审美功能和认知功能。

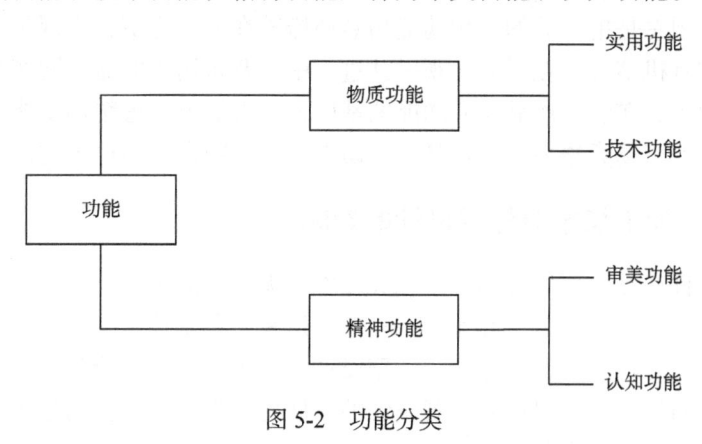

图 5-2　功能分类

产品的实用功能是设计者和使用者最关注的问题，指的是产品的实际用途、使用价值和目的。通过产品与使用者直接发生接触，实现产品的功能。消费者在购买产品时首先是寻求能满足实用功能的产品，比如汽车有代步的功能，空调有调节室温的功能，水杯有盛水的功能，等等。技术功能，又称为物理功能，它是从生产者的角度出发，指如何通过满足生产制造的要求来满足消费者的需求，包括产品本身所具备的结构性能、理化性能、工作效率、工作精度以及可靠性和有效度。

随着经济的快速发展、人们生活水平的提高，人们对于产品消费的选择不再只局限于满足物质需求，越来越多的人开始追求精神层次的需求，这也就要求产品要具备精神功能，如图 5-3 所示。审美功能是指产品通过外观要素即产品的造型、色彩、肌理和装饰等来满足人们的审美需求、唤起审美感受的能力，即外观形式上体现产品的合目的性，它与由功能实现带来的美感相适应。认知功能是指产品通过本身的形态、结构、质地、色彩、用途向使用者和社会提供的表征产品内容的信息以及产品作为语言符号带给消费者的象征意义，比如产品是什么，如何使用，以及使用者的民族、性别、社会身份、爱好、个性等。

图 5-3　产品的精神功能

在实际应用中，产品的物质功能和精神功能是相互交叉的，一件产品可以同时具有实用功能，又能很好地实现精神功能，这样，外观设计就显得很重要。优秀的产品外观总是把产品的实用功能巧妙地掩盖在形式之下，实现了实用功能和审美功能的有机结合。在产品外观设计过程中，要将用户的需求同产品所表达的功能结合起来，在满足产品物质功能的基础上尽可能地考虑精神功能，产品才会具有更强大的市场竞争力，这也是现在诸多国际品牌在不断追求的设计理念。

5.2.2　加工技术对外观设计的影响

任何一件产品的形成都离不开相关技术，无论是简单还是复杂，加工技术是实现产品落地的关键环节。20 世纪 90 年代以来，科学技术发展突飞猛进，工业技术不断提升，科学研究的进步为新型设计提供了重要的理论基础，促进了产品的改良和更新换代。这对产品外观设计的发展也产生很大的推动作用，极大地促进了产品形态的创新和革命。

计算机及相关信息技术的发展，使产品外观设计的表现空间发生了变化，改变了产品形态设计的技术手段、程序和方法，使产品外观形态呈现出多元化、复合化、短小轻薄化、智能化和知识化的趋向；同时，技术的创新还促进了功能的改进以及产品结构、工艺、材料等的变化，从而使产品发生根本改变。

核心技术的提升能给产品外观设计带来质的提升，手机的发展很直接地论证了这一内容。IBM Simon 是世界上公认的第一部智能手机，1993 年制造时，它集手提电话、寻呼机、传真机、日历、行程表、世界时钟、计算器、记事本、电子邮件、游戏等功能于一身。其最大的特点就是，没有物理按键，输入完全靠触摸屏操作，这在当时引起了不小的轰动。随着触屏技术的进一步发展，我们现在使用的手机外观和早期的按键手机外观已经有了相当大的区别，技术的提升给产品的外观设计留有更大的发挥余地。

苹果公司（Apple Inc.）的智能设计一向以简洁示众，苹果公司旗下也有众多外观专利，产品外观造型的实现与工艺技术不可分离。例如，苹果公司为 MacBook Air 的楔形外观设计申请的专利获得美国专利和商标局的批准。MacBook Air 所营造的视觉上的美感是很难用语言来形容的，MacBook Air 之所以能做到如此之薄主要源于 LED 屏幕和特殊处理器的采用。该专利涉及便携计算设备的楔形设计，以及通过铰链将底部与顶盖相连，这种设计对产品带给人的整体感受、轻便性以及耐用性均有帮助。

5.2.3 使用环境对外观设计的影响

一件产品只有在使用环境中才能实现它的使用价值，也就是说产品功能的实现必须要基于一定的使用环境。任何一件产品都会存在于一定的时间和空间内，不可避免地要与周围的环境发生一定的交互。在使用产品的过程中，"人-机-环境"构成一个系统，产品外观是人直接接触产品的媒介，同时产品也通过外观与周边环境进行直接接触，因此在进行产品外观设计的过程中要考虑使用环境的因素。这里讲的使用环境是指产品使用的周边环境，包括物理环境和社会环境。

1. 物理环境

物理环境是指产品周围的设施、空间、气候等自然和人工物质系统。为了更好地理解这部分内容，可以结合上述提到的产品功能对外观的影响来理解。其实它们之间是存在一定的关联性的。为什么会出现座机和手机两种不同造型的通信工具呢（图 5-4）？我们可以考虑它们不同的使用环境。座机一般用于公共环境中，如家庭、办公室等，也是供公共环境中的人来公共使用的；而手机是私人通信工具，使用环境广泛，人们可以在许多环境下接收信息、沟通交流，手机也较座机的功能更全面。因为使用环境不同，产生不同的使用功能，产品的外观造型自然也有很大的差别。

图 5-4　座机和手机两种不同造型的通信工具

2. 社会环境

社会环境是指研究对象周围互相作用的人的集合，它包含了各种社会关系和社会因素，是人们所处的社会政治环境、经济环境、法律制度环境、科技环境、文化环境等宏观因素的综合。社会环境对人的形成和发展进化起着重要作用，同时人类活动给予社会环境以深刻的影响，而人类本身在适应改造社会环境的过程中也在不断变化。社会环境是比较复杂的各因素的综合体现，产品要在特定的社会环境中被使用，一定会与环境中的人群发生交互，因而在进行产品设计的时候要考虑在特定社会环境下使用人群的价值观、使用方式、生活喜好等综合因素。芬兰著名建筑设计师阿尔瓦·阿尔托（Alvar Aalto）设计的曲面玻璃瓶（图5-5），完全打破了传统的对称玻璃器皿的设计标准，其设计趣味来自随意而有机的波浪曲线轮廓，波浪曲线轮廓象征着芬兰星罗棋布的湖泊，亦犹如自然中蜿蜒的湖岸线，源于自然的灵感让这一经典设计流传至今。

图 5-5　阿尔托设计的经典曲面玻璃瓶

产品的外观设计提供给人们基本的视觉感受，即产品的美源于产品外观。产品外观设计是一项综合性的设计，在设计过程中要综合考虑上述提到的多种因素，才能使设计的作品更好地符合设计目的。总的来说，产品外观设计要具有一定的合理性，首先，外观设计要满足产品的制造原理、实用功能、材料、生产工艺等基本要素，还要结合使用人群的社会价值观念、认知观念、审美趋势等，最大程度地实现产品的精神功能，产品外观只有满足上述多方面要求的合理性，外观设计才有意义，这样产品才能满足制造、生产、消费和使用的需求，具有较高的市场竞争力。

5.3　产品外观设计的方法

在了解产品外观设计的构成因素和影响因素后，我们要掌握一定的设计方法，设计方法能够成为我们设计过程中的理论支撑，帮助我们更好地进行设计。在进行产品外观设计之前，首先要明确设计目的，其次准确划分设计针对的用户人群，了解用户人群的使用特征、使用产品的痛点、特定人群的审美观等多方面因素，最后确定要设计对象的基本特性。对于产品外观的设计，我们要将其区分为两大方向：一是满足用户需求的设计；二是引导用户需求的设计。

5.3.1 满足需求的设计

在进行产品设计之前，要明确设计的核心是人而不是产品，设计产品的过程应该以人为中心，在设计过程中时刻要以用户的需求作为出发点和立足点。产品设计的核心目的是解决问题，而"问题"则来源于产品的服务对象——用户，用户的需求是问题的源头，因此产品设计应该从用户需求开始，也就要求设计师在进行产品设计之前要充分了解用户的需求。

1. 功能主导型设计

功能主导型产品主要是指以满足人们某种物质功能需求为主的产品，设计以功能实现为中心。功能主义设计思想早在18世纪就已经出现，是一种持续了两百多年的哲学思想。芝加哥学派现代主义设计大师路易斯·沙利文提出"形式追随功能"的设计理念。功能主义设计多表现为现代主义设计风格，产品外观呈现出简洁、无装饰的几何形态。这一设计理念经过包豪斯以及一战后各国的继续发展，逐渐形成了集功能论、人因工程学、技术美学等为一体的日趋完善的设计方法。尤其是人因工程学的引入，使得设计产品满足功能性的同时还进一步实现良好的人机性，推动功能主义设计方法成为当代主流的设计方法。

虽然功能主义设计内容越来越丰富，但它一直围绕着机能结构和人机要素两方面来进行设计，设计流程基本为以下步骤：

（1）明确产品概念和实现该概念的思路；
（2）明确产品所使用的技术构造以及人机环境，从而确定产品基本尺度和功能面；
（3）根据产品机能及人机关系确定基本的造型形态；
（4）根据产品机能和人机关系反复修改基本造型形态；
（5）进行细节设计和色彩设计。

2. 审美主导型设计

一件产品在实现实用功能的同时，往往还传递着审美方面的信息。产品外观能通过与人的感官进行"沟通"，让人产生一种心理的愉悦感，唤起人们对某一形态的理解和兴趣。随着社会的发展和人们生活水平的提高，消费者选购产品时不再单纯地只要求满足实用功能需求，还希望满足心理需求。通过市场调查可以发现，审美价值是最能增加产品价值的形态设计要素，也是吸引消费者注意力，并最终实现购买行为的最直接的因素之一。以下给出以审美主导设计的主要方法，即文化象征型产品外观设计、艺术审美型产品外观设计和趣味型产品外观设计。

（1）文化象征型产品外观设计。产品外观是一个载体，它可承载设计师的设计理念，可以表达设计的意图，具有一定的象征性。产品形态的象征性还表现为它可以在一定意义上表达产品的心理、社会、文化等方面的象征意义。在进行产品设计的过程中，符合用户人群的社会文化和社会价值以及符合用户人群的审美观、文化观和价值观都将有助于产品被用户接纳。

每种文化都具有代表性的符号，这些符号来自历史、地域、民族、习俗等不同方面，具有超出实用功能和可识别性之外的意蕴和文化内涵，是整个时代和历史的缩影，是文明的见证。在现代设计中要想体现产品的文化象征性就必须通过这些特定的文化符号和特定组合，使人们感受到传统文化和记忆中的历史文脉。此外，产品中的某些特征符号又会与某些特定的社会现象、故事、责任或理想发生内在的联系，引发人们对有关方面的思考。

随着时代的发展和人们民族意识的增强，现在越来越多的国家开始注重自己本土文化的挖掘和利用。在我国越来越多的人开始意识到"中国设计"的重要性，产品开始由"中国制造"向"中国设计"转变，这一转变集中表现为中国文创产品的发展。越来越多的设计师在设计的产品中融入中国元素表现自己的民族特色，中国的文创产业具有很大的发展前景。图 5-6 所示为 2022 年北京冬奥会的吉祥物"冰墩墩"。"冰墩墩"以熊猫为原型进行设计创作，头部外壳造型取自冰雪运动的头盔，装饰彩色光环，其灵感源自北京冬奥会国家速滑馆——"冰丝带"，流动的明亮色彩的线条象征着冰雪运动的赛道和 5G 高科技；左手掌心的心形图案，代表着主办国对全世界朋友的热情欢迎；整体形象酷似航天员，寓意创造非凡、探索未来，体现了追求卓越、引领时代，以及面向未来的无限可能。"冰墩墩"将熊猫形象与富有超能量的冰晶外壳相结合，将厚重的中国文化内涵与国际现代风格相融合，体现了冬季冰雪运动和现代科技特点，使人眼前一亮。

图 5-6　2022 年北京冬奥会吉祥物"冰墩墩"

（2）艺术审美型产品外观设计。这类产品主要是与人们的日常生活相关的产品，如日用品、家居用品、小家电等。通常设计师在进行这类产品外观设计的时候，会将产品设计形态作为艺术创作的对象，在视觉上表现出极强的艺术感染力，在带给人们审美体验的同时还引发人们的哲学思考，传达对人性的关怀。艺术设计的手法通常会注重使用有机形体来塑造产品外观，表现空间感，传达出产品的生命力，有时还以装饰手法来增强产品的审美特性。

（3）趣味型产品外观设计。趣味性产品指产品的某一方面包括产品的形态、肌理、功能、触感以及产品的背景和故事能与消费者产生共鸣，创造令人愉悦的、具有审美体验的产品。随着信息时代的发展，生活压力逐渐增大，精神生活相对匮乏，人们迫切需要精神上的放松。同时也由于物质生活的丰富，人们对产品的需求越来越高，有趣的产品出现在生活中可以在一定程度上帮助人们解压。近年来，越来越多的设计师将"趣味性"元素引用到产品中，新式材料和现代技术都成为演绎新趣味的手段，创造出集实用性和娱乐性于一体，充满人文和艺术情调的产品。有趣的产品更容易被消费者接受，"趣味"成为企业创新设计的源泉。

所谓的"趣味性"可以表现在产品的外观中，也可以融入到产品的使用方式中，能够和使用者进行互动的趣味设计更胜一筹，当然趣味设计还可以从人的情感角度出发，让人感到温暖；或者在使用过程中引入儿童元素，让人回味儿时的乐趣。生活中有许多趣味性的小设计（图5-7），让人们感受到生活的美好。

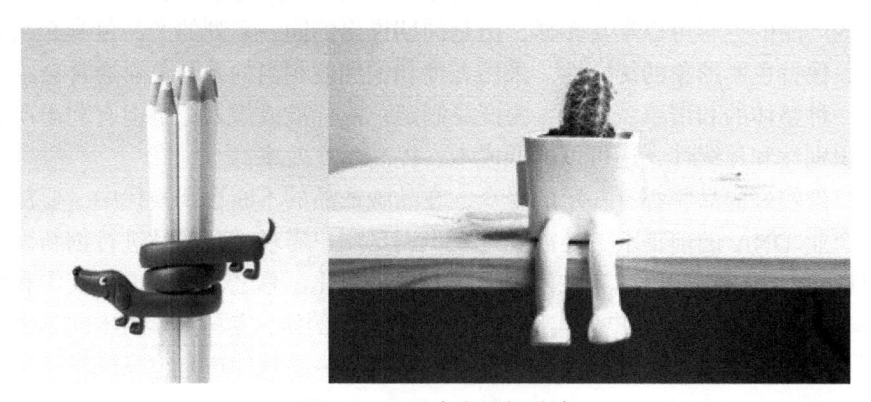

图5-7 生活中有趣的设计

5.3.2 引导需求的设计

1. 偏好设计

随着社会生产力的不断发展、各种先进制造技术的普及应用，产品同质化倾向越来越明显，品牌战略也越来越受到企业家们的青睐。企业不仅要将产品销售给目标用户，而且要让使用过该产品的用户对产品产生好感，从而起到宣传作用，获得更大的消费群体，促进产品的销售。人们了解某件产品首先是从外观开始，有了良好的第一印象才会想要进一步地去了解产品的内部结构、功能等。设计师在对产品进行外观设计的过程中，把产品的文化价值（实用价值和附加价值）都融入其中，通过产品的形态、色彩和材质表现把信息传达给广大消费者。要注意的是，产品外观所反映出来的特征必须和企业的价值观方向一致，并且还要保持一定的识别性和延续性，这样才能让消费者在产品和品牌间产生联想。下面具体来分析偏好设计的方法。

（1）形态。在形态设计中用来体现品牌价值最常用的是采用基本形态要素相似的设计方法，求大同存小异。这种方法首先要确定一种具有某种个性特征的基本形态要素，这种要素可以是某种线形，或某种面状和体状，把这种具有一定特征的基本形态要素作为产品群体中的统一符号加以运用，也就是所谓的企业 DNA。通过产品的整体视觉传达系统持续一致地传递品牌含义，从而促进品牌的形成。

（2）材料。材料的选用标准不在于它本身价值的高低，而是要考虑材料自身的性能特点和产品的功能结构特点以及产品使用环境等因素，合理地配置材料，使材料性能和产品性能可以得到最好的发挥，对周围环境不会带来危害，才是最好的选择。

（3）色彩。色彩通常都有着先声夺人的作用，在传达品牌概念的过程中扮演着重要的角色。不同的产品、不同的理念需要用不同的色彩来表现。同一品牌旗下不同产品的色彩可以丰富多样，但是同期推出的同一系列的产品色彩必须相互协调，保持色彩形象的统一性。采用亮度和饱和度相当的系列色彩通常会给人们带来一种整体的和谐感。同时，为产品制定色彩标准或规划，不但有利于产品形象的识别性和延续性，还可以降低成本，提高生产效率。

口碑较好的品牌都有一定的受众，在品牌产品的不断更新换代中，要注意在保持企业 DNA 的前提下，还需要进一步满足用户需求，对产品进行创新设计，可以在功能上进行改进或者在使用方式上进行变化。总之，要在"不变中有变，变中有不变"，才能让用户忠实地追求品牌产品。例如，宝马汽车的不同车系的设计都会追求品牌的一致性和整体性，人们看到第一眼就知道是宝马汽车。

2. 预测型设计

市场上绝大多数产品都是在迎合用户的需求。事实上，用户的需求分为两类：一是显性需求；二是隐性需求。

何为显性需求？顾名思义就是直观的用户需求。比如，在现实生活中用户会直接关注的点有衣服的尺寸是否适合自己，食物是否符合自己的口味，产品的功能是否是自己想要的，等等。

那何为隐性需求？隐性需求多从感性方面着手，满足用户的情感需求。目标用户有时并不明确地知道他们的需求是什么，这种需求称为隐性需求，即目标用户具有的只是他们还没有认识到的需求，由于这些需求处于潜意识层次，所以用户无法清晰地表达出这些需求；或者是目标用户尚未清楚认识到的需求，其介于基本需求和欲望满足之间。广告宣传经常会引导用户的需求，如广告词"今年过节不收礼，收礼还收×××"，就抓住了用户送礼的需求；如"××蓝色经典，男人的情怀"，用酒来衬托用户的品位，使人感觉喝了该酒，顿时品位就上去了，瞬间让用户有了一种自我提升的感觉。再如广告词"一块钢板的艺术之旅"，消费者听到后的第一印象是感觉"高大上"，赋予不锈钢优雅的特质，令人佩服。

其实，这些隐性需求都是和用户产生了强烈的情感共鸣，通过探索人们的生活方式或人们追求的生活方式，预测未来一段时间内的需求，以此作为设计的指导展开设计。对隐性需求的挖掘往往不能运用通常的定量用户研究法，而要结合设计经验和设计分析，通过定性的研究方法进行挖掘。领先用户法（lead user method）的概念在 1986 由麻省理工学院埃里克·冯·希贝尔（Eric von Hippel）教授率先提出，领先用户法是一种主要由领先用户参与的产品开发研究方法，对新功能拓展和产品开发具有显著的价值。它的具体含义是通过领先用户表达的需求对产品进行改进。领先用户指先于大部分人面临市场将普及的新产品或服务需求，并敏锐地通过发现解决需求方案而受益的用户，是前沿技术的早期体验者。

领先用户对自己需求的新的解决方案嗅觉灵敏，他们不会等待新的解决方案在市场上普及推广，而常常选择自行开拓新产品。相关研究表明，期望收益与创新行为之间存在正向关系，即领先用户是希望通过创新来获得大量收益的那部分用户。因此，如果某件产品功能或服务需求目前在市场上还未流行但即将普及推广开来，那么当前就对其表现出较强的需求的用户即称为该新产品或服务的领先用户。引导用户探索和发现新需求是有意义的，因为用户有时不知道自己想要的东西，就像在乔布斯之前没人知道自己喜欢 iPhone。

5.4　产品外观设计程序

产品外观设计是产品设计流程中确定设计概念后进行的内容，是产品开发的关键环节。产品外观设计需要结合前期调研和分析数据进行。对于产品外观设计而言也有具体的设计过程，大致步骤是：①确定设计任务；②制定设计计划；③进行设计调查；④生成产品设计概念；⑤进行方案设计；⑥对设计方案进行评价；⑦生成设计文件；⑧原型测试与修改。

1. 设计任务与设计计划

产品设计是有目标、有计划和步骤的创造性活动，每一个设计步骤都是解决问题的过程，直接关系到时间、资金、人力和设备的合理配置。在开展设计工作之前，我们需要明确设计目标和设计任务，即明确设计工作开展的限制条件，如产品功能、成本、使用场景及目标用户等。设计任务要求确定设计的对象，产品的用户定位和市场定位，以及设计产品的最终目标等综述性概念和任务。

设计计划是在设计任务的基础上对每个任务进行细分，确定设计过程中每个任务的先后顺序和具体计划，包括时间计划和进度安排等。设计计划是对后续设计的一个整体规划，应着重考虑到每个阶段的目的、任务、要点、难点和设计资源，充分估计每个环节的实际时间。一份全面、翔实的设计任务和设计计划对后续设计的有序进行具有指导性意义。图5-8是用甘特图做的设计计划。

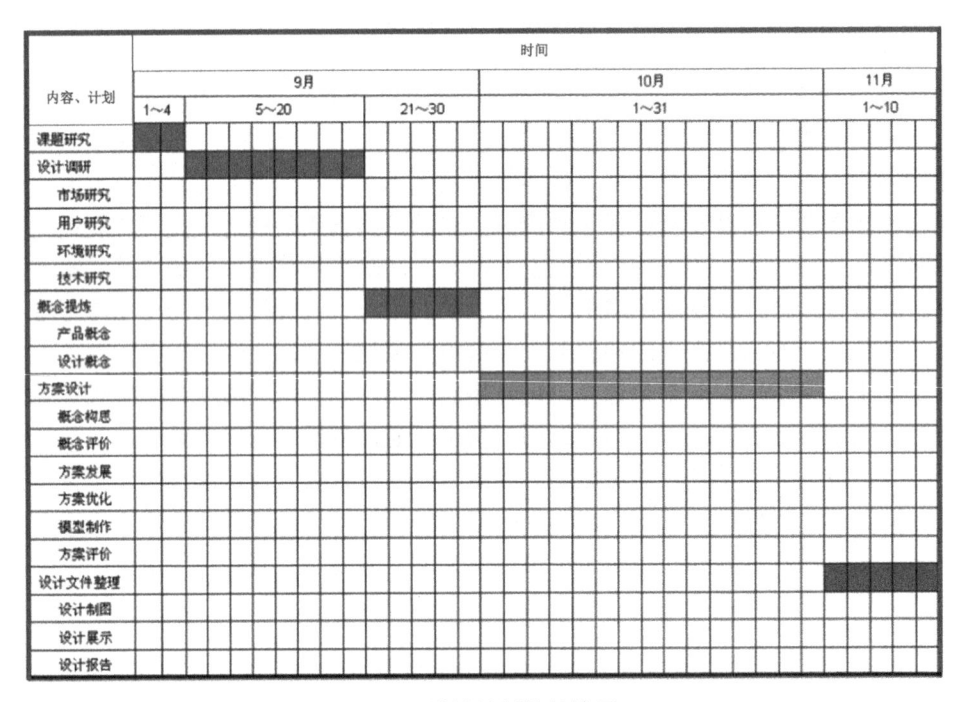

图5-8 设计计划的甘特图

2. 设计调查

设计不是一个盲目的活动，产品设计的起步是从设计调查开始的。设计师通过调查才能充分认识问题，并以此为基础展开设计。设计调查的内容主要见图5-9。

3. 产品概念

产品概念指依据设计调查与分析，赋予产品以特征和个性，找到产品设计的亮点，并将其明确化。确定产品概念可以借助"5W1H"方法（图5-10），具体地说就是设计的产品要解决什么问题，用户人群和使用环境的确定，产品功能的确定，以及如何进行设计等综合性问题。

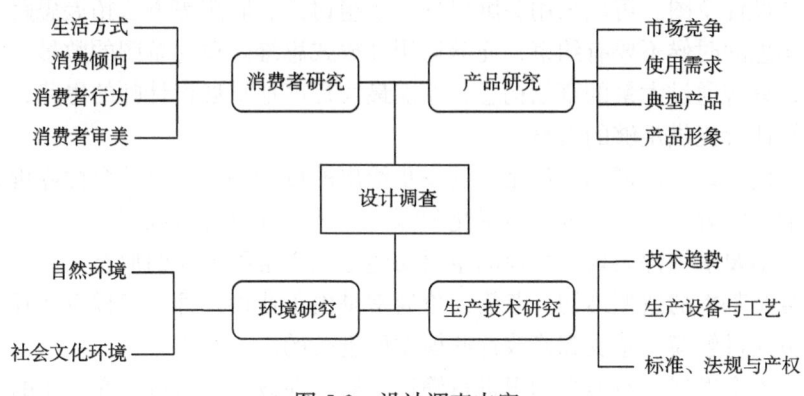

图 5-9 设计调查内容

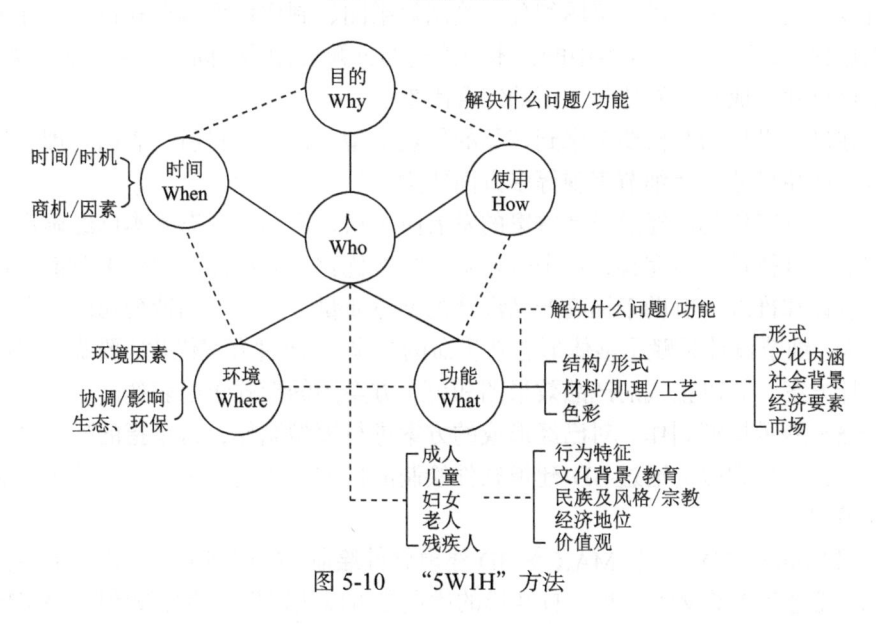

图 5-10 "5W1H"方法

4. 设计概念

设计概念是在产品概念的指导下，基于特定的产品使用对象或特定的意义，将产品的使用方法、结构、形式和色彩等构想具体化。对产品外观设计而言，设计概念的主要内容是明确产品视觉形象的概念信息和关键术语，用文字结合图片的形式呈现。

5. 方案设计

在产品概念和设计概念的指导下，开始具体的方案设计。方案设计也可以细分成概念构思、概念评价、方案发展、方案优化和展示模型制作。

（1）概念构思。概念构思是指设计师充分发挥跳跃性思维对设计概念展开讨论，形成设计草图。可以采用头脑风暴、小组讨论、联想等方法拓展思路。在进行概念构思的时候不要有约束，充分运用开放式思维。概念草图的数量一定要尽可能多，只有通过大量的草图构思，才能最大程度地扩展设计师的思路，这样才能给后续评价提供足够的素材。

（2）概念评价。概念评价是对前一步给出的设计构思进行综合性评价，保留有价值的草图方案，进行进一步优化和深入设计。评价时可以制作产品外观的简单草模，不要求细部表现。草模的主要功能是用于推敲产品的形态关系、大体比例、尺度及基本的造型结构。草模评价通常是由工业设计师、工程设计师、事项营销人员通过触摸、感受和修改这些模型而进行的。

（3）方案发展。对概念构思进行筛选之后，在设计时就可以在较小的范围内进行深入设计，可以通过草图细分、绘制效果图、制作模型等形式进行。在方案发展过程中，要逐步与探索中的技术方案进行匹配和组合，同时要兼顾客户要求、技术可行性、成本和制造等方面的综合因素。

在进行设计的时候要考虑到产品的外观造型、色彩、材料、表面处理、加工技术、产品尺寸以及细节表现等多方面要素。

（4）方案优化。经过设计方案的发展阶段后，产品的形态基本已经确定，但是细节还有待进一步完善，这个过程就是方案优化。对产品外观的细节部分进行重点设计和推敲，有助于提高产品设计的整体质量。例如，福特公司的汽车设计师认为"细节设计是赋予整体形态新生命的源泉"。通过方案优化，要确立产品外观设计方案，并以正式的产品效果图和色彩方案图的形式予以表达。

（5）展示模型制作。对已经形成的方案进行模型制作，这里指的模型制作包括两种：一是虚拟的通过 3D 建模软件绘制的模型；二是为了进一步检验，制作实物模型。

用 Rhino、3D Studio MAX 等 3D 建模软件绘制 3D 模型可以将产品数字立体化，从视觉上感受设计效果。3D 建模的优点是可以从视觉上感受设计产品的造型、色彩、材料、尺寸、结构和比例等，并且方便修改。

实物模型要求非常接近真实的产品，具有非常真实的外观和手感。要求对细节要表达得真实充分，对表面进行喷涂和制作表面肌理，并具备某些工作特征，如按键、细节结构等。制作实物模型的材料可以选用木材、高密度泡沫、工程塑料、金属或其他新材料。展示模型的制作便于推敲和完善产品，为设计定型提供依据。

6. 方案评价

设计方案完成后，要依据最初的设计任务书，对设计方案进行评价，简明、客观地说明设计方案的优缺点。设计评价实质是主观的，可以由设计人员、决策者、专家、营销人员和用户等做出评价。对产品外观设计而言，因产品的使用功能、使用对象、企业的不同，具体的内容和侧重点也不同，主要针对产品功能性、实用性、对人性的关注、对环境的影响等方面进行评价。

7. 设计文件

设计文件是对设计工作的全面总结与汇报，要注重内容的完整性和形式的设计感。设计文件包括设计报告、设计展示和设计制图三部分内容。

（1）设计报告。设计报告要全面、精练、突出重点，主要包括上述具体设计过程的内容。

（2）设计展示。设计展示是对设计产品的充分说明，可以供其他相关人员理解设计概念。注意采用版面设计或多媒体进行动态展示。

（3）设计制图。设计制图就是产品外观尺寸图，必须符合工程制图的国家标准。

8. 原型测试与修改

原型是一个基模的最有代表性的例子，原型测试是投产前必不可少的一步。原型测试的目的是检验产品设计成果和寻找并发现问题，对出现的问题要及时解决，并修改相应的设计文件和工艺文件。

综上所述，产品外观设计一般流程如图 5-11 所示。

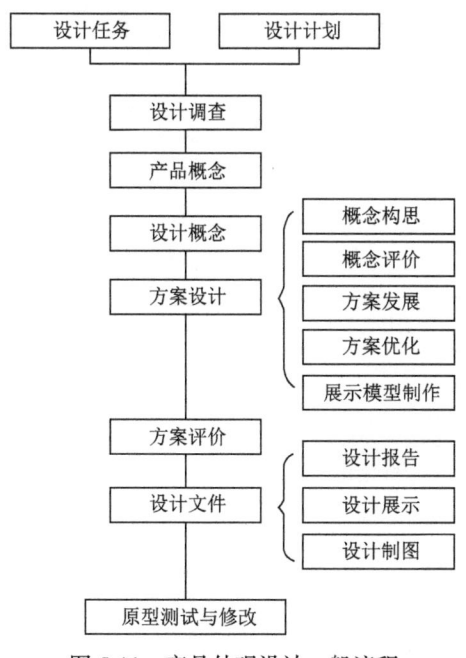

图 5-11　产品外观设计一般流程

【练习与思考】

（1）产品外观的内涵是什么？产品外观有什么特征？

（2）产品开发过程中为什么要进行外观设计？产品外观设计的影响因素有哪些？请说明理由。

（3）产品外观设计的常见方法有哪些？科学规范的外观设计流程是什么？请简要说明。

（4）列举一款你感兴趣的新产品，阐述一下企业是如何进行该产品的外观设计的？有什么改进的建议吗？请作简要说明。

第 6 章

产品人因设计

人的因素是影响设计的最重要的因素,各种艺术设计中都涉及人因相关的知识。在产品开发过程中,人因设计同样具有重要的意义。因此,本章从产品开发的角度介绍人因设计的相关内容。本章介绍人因和人因工程学的概念,讨论人因与产品设计的关系,介绍产品人因设计的方法,并引入包容性设计的相关内容。

【知识地图】

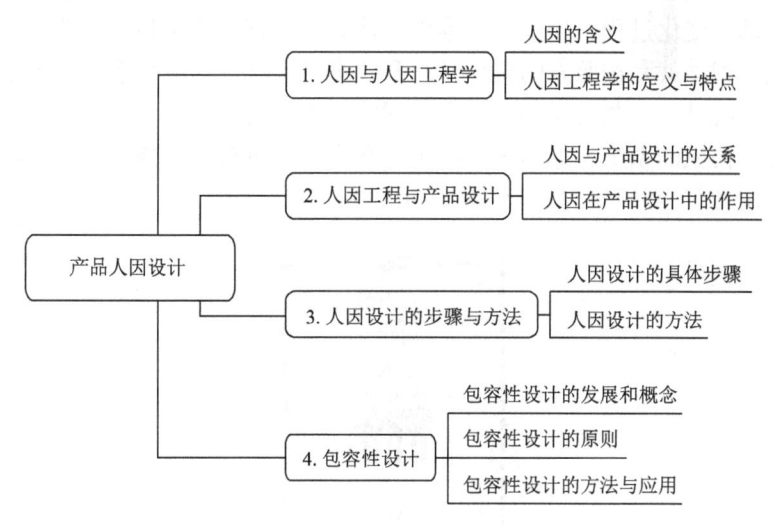

```
产品人因设计
├── 1. 人因与人因工程学
│     ├── 人因的含义
│     └── 人因工程学的定义与特点
├── 2. 人因工程与产品设计
│     ├── 人因与产品设计的关系
│     └── 人因在产品设计中的作用
├── 3. 人因设计的步骤与方法
│     ├── 人因设计的具体步骤
│     └── 人因设计的方法
└── 4. 包容性设计
      ├── 包容性设计的发展和概念
      ├── 包容性设计的原则
      └── 包容性设计的方法与应用
```

【学习目标】

本章介绍产品人因和人因工程学相关的概念,讨论人因在产品设计中的作用,并对产品人因设计和包容性设计的方法进行阐述。通过本章学习,学习者应达到如下学习目标。

(1)熟悉人因和人因工程学的概念。

（2）了解人因在产品设计中的作用。
（3）掌握产品人因设计的步骤和方法。
（4）了解包容性设计的原则和方法。

6.1 人因与人因工程学

6.1.1 人因的含义

人因，通俗地说就是一些与人有关的因素。人因大体上可以分为两类：生理因素和心理因素。人的生理因素包括很多，比如性别、年龄、身高等。生理因素具体可以表现为人体的结构和一些人体数据，像人各部分的尺寸、重量、运动速度、运动频率、重心变化以及运动时的习惯等人体机能特征参数，人的视觉、听觉、触觉等感觉器官；人在各种劳动时的生理变化、能量消耗、疲劳机理以及人对各种劳动负荷的适应能力。人的心理因素是指运动、变化着的心理过程。包括人的感觉、知觉和情绪等，如紧张、兴奋、沮丧、恐惧、期待、高兴、热烈、冷漠、积极、消极、尊敬、鄙视，等等。广义地讲，人的心理因素，包括所有心理活动的运动、变化过程，如记忆、推理、认知、语言、决策和创造性活动。

人因工程学就是按照人的特性设计和改进"人-机-环境"系统的科学。"人-机-环境"系统是指由共处同一时间和空间的人与其所操纵的机器以及他们所处的周围环境所构成的系统，如图 6-1 所示。在本章，所有机器指产品，人代表的是用户（使用者），环境指的是产品的使用环境。

图 6-1 人机交互

6.1.2 人因工程学的含义

在制造业的设计、生产制造、装配、物流、销售等过程中，人们越来越重视人的因素，强调以人为本，强调人与人造物、人与自然的和谐发展。其分析方法被总结为一门学科：人因工程学。

人因工程学具有现代各门新兴边缘学科共有的特点，如学科命名多样化、学科定义不统一、学科边界模糊、学科内容综合性强、学科应用范围广泛，等等。人因工程学（又称人机工程学）是将人的心理和生理原理应用于产品、过程和系统的（工程和）设计。人因工程学的目标是减少人为错误，提高生产力，增强安全性和舒适性，特别关注人与其感兴趣的事物之间的相互作用。

人因工程学领域是众多学科的组合，如心理学、社会学、工程学、生物力学、工业设计、生理学、人体测量学等。在研究中，"人为因素"采用科学方法研究人类行为，以便将结果数据应用于减少人为错误、提高生产力、增强安全性和舒适性。从本质上讲，"人为因素"旨在设计适合人体及其认知能力的设备、装置和过程。"人为因素"和"人因工程学"这两个术语也基本上是同义词。

国际人类工程学协会对人类工程学或人因工程学的定义为：人类工程学（或人因工程学）是关于理解人类与系统其他元素之间相互作用的科学学科，以及将理论、原理、数据和方法应用于设计以优化人类福祉和整体系统性能的专业。

《中国企业管理百科全书》将人因工程学定义为：研究人和机器、环境的相互作用及其合理结合，使设计的机器和环境系统适合人的生理、心理等特征，达到在生产中提高效率、安全、健康和舒适的目的。

所以，人因工程学其实是一门研究人的身体构造和功能、生理学以及心理学特点与特性，从而了解人的能力与极限、人与工作系统中其他元素的关系，以及人与工作的适应法则，并把这些知识运用到工业生产与制造、人力管理与社会服务等各种产业中，以实现更安全、更健康的生产与生活，更高效的工作与管理，以及更人性化的产品设计与使用体验的学科。

在实际设计中，应根据不同情况，在首先执行好有关人因工程学标准的前提下允许有轻重之别。随着社会的进步，人的价值日益受到尊重，安全、健康、舒适等有关人类福祉的因素必将在工作系统设计和评价中具有更重要的意义。

人因工程学的定义就包含着人因工程学研究的核心、目标以及方法等方面的内容。在研究重点上，人因工程学着重于研究人类以及在工作和日常生活中所用到的产品、设备、设施、程序与环境之间的相互关系。人因工程学试图改变人们所用的物品和所处的环境，从而更好地满足人的工作能力和限制，适应人的需要。此外，随着技术的日新月异及生活品质的提高，人们又将生活层次推向另一个境界。除了产品的材质、功能和审美外，我们希望产品本身的设计能更体贴和善解人意；而这体贴和善解人意不外乎在于能够更加满足人类各方面的需求。所以一切的产品设计就不能超出人类本能的极限，不能让用户无法使用。人体极限的研究也属于人因工程学的范畴。

因此人因工程学有两个主要目标：第一是为了提高工作效率和质量，如简化操作、增加作业准确性、提高劳动生产率等；第二是为了满足人们的价值需要，如提高安全性、减少疲劳和压力、增加舒适感、获得用户认可、增加工作的满意度和改善生活质量等。

作为一门工程技术学科，人因工程学又不同于其他一般的工程学科，主要有以下几个特点。

（1）产品是为用户服务的，设计时应始终把用户放在首位。

（2）必须意识到个体在能力和限制上的差异，并且充分考虑到这些差异对各种设计可能造成的影响。

（3）强调设计过程中经验数据和评价的重要性。依靠科学方法和使用客观数据去检验假设，推出人类行为方式的基础数据。

（4）用系统观点考虑问题，意识到事物、过程、环境和人都不是独立存在的。

另外，还需要指出的是，人因工程学不只是基于表格数据和某些指标来进行设计。实践中，人因工程师要制订和使用列表和指标，但这并不是全部工作的意义。如果使用不当，同样不能设计出好的产品。一些设计中非常重要的因素、具体的应用和思想方法是不可能通过列表或指标得到的。对工程师而言，成熟的工作程序并不能保证所有人都能成功地进行工作。人因工程师必须通过研究个体差异，从而在为用户设计产品时考虑到不同的特征。

人因工程学不同于常识。从某种程度上说，应用常识也能够改进设计，而人因工程学远不止这些。如广告上的文字要多大才能保证在一定的距离就可以看到，人体对警报的反应时间，这些都需要通过科学的调查和分析计算才能得到准确的数据。

6.2　人因工程与产品设计

6.2.1　人因与产品设计的关系

在上文中，我们已经提到，人因的发展和工业设计的发展是息息相关的。两者都是萌芽于第一次工业革命，然后经历了一次次的发展和完善，理念、方法、研究对象等也随着时代的发展而改变，并且两者的改变大体上是一致的。

从定义上来看，人因是指与人有关的因素，人因工程学是按照人的特性设计和改进"人-机-环境"系统的科学。人因工程聚焦一切由人制造的、有人参与和使用的产品和系统，研究人与系统的交互关系和规律，以实现系统安全、高效且"宜人"的三大目标。坚持以人为中心的理念、遵循系统工程思想和方法、直接面向设计和应用以及强调多学科融合是其典型特征。

工业设计或者说产品设计，广义上来说是指一种创造性活动，其目的是为物品、过程、服务以及它们在整个生命周期中构成的系统建立起多方面的品质。单指产品设计，即针对在人与自然的关联中产生的对工具装备的需求所作的响应，包括针对维持与改善生活所需的包括工具、器械与产品等在内的物质性装备所进行的设计。产品设计的核心是产品对使用者的身心具有良好的亲和性与匹配性。

狭义工业设计的定义与传统工业设计的定义是一致的。由于工业设计自产生以来始终是以产品设计为主的，因此产品设计常常被称为工业设计。

从定义上我们可以看到，人因工程和产品设计都是为人或者说是为用户服务的，目的都是使人更加舒适。

产品设计与人因工程是相互联系的。具体来说，产品设计与人因工程的关系如下。

（1）人因工程和产品设计在基本思想与工作内容上有很多一致性：人因工程的基本理论"产品设计要适合人的生理、心理因素"与产品设计的基本观念"创造的产品应同时满足人们的物质与文化需求"意义基本相同。产品设计与人因工程同样都是研究人与物之间的关系，研究人与物交接界面上的问题。产品设计的对象是产品，但是设计的目的并不是产品，而是为了满足人们的需要，即设计是为人的设计，设计可以说是源自人的需要，是为了满足人们对产品及非产品的需要的产物。产品设计的出发点和归宿是以促进人的全面发展为导向，不断地满足人们日益增长的物质的和精神的需要。产品设计与人类是息息相关的，产品设计的全过程中都有人的因素存在。

（2）人因工程为产品设计开拓了新设计思路，并提供了独特的设计方法和理论依据。人因工程虽然不可能解决产品设计中的所有问题，但人因工程是产品设计的重要方面，产品设计师在设计产品时应该把人因工程作为产品开发的必要环节，从产品的各个方面来加以考虑。随着社会发展、技术进步、产品更新、生活节奏加快，这一切必然导致"产品"质量观的变化。人们将会更加重视方便、舒适、可靠、价值、安全和效率等方面的评价，人因工程为产品设计提供了大量的理论依据和科学数据，使产品设计师在产品的设计过程中节省了大量的用于原始资料积累的时间，提高了设计的效率，同时也使自己的设计更加人性化，能够更好地被人们所使用。人因工程等边缘学科的发展和应用，必会将产品设计的水准提到人们所追求的崭新高度。

（3）人因工程在产品设计中占有重要的地位，但人因工程只是产品设计中所要考虑的环节之一，产品设计还需要考虑其他很多方面的因素。人因工程要求设计的产品能够使人舒适、有效地操作，而产品设计还要考虑产品对人其他方面满足的情况。不同生活环境、不同生活经历和不同收入水平的人都有不同的审美情趣。随着人们生活水平的不断提高，人们选购商品时不仅考虑经济实用方面的因素，而且考虑到身份、地位等方面。对于需要通过产品的设计来体现自己身份的人来说，如果设计师设计出的产品只是满足使用的需求，那将不是他所需要的，也不是成功的设计。

总之，人因工程和产品设计存在着千丝万缕的关系。两者相互渗透、相互影响，共同进步，一起创造未来美好的生活和社会。

6.2.2 人因在产品设计中的作用

上文已经从各个角度解释了人因与产品设计的关系，也了解到了产品设计的整个过程中其实都需要考虑到人因问题。在产品设计的过程中，人因工程学起到了至关重要的作用。

（1）为产品设计中考虑"人的因素"提供人体尺度参数。为了使各种与人体尺度有关的设计对象能符合人的生理和心理特点，让人在使用时处于舒适的状态和适宜的环境之中，就必须在设计中充分考虑人体的各种尺度。在产品设计的过程中有时需要大量的人体测量数据，人因工程学的研究，为产品设计全面考虑"人的因素"提供了人体结构尺度、人体生理尺度和人的心理尺度等数据。这些数据可有效地运用到产品设计中。

例如，工作座椅的设计，就是产品设计中充分考虑人体尺度的经典案例。工作座椅一般是指在计算机房、打字室、控制室、交换台等工作场所使用的座椅，在这些场所工作的工人一般要长时间采用坐姿方式来工作，如果座椅设计不当，不仅影响工作效率，长期操作还会对操作者的身体健康带来不利影响。工作座椅的设计要符合人的生理和心理特点，这样才能提高工作效率，保护工作者的身体健康，在工作座椅设计过程中需要一些与之相关的人体测量数据。陆剑雄等（2005）的研究指出：关于座椅的高度，正确的座高应使坐者大腿保持水平，小腿垂直，双腿平放在地面，一般高度设置为36～48厘米；关于座椅的宽度，座宽的设定必须适合于身材高大者，其相对应的人体测量值是臀宽。这种人体尺寸值受性别差异影响较大，座宽宜以较高百分位的女性测量值为设计依据，一般宽度设置为37～42厘米；关于腰靠的高度，座椅的设计必须提供正确的腰部曲度，使脊柱处于自然均衡状态，这就要求座椅要提供腰部的支撑，一般腰靠的高度设置在16～21厘米。除了上面提到的尺寸外，座椅的其他尺寸也都要进行设计，这些尺寸的设计依据都是人因工程学提供的人体测量数据。凡是与人体有关的产品的尺寸都要根据人的生理和心理特点进行设计，人因工程学为此类产品的设计提供了人体尺度参数。

（2）为产品设计中产品本身的功能合理性提供科学依据。现代产品设计中，如果只考虑纯物质功能的设计活动，不考虑人因工程学的需求，那将是设计活动的失败。在第二次世界大战期间，由于战争的需要，很多国家大力发展效能高、威力大的武器和装备，但只是注重新式武器和装备的功能研究，而忽视了其中"人的因素"，因而由于操作失误而导致失败的教训屡见不鲜。失败的教训告诉我们要达到"产品"与人相关的各种功能的最优化，创造出与人的生理和心理机能相协调的"产品"，这才是产品设计的最终目的之所在。

例如，专家通过实验发现，当人们在观察一个物体时，被视物在矢状面内与眼睛所处的角度不同时，观察效果是不同的，其中奥妙在于有一个最佳观察角的问题，随着观察角的增大，视角也跟着增大，被视物在视网膜上的视像变大，人眼分辨目标细节的能力变强，观察精度相应提高，当观察角达到 90 度时，被视物在视网膜上所成的像是最清晰的。人们将这一研究成果很好地运用到了视觉显示装置的布置，显示信息的表面应该尽可能与观察者的视线垂直，以保证获得最高的观察精度。例如，现代汽车驾驶室中各种显示仪表的布置，其仪表面的观察角均在最佳观察范围内，以提高驾驶员瞬间认读的精度和效率，如图 6-2 所示。从上面的例子我们可以看出人因工程学中的相关理论为产品设计中产品本身的功能合理性提供了足够的科学依据，使产品设计师设计出来的产品更加合理，更加趋向完美。

图 6-2 汽车内饰图

（3）为产品设计中的环境因素提供设计准则。在生产和生活过程中，"人—机—环境"系统是一个紧密相连的整体，人并非独立于环境而存在，而是时刻与环境发生互动，环境因素对人们的工作和生活会产生显著的影响。人因工程学研究人体对环境中各种物理、化学因素的反应以及适应能力，分析声、光、热、振动、尘埃等环境因素对人体的生理、心理以及工作效率的影响程度，从而确定人在生活和生产活动中所处的各种环境的安全限度和舒适范围，以保证人体的健康、安全、舒适、高效。人因工程学为在产品设计中考虑环境因素提供了设计方法和准则。

（4）为进行"人-机-环境"系统设计提供理论依据。人因工程学的显著特点是，在认真研究人、机、环境三个要素本身特性的基础上，不单纯着眼于个别要素的优良与否，而是将使用"物"的人和所设计的"物"以及人与"物"所共处的环境作为一个系统来研究，在人因工程学中将这个系统称为"人-机-环境"系统。在这个系统中人、机、环境三个要素之间相互作用、相互依存的关系决定着系统总体的性能，如图 6-3 所示。该学科的人因系统设计理论，就是科学地利用三个要素之间的有机联系来寻求系统的最佳参数。

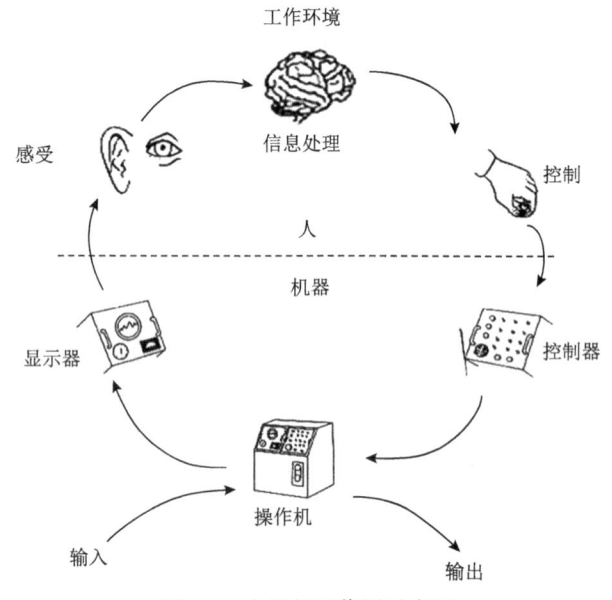

图 6-3 人机相互作用示意图

（5）为"以人为本"的设计思想提供工作程序。一项优良的设计必然是人、环境、技术、经济、文化等因素巧妙平衡的产物。为此，要求设计师有能力在各种制约因素中，找到一个最佳平衡点。从人因工程学和产品设计两学科的共同目标来评价，判断最佳平衡点的标准，就是在设计中坚持"以人为本"的主导思想。只有充分考虑人的因素，才能设计出真正使用户感到舒适的产品。

6.3 人因设计的步骤与方法

6.3.1 人因设计的具体步骤

产品人因设计以人因工程学为基础，人因工程学在经历了"以物为中心"和

"以人为中心"的阶段后，现在已经发展到了"追求人和物的和谐关系"的阶段。产品人因设计是这种和谐价值的基本体现。产品人因设计是人类自身需求的特点对设计的内在要求。当前，由于世界经济的高度发展、物质的极大丰富，人们开始从追求物质享受转变为追求更多的文化与精神享受，即要求产品除了可用与好用以外，还要求它具备一定的文化与情感的内涵。虽然人类高级的心理需求的满足不一定全通过产品设计来实现，但是作为现实可见的实体或消费品，它在满足人类高级心理需求方面的作用是毋庸置疑的。

人因设计要求产品在满足基本的物质性功能以外，还要更多地关注产品的综合社会价值，关注人的精神和情感需求的满足，在操作上产品与人的关系应该更加友好，对产品的使用与拥有能给人带来过程的愉悦和精神上的享受。这就要求设计师在对用户进行针对性研究的基础上，还必须将目光放到对产品被使用过程中的情景和状态进行研究，并且就产品与使用者的非物质性关联因素也要进行考究与推敲，对产品在物质与精神层面进行全方位的设计。产品的任何一种特征内容或含义都必须通过产品本身来体现，而要体现产品的人性化，就得从产品的要素上着手，分析产品的各种形式要素。通过设计的形式要素——造型、色彩、装饰、材料等的变化来实现产品的人性化设计。所以，产品人因设计主要是围绕功能、造型、材料和色彩等四大要素而展开的功能规划的人因设计、造型寓意的人因设计、材料选择的人因设计和色彩运用的人因设计。下面具体解释人因设计的流程。

1. 前期分析

这是产品设计的第一步。在这个阶段，尤其对新产品来说需要对环境（市场现状、核心用户痛点、竞争产品等）、资源、产品定位等有清晰的认识。对该产品的领域进行分析（分析行业特性、市场现状、竞争环境、工业产品外观设计盈利情况，判断自有项目的可行性）；对竞争产品进行分析，分析国内外产品的特性和各自优势，做到知己知彼；对用户进行详细的分析，人群特征、人群市场容量、用户痛点，这是后面进行人因设计的主要立足点；对产品进行定位，明确用户群。

2. 功能规划

好的功能对于一个成功的产品设计来说十分重要。人们之所以有对产品的需求，就是要获得其使用价值——功能。如何使设计的产品的功能更加方便人们的生活，更多、更早考虑到人们新的需求，是未来产品设计的一个重要出发点。用一句话来概括，即未来的产品的功能设计要具备人性化特征。如送饭或药品的小车，在它的轮子上设计一个刹车装置，这样就不怕因碰撞而使车子滑开伤害到小孩或老人。又如设计座椅时后置一块空位，携带手提袋和背包的用户可以将它们放置于座椅的空置处，随身且方便，如图 6-4 所示。

图 6-4　座椅设计

现在流行的功能性设计服装，为经常从事商务活动的男士在衣服上加上了若干个口袋。某品牌的一件男装，里里外外共有 10 个口袋，并在吊牌上明确了它们的分工，如放手机的、放信用卡的、放登机牌的、放钱包的……此外，这些口袋还可以脱卸。但是从实际使用上来说这些口袋都有用吗？这就需要进行一个功能上的规划和筛选了。用户研究提出，要通过细分来确定设计物的使用对象，提炼出用户的典型特征与典型需求，再通过这些需求来确定所要实施的功能。随着科技的发展出现了越来越多的多功能产品，但是并不是一切功能都是有用的。这种平衡，需要在用户可承受的易用性范围内提供功能，可以将易用性的最低限度作为一个标准来考虑功能的丰富程度。归根到底功能是为用户服务的，功能的增加必须要增加用户的使用方便性，假如不能达到，那就证明这个功能是多余的、无用的功能。

3. 外观设计

通过设计的造型寓意，引发人的情感体验和心理感受，是人因设计的重要方法之一。人们对产品的第一印象就是通过外观来实现的，设计中的外观要素是人们对设计最关注的方面之一。而所有的功能、使用方式最终也必须通过造型得以明确与实现。人因设计是人类生存意义上的一种更高追求，在数字化的今天，产品设计不仅细致入微地考虑了人的操作方式与使用行为，更通过有机的寓意造型使产品几乎具备了生命的语言，产品不再是人的身外之物，而成了人体的某一部分。

（1）产品造型的人性化设计。造型设计中的造型要素是人们对设计的关注点中最重要的方面之一,设计的本质和特性必须通过一定的造型而得以明确化、具体化、实体化。以往人们称设计为"造型设计",虽然不是很科学和规范,但多少说明造型在设计中的重要性和引人注目之处。在"产品语义学"中,造型成了重要的象征符号。同时,产品的造型要符合人体的生理和心理特征。我们可以将它们描述为:以心理为圆心,以生理为半径,用以建立人与物(产品)之间和谐关系的方式,最大限度地挖掘人的潜能,综合平衡地使用人的机能,保护人体健康,提高效率。仅从工业设计这一范畴来看,大至航天系统、城市规划,小至家具、服装、文具以及盆、杯、碗筷之类各种为生产与生活所创造的"物",在设计和制造时都必须把"人的因素"作为一个重要的条件来考虑。

(2)产品色彩的人性化设计。在设计中色彩必须借助和依附于造型才能存在,必须通过形状的体现才具有具体的意义。但色彩一经与具体的形状相结合,便具有极强的感情色彩和表现特征,具有强大的精神影响。针对不同的消费群体和不同的使用场合,颜色的选择非常重要。如婴儿用的座椅和小学生做功课用的椅子的颜色可以丰富一点,适合他们的心理和成长需要。

(3)产品材料的人性化设计。产品材料的人性化设计对于当今绿色设计的设计理念具有十分重要的意义。选择可以再循环利用和便于加工处理的材料十分重要,为了合理利用有限的资源,在设计选择材料时要节约,如图 6-5 所示的多功能太阳能茶几。设计时节省资源能源可体现在以下几个方面:①设计能改善的产品;②设计可再生利用的产品,重新生产一种材料所需要的能源总是要比再生利用材料所需要的能源要多;③采用低能耗生产的材料;④选择一种经典性、永恒性的外观设计,或者通过改换少数关键部件可以方便地更新造型风格,从而延长产品的"相对使用寿命",达到节省的目的。

图 6-5 多功能太阳能茶几

6.3.2 人因设计的方法

在人因设计里，常用的研究方法如下。

（1）实测法。实测法是指利用仪器设备进行实际测量的方法。

（2）观察法。观察法即通过观察、测量和记录自然情境下发生的现象来认识研究对象。

（3）实验法。实验法是在特定条件下，改变一定的变量因素，基于研究对象相应变化来进行因果推论和变化预测的一种研究方法。

（4）模拟和模型试验法。机器系统通常较为复杂，因而在进行人机系统研究时可以采用各类模拟方法，包括各种技术和装置的模拟，如操作训练模拟器、机械的模型以及各种人体模型等。

（5）分析法。在使用上述各种方法获得了一定的资料和数据后可以使用分析法进行进一步研究。目前，人因工程学研究常采用如下几种分析法：瞬间操作分析法、知觉与运动信息分析法、动作负荷分析法、频率分析法、危象分析法、相关分析法，具体内容如表6-1所示。

表6-1 分析法的常见分类及具体内容

常见分类	具体内容
瞬间操作分析法	对操作者和机械之间在每一间隔时刻的信息进行测定后，再用统计推理的方法加以整理，从而获得人机环境系统的有益资料
知觉与运动信息分析法	对反馈系统进行测定分析，然后用信息传递理论来阐述人机间信息传递的数量关系
动作负荷分析法	在规定操作所必需的最小间隔时间条件下，采用电子计算机技术来分析操作者连续操作的情况，从而推算操作者工作的负荷程度；另外，对操作者在单位时间内工作的负荷进行分析，可以获得用单位时间的作业负荷率来表示操作者的全部工作负荷
频率分析法	对人机系统中的机械系统使用频率和操作者的操作动作频率进行测定分析，其结果可以作为调整操作人员负荷参数的依据
危象分析法	对事故或者近似事故的危象进行分析，特别有助于识别容易诱发错误的情况，同时也能方便地查找出系统中存在的而又需用较复杂的研究方法才能发现的问题
相关分析法	利用变量之间的统计关系可以对变量进行描述和预测，或者从中找出合乎规律的东西

（6）调查法。调查法是获取研究对象相关材料的一种基本方法，具体包括访谈法、考察法和问卷法。访谈法是研究者通过询问交谈来搜集有关资料的方法。考察法常用于探究实际问题。通过实地考察，发现"人-机-环境"系统中存在的实际问题，为后续的分析、实验和模拟提供背景资料。问卷法是研究者根据研究目的编制一系列问题和项目，以问卷或量表的形式收集被调查者的答案并进行

分析的一种方法。

（7）感觉评价法。感觉评价法是指运用人的主观感受对系统的质量、性质等进行评价和判定，即人对事物的客观量做出的主观感觉度量。感觉评价对象包括两类：一类是对产品或系统的特定质量、性质进行评价；另一类是对产品或系统的整体进行综合评价。前者可在一定程度上借助计测仪器进行评价；而后者只能由人来主观度量。感觉评价的主要目的有：按特定标准将各个对象分成不同的类别及等级；评定各对象的大小和优劣；按某种标准度量对象大小和优劣的顺序等。

（8）心理测验法。心理测验法基于心理学中个体差异理论，对被试个体在某种心理测验中的得分与常模进行比较，分析被试的心理素质。心理测验法广泛应用于人员素质测试、人员选拔和培训等方面。心理测验按测试方式分为团体测验和个体测验。团体测验可以同时由许多人参加测验，时间和费用上较为经济；个体测验则个别地进行，能获得更全面和更具体的信息。心理测验按测试内容可分为能力测验、智力测验和个性测验。

在具体的产品人因设计中，应该灵活、综合地使用这些方法，才能设计出让用户更舒适的产品。

6.4　包容性设计

产品人因设计坚持"以人为本"的主导思想，追求实现"人与物的和谐"，设计出让用户舒适的产品。值得强调的是，产品设计理念中考虑的用户应当包括不受年龄或能力限制的最广泛的受众，尽量避免在设计的过程和结果中产生无意识的排除。包容性设计正是这样一种创造产品、服务和环境的信念和方法，这些产品、服务和环境可以满足尽可能多的人的需求，而不需要专门的设计。虽然包容性设计包括可访问性，但它还考虑了超出感知"典型"用户的文化、社会和其他需求。因此，在本节中引入包容性设计作为补充。

6.4.1　包容性设计的发展和概念

1. 包容性设计的发展

包容性设计理念由欧洲建筑师理查德·哈奇（Richard Hatch）于1984年最早提出，起初是基于对社会公民民主平等权利的考虑，以及对设计公平性的存在与发展提出诉求，包容性设计最初是一定程度上为用户有能力参与并且无差别使用而进行的设计，随后慢慢为人们所知。

包容性设计理念于1994年首次在加拿大的一次国际会议上出现，这一设计理念随后开始被广为使用，尤其是在英国和北欧国家。在设计领域，包容性设计与欧洲常用的"全民设计"、美国和日本的"通用设计"等概念内涵相似。

国内包容性设计发展起步较晚，2008年英国皇家艺术学院与英国文化协会联合在香港举办了一场"共生共创和合设计48小时设计比赛"。2010年10月，同济大学设计创意学院在上海设立"包容性设计研究中心"，并且将包容性设计课程纳入本科教学实践计划。从2014年起，在上海每两年举办一届国际包容性设计研讨会。

一些商业机构和企业也了解到包容性设计的社会意义和商业价值，成立了相应的部门进行研究和实践工作。Microsoft、Google、Airbnb等大型企业陆续开展包容性设计研究，并引入新的设计资源和技术，进行包容性设计的商业化尝试。

2. 包容性设计的概念

包容性设计是指环境、服务和产品可以为所有年龄和能力的人所适用，不会造成老人、儿童、残障人士等潜在用户的使用不便，是"设计为人人""通用设计""无障碍设计"等理论的发展和延伸。它从价值观和方法论两个层面指导设计过程，通过多种方法工具以及利益相关者参与等手段，在最大程度上扩大设计受益人群。它并不是一种新的设计风格，而是大众化设计的一种新态度、新途径。

英国标准协会将包容性设计定义为：一种对主流产品或服务的设计，使得产品和服务在全球范围内、各种情况下、最大限度地能被更多的人接近和使用，而不需要特殊的适应和专门的设计。也就是说，包容性设计通过降低对使用者的要求，使设计者确保他们所设计的产品和服务可以尽可能多地满足大众的需求，摆脱年龄或能力的限制，提高包容度，为普通大众及儿童、老年人、残疾人等特殊人群提供有效、优质的服务，给予他们平等的机会参与、互动和分享。

包容性设计的核心是一种创建能被尽可能多的人群有效使用的产品的方法和途径，但并不意味着需要为产品的每个用户专门进行设计。但是通过扩大愿意使用产品的用户群体范围，为用户呈现出多样化的体验，就可以让自己的设计被大部分人所使用。

著名学者Benktzon提出"用户金字塔"模型（图6-6a），此模型反映了用户综合能力的缺失程度。越往金字塔顶端，用户的能力缺失越严重，最下层为正常使用者，中间层为行动不便者，最上层为严重障碍者。"无障碍设计"可以视作自上而下的设计过程，以满足极端用户的需求为首要任务，再拓展至主流用户群体。"通用设计"则是一种自下而上的设计过程，以关注主流普通用户为前提，力求提升设计对于特殊用户群体的适用度。这两种思路都有缺陷，无障碍设计容易使设计异化，满足了特殊群体的需求但是对于普通大众来说却过于特殊，使用不便；通用设计则很容易在实际中过分考虑商业利益而忽略了特殊用户的需求。

基于此，Clarkson等（2015）提出了包容性设计立方体模型（图6-6b）。这一立方体模型根据用户能力的差异对用户进行了细分，立方体模型自内而外的用户群体分别为可以使用此设计的群体、可磋商人群、能够受益于此设计的最大化用户。包容性设计并不是要求设计能够被所有人使用,而是力图充分认识用户群体的多样性,将其拓展至一个相对最大化用户群体,力图在设计的过程和结果中减少对用户产生无意识的排除。通常来说,包容性设计的理想受众是所有人。

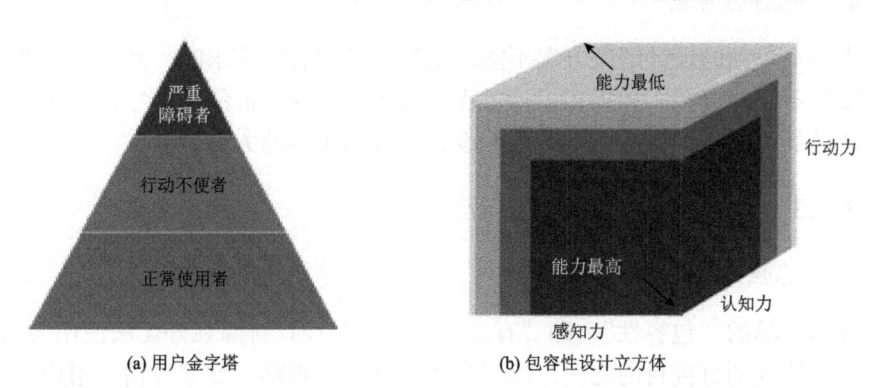

(a) 用户金字塔

(b) 包容性设计立方体

图片来源:Clarkson P J, Waller S, Cardoso C. Approaches to estimating user exclusion[J]. Applied Ergonomics, 2015, (46): 304-310.

图 6-6　包容性设计模型

在微软所做的包容性设计"用户画像频谱"模型中,从触觉、视觉、听觉、语言这些维度把能力缺失分成了永久性能力障碍、暂时性能力障碍、场景性能力障碍。设计者需要培养自己的同理心,在不同能力障碍的场景下,更深入地思考需求痛点、交互行为,并挖掘更本质的设计方案。

6.4.2　包容性设计的原则

1. 公平使用原则

包容性设计在设计过程中,尽可能地让设计满足大多数人的使用需求,做到无差别地对待每一类人群,这就需要包容性设计理念坚持将公平使用的原则贯彻到每一个设计阶段。

2. 简单灵活原则

在根据特殊人群需求进行的设计中,由于用户存在生理缺陷,因此需要根据用户的使用方式,坚持操作简单、使用灵活的原则。在了解产品的使用目的和功能,以及所面对的使用者后,还应确保产品使用方法尽可能简单灵活、易于调整,能适应不断发展变化的使用需求。

3. 多样性和差异性原则

在产品设计过程中应当思考如何满足不同用户群的不同需求,而目标用户中往往存在不同层级的人群，其中包括老年人与其他功能障碍人群，他们在需求方面存在或多或少的差异，就需要设计者在设计过程中充分考虑到这些问题，认识到阻碍实现无差异化设计的障碍，考虑到用户的需求多样性。

4. 可选择性原则

当一个单独的设计解决方案不能满足所有使用者的需求时，就需要考虑给使用者提供不同的选择。如果在设计过程中将各种特殊人群的需求考虑在内，就能扩大产品的可选择性，从而将产品的设计普及到更多的人群。

6.4.3 包容性设计的方法与应用

1. 包容性设计的方法与流程

评估产品的"包容性"，即"有多少用户被某设计排除在外无法使用"，是包容性设计研究的直接目的之一。除了常用的试用、观察、专家评估、用户访谈等方法，基于"能力-需求"模型的分析性包容性设计评估法也被证明是评估产品包容性的一种快速有效的方法，如图6-7所示。该模型可以概括为：当产品对用户的能力要求超出用户的实际能力时，用户就被该产品排除在外。

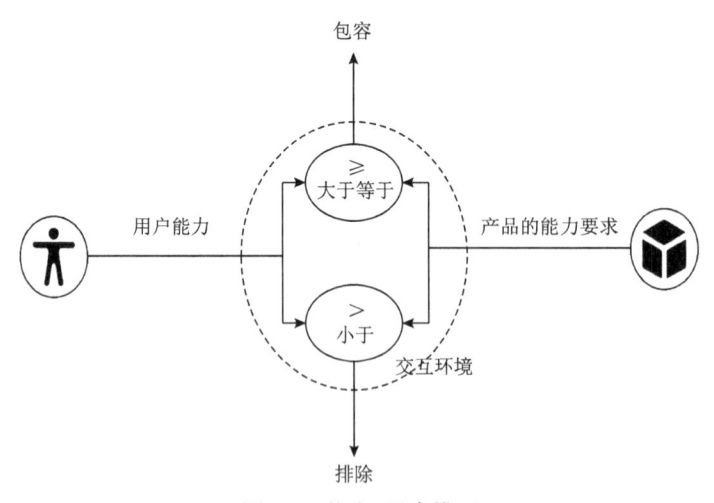

图6-7 能力-需求模型

使用这个模型需要有效的与用户能力相关的数据。实际上，包含社会、文化等因素的包容性设计用户数据的定义、收集、计算和表达被认为是该领域的重要研究方向。其中，认知能力在很大程度上影响着用户使用产品，但由于认知能力本身的准确测量存在困难，缺乏统一的测量标准，用户认知能力数据的定义、收集成为包容性设计近年来关注的研究课题。在设计领域，研究人员已经开展了对用户认知能力数据的收集，并验证了这些数据在辅助设计可用性评估等方面的作用。

传统的设计过程大体上遵循"定义问题、发现问题、解决问题"的三个步骤，这看似简单而高效的设计流程，却在许多情况下变得不合理。在设计过程中所包含的用户研究、细节推敲、过程评估、量化考核和社会效应等必须考虑的详细过程被忽略了。因此，针对影响设计活动得以持续发展的"产品设计过程"，结合包容性设计理论，得出更具"包容性"的设计流程：三七律（图 6-8）。"三七律"体现了包容性设计在可持续设计中的支撑作用，设计过程分为三段（定义问题、构建方案、验证系统），细分为七个步骤（征集用户需求、制定设计功能、输出用户感知、确定方案功能、优化用户体验、清除设计排除以及评估需求匹配）。在这个设计流程中，按照用户的期望和社会要求，逐步设计合理、可接受的解决方案。

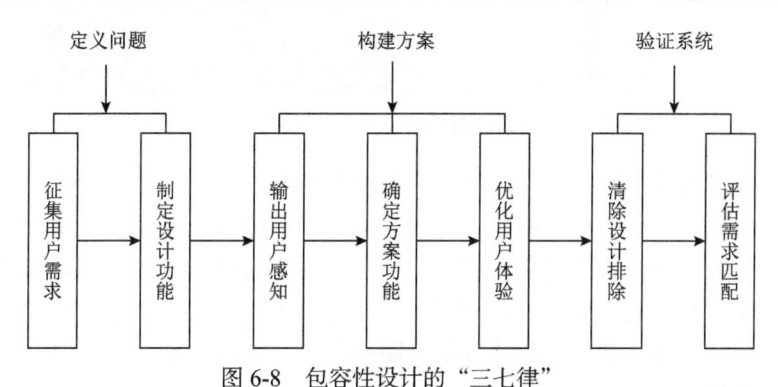

图 6-8 包容性设计的"三七律"

2. 包容性设计应用案例

（1）易开机制。例如，一款针对障碍玩家和运动技能较差的人的游戏手柄（图 6-9），为这部分玩家提供了专用控制器，专用控制器有更大的按键等特点，更适合能力受限玩家使用。

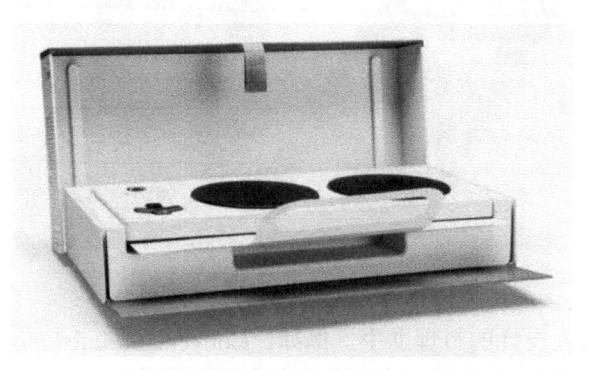

图 6-9 针对能力受限玩家设计的 Xbox Adaptive Controller

（2）利用触觉。例如，一款通过触摸就能知道食物是否变质的标签（图 6-10），当食物新鲜时摸起来很光滑，当食物变质时摸起来很皱涩。该公司的设计目的是：通过提供更准确的预测，让视力受损的人知道食物何时过期，并限制每个人的食物浪费行为。

图 6-10　一款通过触摸就能知道食物是否变质的标签

（3）利用符号而不是盲文。例如，某护发品牌推出一个瓶身设计（图 6-11），以帮助视力受损的消费者。瓶身上有触觉标记来帮助盲人辨认洗发水和护发素。像这样一个简单的符号比使用盲文要好，因为盲文需要几年的时间来学习，而且并不是所有盲人都能使用盲文，而触觉符号对每个人来说都是触手可及的。这样的设计也帮助了那些戴框架眼镜或隐形眼镜的人，他们一般在洗澡时会因摘下眼镜而视力模糊。

图 6-11　利用触觉符号设计的洗发水瓶

（4）为普通人设计的料理助手。例如，Conversant Labs 的产品"Yes, Chef"（图 6-12），是一款利用语音控制的料理助手。考虑到包容性设计，它按步骤提供了食物制作的语音指导，如果用户有不理解的地方可以直接用语言询问，避免了为操控手机而来回洗手擦手的麻烦。

图 6-12　利用语音控制的料理助手

6.5　案例分析：汽车方向盘的人因设计问题

中国汽车行业通过近几十年的发展，已经拥有较强的科研能力和市场营运能力，国有品牌逐渐具备较强的竞争力。因此，我们必须把关注点集中到产品本身的竞争力上。以下就从汽车方向盘的形状、造型、色彩、材料、位置、功能键的角度进行一一阐述并作适当的分析。

1. 方向盘的形状

现在常见的方向盘即图 6-13 中左侧图的设计。方向盘之所以是圆的，是因为转向时，需要倒手，圆形可以让我们在任何转向情况下、任何抓握情况下，手感保持一致。

图 6-13　方向盘形状比较

图 6-13 中右侧所示的方向盘是在一些高端运动车型常见的造型，方向盘下方的圆弧改成平的原因是，运动车型的转向机制与普通车型不同，一般都是一圈即打死，即便是日常驾驶，转向时也极少需要倒手。也就是说，方向盘下侧的圆弧，基本用不到。另外，人性化设计能增加驾乘者的空间和激烈驾驶的手感。

2. 方向盘的造型

在一些汽车早期设计中，方向盘的造型的粗细程度基本不被考虑。方向盘设计得过粗或过细都会影响驾驶者手握方向盘时的舒适感。根据早期资料来看，那时的方向盘造型都偏细，人的抓握度不够。随着设计的不断发展，设计师才逐渐考虑到造型方面对于驾驶时的影响，逐渐调整方向盘的截面尺寸。早期的方向盘表面没有任何花纹，就是一个光滑的圆盘。在后来的设计中才开始对方向盘的表面做一些处理，比如加入波浪形设计或是加入凹凸纹设计，从而保证抓握时的舒适感（图 6-14）。

但是现在高端汽车购买后多采用真皮方向盘套包裹。方向盘套的造型各异，取代了原来在方向盘上做的设计。方向盘套可以减少磨损、增加手感，并能提高舒适性。

图 6-14　方向盘套造型比较

3. 方向盘的色彩

在方向盘早期的设计中，对色彩的考虑不是很多，有些方向盘只用一层简单的涂料，颜色也主要采用棕色系列。在随后的发展中逐渐有了银色。进入 21 世纪后，方向盘的色彩越来越丰富。很多汽车的内饰颜色采用了暖色系，如黄色、橙色等（图 6-15）。

图 6-15　方向盘颜色对比

2000 年以后，许多普通汽车方向盘的色彩一般以灰色、黑色和银白色为主。因为灰色和黑色是大众色彩，耐看，永远不会过时，且使人长时间工作也不易产生疲劳感。目前，大多数汽车的色彩数量都大大丰富并且有很多搭配方案，如鲜艳的黄色、宁谧的咖啡色、起点缀作用的银白色等。这些搭配让人眼前一亮，视觉效果极佳。

4. 方向盘的材料

方向盘通常是由强度、刚度相对较高的金属骨架外加具有一定韧性的包覆层制作而成。随着材料科学和化学科学的发展，方向盘可用的材料十分丰富。皮革、真皮、木料已经是汽车必不可少的材料。合成材料的出现也大大丰富了汽车方向盘的可用材料类型，有聚氨酯、ABS 树脂、低密度聚乙烯等。如图 6-16 左侧所示，现代常用的方向盘骨架材料多是铝合金或镁合金，并采用冲压等工艺制成。包覆层则常用聚氨酯涂料、聚烯烃、木材和其他注塑材料。

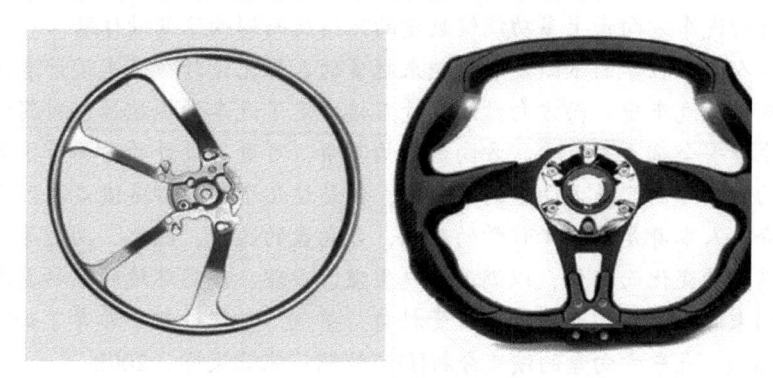

图 6-16　方向盘材质对比

F1 赛车的方向盘所用的材料很特殊，它的基本材料是碳纤维。如图 6-16 右侧所示，这是考虑到在 F1 赛车高速行驶条件下，或者可能发生意外的情况时，保证方向盘有足够的强度并且重量不要过重。虽然 F1 赛车和普通的汽车不能相提并论，但 F1 赛车所追求的高速度兼具控制的强稳定性，同时也是普通汽车要达到的目标。因此普通汽车方向盘无论是在材料，还是在功能和控制上，都可以考虑借鉴 F1 赛车方向盘的设计。

5. 方向盘的位置

操作者背部紧靠座椅，当胳膊伸直搭在方向盘上时，手腕部恰好落在方向盘上，这就是方向盘的最佳距离。通过方向盘轮辐恰好可以看到仪表盘的公里数、时速、油耗等的显示，方向盘边缘不会阻碍视线，这就是最佳位置。

现在的方向盘位置调节方式有上下调节和前后调节两种。方向盘位置的两方向调节是具有其中之一的调节方式，四方向调节是具有以上两者的调节方式。目前在一些高端车型上也出现了六向可调多功能方向盘，如果汽车依旧保持在两方向调节就可能降低客户的体验感。

6. 方向盘的功能键

目前，众多汽车品牌都开始应用多功能方向盘。多功能方向盘是指在方向盘上设置一些功能键，包括音响控制、空调调节、车载通话，等等，还有的将定速巡航键也设置在方向盘上。驾驶者可通过方向盘开关轻松操作控制台中央上侧的显示屏中显示的空调、音响及里程表等的设定。多功能方向盘的好处在于驾驶者不必去控制台寻找操作按钮，可以直接在方向盘上进行操控。这种设计可以大大提高行车的安全性。

但是在进行同行业比较时，就会发现有些汽车的方向盘设计在功能键的适用性与稳定性方面还有一定的差距，比如一些汽车多功能键在方向盘上的分配并不合理，有的汽车方向盘上多功能键数量的冗杂反而影响了驾驶体验。

随着人因工程学的不断发展，越来越多的人性化设计被汽车设计者想到并能够理性应用于汽车中。而方向盘的设计直接决定了汽车的操控性，对驾驶者和乘车者的生命安全都至关重要。方向盘结构复杂，可进行设计的方面有很多。案例中列举的六个方面只是方向盘的一部分，但是这几个部分却是满足人因设计最基础的部分。人本身是人因工程学的基础，方向盘的造型、颜色、功能等都要随着客户的需求的变化而变化，以满足客户生理、心理、使用环境的多种需求。

案例来源：编写团队基于文献资料自行整理。整理过程中参考了如下资料：

[1]张爽. 汽车方向盘的演变分析[D]. 沈阳：东北大学，2008.

[2]陆竞璇. 汽车方向盘造型设计互动性研究[D]. 吉林：吉林大学，2020.

[3]石林杰，杨传江，韩允童，等. 汽车方向盘发展前景分析——基于人机工程学[J]. 科技资讯，2019，(13)：218，220.

【**练习与思考**】

（1）什么是人因工程？人因工程与产品设计是什么关系？请作简要说明。

（2）人因设计是产品设计的重要内容，那么人因设计的作用是什么？人因设计的具体操作步骤和方法是什么？

（3）选择一款你感兴趣的新产品，阐述该产品在设计过程中是否考虑了包容性设计，它有什么不足或需要改进的地方吗？请简要说明。

第 7 章

产品可持续发展设计

随着时代的发展和进步，人类开始对工业文明进程进行反思，可持续发展就是人类为了克服一系列环境、经济和社会问题所做出的理性选择。党的二十大报告也明确提出，我们要坚持可持续发展。在产品开发过程中融入可持续发展理念是工业未来发展的必经之路。因此，本章从产品设计的视角讨论可持续发展的相关内容，并对产品可持续发展设计的理论、方法以及评价体系进行介绍。

【知识地图】

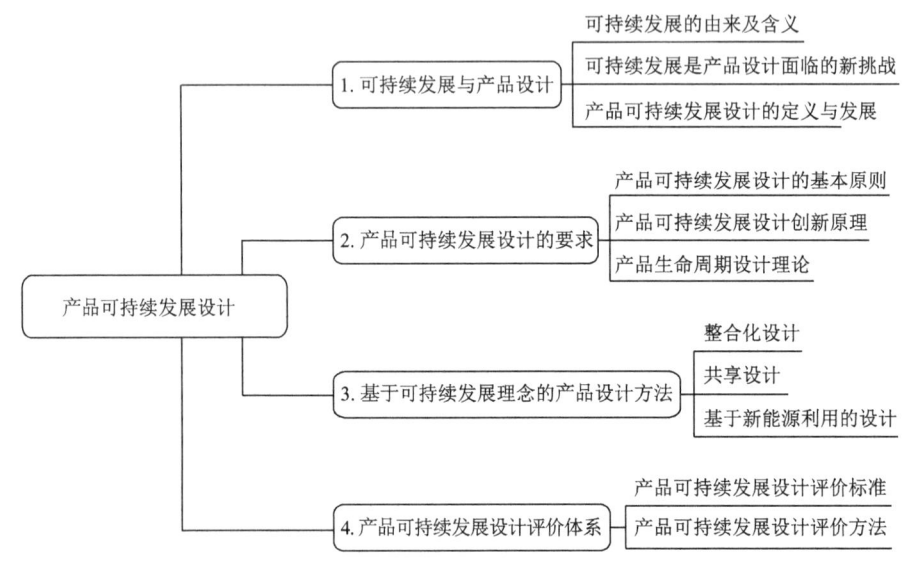

产品可持续发展设计
- 1. 可持续发展与产品设计
  - 可持续发展的由来及含义
  - 可持续发展是产品设计面临的新挑战
  - 产品可持续发展设计的定义与发展
- 2. 产品可持续发展设计的要求
  - 产品可持续发展设计的基本原则
  - 产品可持续发展设计创新原理
  - 产品生命周期设计理论
- 3. 基于可持续发展理念的产品设计方法
  - 整合化设计
  - 共享设计
  - 基于新能源利用的设计
- 4. 产品可持续发展设计评价体系
  - 产品可持续发展设计评价标准
  - 产品可持续发展设计评价方法

【学习目标】

本章介绍可持续发展的由来和含义，讨论可持续发展对产品设计的影响，并对产品可持续发展设计的理论、方法以及评价体系进行阐述。通过本章学习，学习者应达到如下学习目标。

（1）熟悉产品可持续发展设计的概念和要求。
（2）了解产品生命周期设计理论。
（3）掌握产品可持续发展设计的方法。
（4）了解产品可持续发展设计的评价标准和方法。

7.1 可持续发展与产品设计

7.1.1 可持续发展的由来及含义

20世纪60年代末，人类开始关注环境问题，1972年6月5日在瑞典斯德哥尔摩召开了联合国人类环境会议，提出了"人类环境"的概念，并通过了《人类环境宣言》，1973年成立联合国环境规划署（United Nations Environment Programme，UNEP）。可持续发展概念的明确提出，最早可以追溯到1980年由世界自然保护联盟（International Union for Conservation of Nature，IUCN）、联合国环境规划署、世界自然基金会（World Wide Fund for Nature，WWF）共同发表的《世界自然资源保护大纲》。1987年以布伦特兰夫人为首的世界环境与发展委员会（World Commission on Environment and Development，WCED）发表了报告《我们共同的未来》。这份报告正式使用了可持续发展概念，并对之做出了比较系统的阐述，产生了广泛的影响。

可持续发展是既满足当代人的需求，又不对后代人满足其需求的能力构成危害的发展。它包含着一个密不可分的系统，其中既要达到发展经济的目的，又要保护好人类赖以生存的大气、淡水、海洋、土地和森林等自然资源和环境，使子孙后代能够永续发展和安居乐业。

可持续发展包括三方面的内容：①经济可持续发展；②生态可持续发展；③社会可持续发展。

可持续发展与环境保护既有联系，又不等同，环境保护是可持续发展的重要方面，可持续发展的核心是发展，但要求在严格控制人口数量、提高人口素质和保护环境、资源永续利用的前提下进行经济和社会的发展。发展是可持续发展的前提；人是可持续发展的中心体；可持续长久的发展才是真正的发展。

可持续发展是人类对工业文明进程进行反思的结果，是人类为了克服一系列环境、经济和社会问题，特别是对全球性的环境污染和广泛的生态破坏，以及经济、社会、环境之间关系失衡等所做出的理性选择。

7.1.2 可持续发展是产品设计面临的新挑战

产品设计作为工业化的产物之一，其设计理念也随着社会经济的发展而不断变化，从最初的"绿色设计"开始进行探索，到后来扩展到生态设计也就是产品生命周期设计，进而发展到产品服务系统设计，将产品和服务融合到了可持续发展系统设计当中，当今可持续发展设计的前沿是为社会公平和谐的设计，这一系列的拓展升华了可持续发展设计的内涵（图 7-1）。

```
设计主题不断拓展 ↓
1  绿色设计：低环境影响的材料和能源 ———— 过程后干预
2  生态设计：产品生命周期设计 ———— 过程中干预
3  产品服务系统设计 ———— 产品及服务层面的干预
4  为社会公平和谐的设计 ———— 消费模式上的干预
```

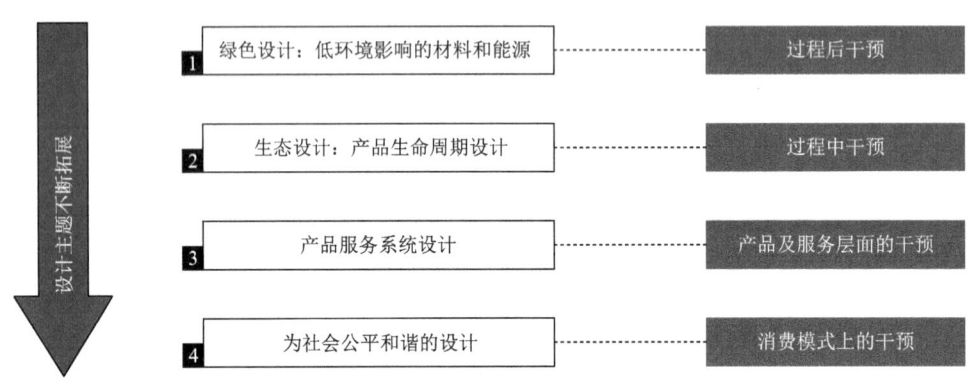

图 7-1　产品设计理念的发展

设计与社会、经济和科技的发展息息相关，相互促进、共同发展。为了能够让设计生生不息，一直走向人类的未来，设计师必须时刻把握最新的发展动态，转型为可持续发展的发展理念，始终保持对人类社会、未来的强烈责任感，因此基于可持续发展的设计是产品设计的未来发展趋势，同时也是设计师面临的新挑战。

1. 现代产品设计模式的弊端阻碍可持续发展

目前的产品设计模式是将设计作为企业营销的手段，通过产品设计刺激消费者不断消费以确保生产商可以不断生产，并获得最终的经济利益。在商场、超市甚至专卖店中充满着琳琅满目、各式各样的功能类似的产品，不难发现如今的产品设计仍然被限制在风格的框架中。

例如，手机行业的主流品牌在 2021 年第一季度上市新手机 30 余款，其中，某品牌在该季度上市新款手机 6 款。图 7-2 是主流品牌在这段时期上市的新款手机中的一部分。主流品牌手机的这一战略正是采用了产品生命周期定价法，即利用产品差异化策略不断推出新产品，使产品的生命周期迅速缩短，形成一种强制更新、强制淘汰的局面，从而使产品价格随着其生命周期的不同而上升或下调。其中，产品设计恰恰是整个策略的关键，导致手机从曾经的耐用品转变成如今的快速消费品。试想，全球数十亿的手机用户，若以一年一次的频率更换手机，每年将消耗多少金属和塑料？手机行业其他品牌的纷纷效仿更是加大了此举对环境的负面影响。我们不难想象现代设计模式所造成的过度消费和资源浪费对可持续发展的破坏力之大。

图 7-2　主流手机品牌 2021 年第一季度上市手机种类

2. 可持续发展是产品设计未来的努力方向

可持续发展为产品设计创造了新的挑战，部分设计师和理论家也质疑目前的设计模式，并致力于生态设计、绿色设计、循环设计等领域迎接可持续发展的挑战，也有了值得肯定的成果。旧的不可循环利用的材料被新开发的可循环利用、对自然和人类无害的新材料所代替，部分产品被设计成易拆卸易组装的结构以便回收时能更好分类，设计师更愿意选择对人类和环境都无害的材料，对产品进行整合设计以便消耗更少的材料，等等。例如，某品牌推出的绿色一体式电脑，采用了 LED 背光液晶屏幕，进一步降低了耗能并杜绝了"汞"等有害物质的使用。绿色电脑的耗能仅仅是普通电脑的 25%，废旧后回收利用率更高。

然而，这只是目前产品设计中的一小部分，很多绿色材料因性能有限很难代替原先的材料，而且产品自身的改良并不足以遏制人类浪费和过度消费的生活模式给地球资源所带来的灾难性后果。设计要满足可持续发展，首先要站在可持续发展的高度，改变传统设计中不可持续的设计模式。

7.1.3　产品可持续发展设计的定义与发展

1. 产品可持续发展设计的定义

可持续发展设计是一种合理开发使用资源的一种方式，通过设计的方式合理分配资源，避免资源不必要的浪费，综合考虑到环境、经济等不同方面的问题。

从设计的角度出发，通过产品对消费者进行正确的引导和满足市场的消费需求，维持市场对产品需求的持续。产品可持续发展设计可定义为：通过对产品及服务的整合以形成满足消费者特定需求的可持续发展的解决方案。产品可持续发展设计是用"成果"与"效益"替代消耗，同时又是一种以通过减少资源消耗和环境污染、改变人们社会生活素质为最终目标的策略性的设计活动。

可持续发展设计与传统的产品设计的区别在于，它通常是用整体思维来对产品进行思考和设计。为了满足产品设计的可持续性，产品设计从产品的功能性出发，需求产生功能，而功能影响着产品的使用周期，简单来说，可持续发展设计也是融多种不同产品的功能于一体，使用户对产品不同功能的需求提高，从而能够更长时间地对产品进行使用，延长产品的生命周期。而在产品生命周期结束之后，又能更简单地将产品进行回收处理，使产品对自然环境的影响降到最小。

可持续的概念不仅仅包括环境可持续，也同样在社会、经济、文化方面有所体现。环境的可持续发展，要求在产品开发的所有阶段均需要考虑到环境因素，从产品的整个生命周期来减少对环境的影响，最终引导产生一个更具可持续性的设计、生产和消费系统。经济的可持续发展，要求在经济发展过程中，要以一种长远的眼光来看待发展的问题，应更多考虑到未来的经济效益问题。社会的可持续发展是环境可持续发展和经济可持续发展的总和，是环境可持续发展和经济可持续发展的最终结果。社会的可持续发展涵盖的内容非常广泛，涉及经济、政治、文化等的方方面面。文化的可持续发展是社会的可持续发展的重要前提，一旦文化传承出现了中断，那么也就是人类文明的中断，社会可持续性自然无法实现。因此，设计师的社会责任感也要体现在设计师应当通过设计来传承文化，承袭优秀的人类文明。

2. 产品可持续发展设计的发展

可持续发展理论发端于生态学，现实缘由是人们对自然生态环境的日益担忧。与之相应，"可持续发展设计"理念的演进和发展可以大致分为四个阶段。

第一阶段是早期的"绿色设计"阶段，始于20世纪八九十年代，强调使用低环境影响的材料和能源，包括常被提及的3R（reduce，recycle，reuse）理念，即减少物质和能源的消耗、产品及零部件能够方便地分类回收，并可再生循环和重新利用。此外，广义"绿色设计"还包括"无害化设计""可拆解设计""持久性设计"等理念。该阶段首次将环境问题纳入到设计思考的基本要素之中，是对设计社会角色和社会影响的深刻反思，极大提升了设计的社会价值。然而，早期"绿色设计"的理念还停留在"过程后的干预"，是在意识到"问题和危害"后采取的缓和补救措施，本质上只是在一定程度上缩小了危害的强度，延长了危害爆发的周期，是一种"治标"行为。在资源相对贫乏，生态环境退化加速的现实背景下，仅仅采用上述理念和方法无法从根本上解决经济发展与环境冲突的问题，全面深化"绿色设计"是必然选择。

第二阶段是"生态设计"阶段。作为一种面对"产品生命周期"完整过程的设计方法，"生态设计"不仅关注最终结果，还要求考虑产品设计的各阶段、各方面、各环节中的环境问题，是"过程中的干预"。具体说来，"生态设计"的主要内容包括：产品生产过程中的能源消耗；对空气、水源和土壤的污染排放；噪声、振动、放射和电磁场等领域产生的污染；废弃物质的产生和处理等。产品"生命周期评价"（life cycle assessment，LCA）是目前实施"生态设计"的重要手段，LCA使用系统的方法、量化的指标，能够指导和规范设计过程。LCA正在成为世界各国环境政策制定的关键内容。

第三阶段则是基于生态效率的"产品服务系统设计"阶段，从"系统设计"的领域，对"产品和服务"层面进行干预，而非只关注"物质化产品"。米兰理工大学的Carlo Vezzoli教授认为，"系统设计"是从设计器具到设计"解决方案"的转变。其中，"解决方案"既包括物质化的产品，也包括非物质化的服务。显然，"产品服务系统设计"本身即是一种整体解决方法，旨在将处在大的商业环境中与设计相关的诸多因素进行整合并创造出新的商业模式。正如保罗·霍肯在《商业生态学：可持续发展的宣言》中所讲："企业需要将经济、生物和人类的各个系统统一为一个整体，实现企业、消费者和生态环境共生共栖的循环，从而开辟出一条商业可持续发展之路。"经济发展要从对"物质化产品"生产与消费的过分依赖中转变过来是个痛苦的历程。但是，这种转变是未来中国经济乃至全球经济实现可持续发展的必由之路。

第四阶段则体现当今设计研究的最前沿，将社会公平与和谐进一步纳入考虑之中，在内容上进一步拓展和完善"可持续发展设计"，涉及：本土文化的可持续发展；对文化及物种多样性的尊重；对弱势群体的关注以及提倡可持续的消费模式等。在该阶段，"可持续发展设计"的系统观念得到了深化和完善，并向大众的精神层面和情感世界拓展，在全球化浪潮之下关注社会和谐。事实上，社会经济的可持续发展离不开人们的价值观和消费观的变革，因此，对可持续消费模式的关注是该阶段的核心内容。作为连接生产和消费的桥梁，设计既能够用于刺激人们的消费冲动，也可以有效倡导可持续消费。值得一提的是，"社会创新与可持续发展设计"已经成为设计研究的最新主题之一。米兰理工大学的Ezio Manzini教授将这种未来的、社会创新性的模式描述为"绿色的、社会化的以及网络化的"发展方向。

以上梳理有助于深入理解"可持续发展设计"的精神和内涵。事实上，不同阶段的划分是对"可持续发展设计"发展历程的概括，并不意味着后者淘汰前者，而是反映了"可持续发展设计"在理念和内容上不断地补充和完善。

7.2 产品可持续发展设计的要求

7.2.1 产品可持续发展设计的基本原则

结合当下社会发展趋势，通过各个途径资料的整理分析，在进行产品可持续发展设计时主要遵循以下几个基本原则。

（1）产品设计要以市场需求作为其功能、服务的既定主指标。支持功能售后维修，加强和完善产品服务体系。

（2）产品的规格设计应符合国标的相应范围，部分零部件尽可能地统一化，在产品适应市场时加速产品更新迭代的策略。

（3）注重产品设计与实际工艺技术和生产能力的衔接，在工艺结合的基础上加强实践生产，提高产品质量和产品的美学价值。

（4）产品的设计生产要符合相应的法规政策，符合社会道德的基本要求，同时也要重视对产品自身知识技术创新的相关保护。

（5）产品设计及使用过程中要降低对环境的不良影响，注重生态环保，加强绿色产品的实践进程。

（6）紧密结合科学技术，在科技创新的引导下实现产品创新。

可持续发展设计在设计开发阶段的几项基本原则是基于"汉诺威原则"提出的。"汉诺威原则"坚持的核心是"设计服务于可持续发展"，所以在此基础之上，将产品可持续发展设计与之相结合。具体要点如下。

（1）正视自然与人平等的权利，尊重自然与人在正面积极的可持续条件下共存。

（2）人通过设计与自然进行交互，人的生存依赖自然，与自然建立密切关系的同时还要保护自然，两者之间相互依存。

（3）结合人实际的生存现状，通过物质基础与精神意识形态之间的关系来规划未来发展的方向。

（4）设计要从人的需求与自然环境的承受力做出决定，并为其后果承担义务责任。

（5）所构思设计的产品要具有长效使用的价值，对于不可预知或潜在的产品应明确标识并提供相应解决措施。

（6）对设计产品的生命周期进行综合评估实现产品优化，降低产品设计的浪费限度，节能环保，实行产品绿色设计。

（7）产品在设计开发时应充分考虑产品能源消耗问题，高效、有保障、有节制地利用自然能源。

（8）尊重自然，明白设计创造的局限性，设计思维并不能保持永恒，人不可能控制自然，所以要与自然和平相处，平等互利。

（9）设计是思维意识实践的活动过程，要学会资源共享，促进创新和提高。

通过以上所述原则的提出和理解，具有可持续发展特点的产品在设计时应该结合自身特点，对产品的结构、功能、材质和工艺技术等方面进行优化，在确保产品设计的科学化、结构功能的合理化的同时保证材料应用的生态化及加工工艺的节能性。设计师要学会融合上述理论经验来提升产品的设计特色，为可持续发展提供平台的同时更好地服务社会。

7.2.2 产品可持续发展设计创新原理

产品设计中融入可持续发展设计理念是工业未来发展的必经之路。基于产品生命周期理论，将可持续发展设计理念贯穿到产品的设计和生产服务过程当中，是当今社会践行可持续设计和发展最直接有效的方法。

随着设计主题的不断展开，多元化兼容性的可持续发展成为当今社会运作的标志导向（图7-3）。在可持续发展的大背景下，对于探索和实践产品的可持续发展设计路径和创新方法还需要在多方面的努力和实践探索中不断完善。设计已经从绿色材料的应用、生态循环理念的介入、产品服务概念的加入三个阶段进化为对人们生活方式的改变，所以在将产品可持续发展设计的基本方法实践途径贯彻落实的基础上，顺应社会发展趋势，结合不同的地域特色和实际环境，兼容多元化的社会背景元素，进一步创造出具有自身特色风格的产品，是产品可持续发展设计实践创新的又一方向与途径。

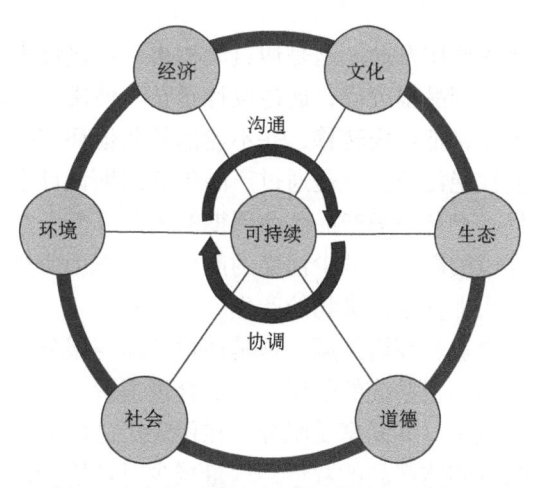

图7-3 产品可持续发展设计的多元化发展

产品可持续发展设计从"过程前预防"、"过程中干预"和"过程后恢复"三个环节来支持可持续发展,通过废物再利用设计、产品生命周期设计、产品与服务设计以及社会和谐设计四种类型的设计来实现。它们对应的阶段不同,发挥的作用与价值也不同,如图7-4所示。

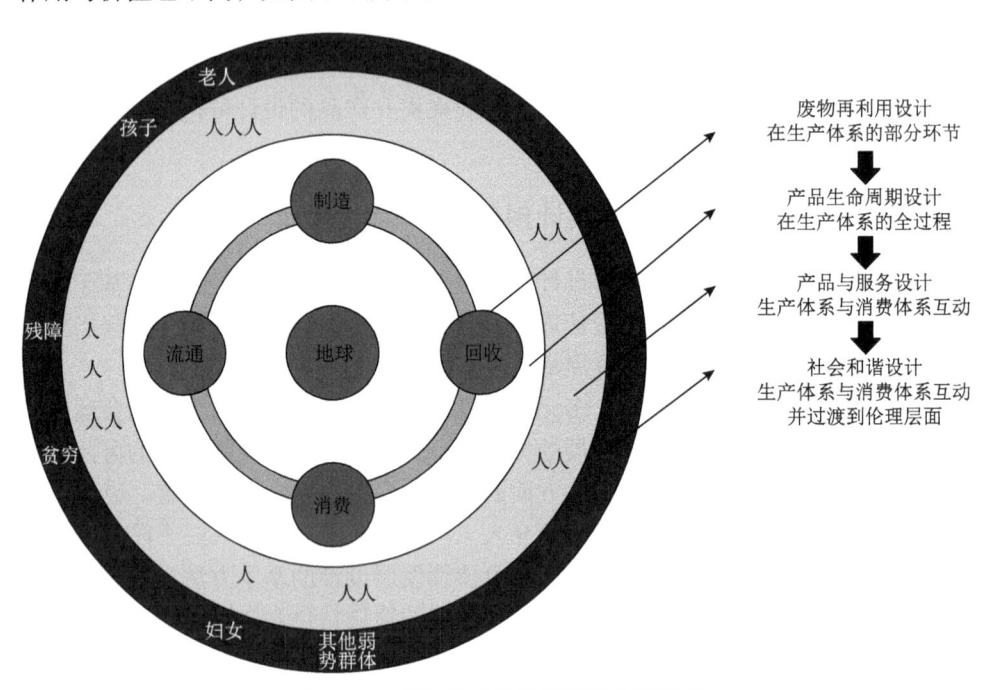

图 7-4 产品可持续发展设计的价值原理

(1)能够延长产品使用寿命。这是通过废物再利用设计来实现的,该设计处于生产系统的末端。当产品报废后,通过设计延长其使用寿命,但是,作用很有限,只是"扫尾"工作,把垃圾转移,并不能消除其他环节的污染。

(2)能从源头上杜绝污染。这是通过产品生命周期设计来实现的,该设计涉及生产系统的全过程。充分考虑产品生命周期的不同环节,在保证产品功能的基础上,尽量减少对环境的影响,减少污染的产生,其作用明显。如果能做到"清首"工作,就能从源头上杜绝污染物的产生。

(3)能使用户、企业、环境共赢。这是通过产品与服务设计来实现的,该设计处于生产系统过渡到消费系统的阶段。提倡合理消费,让消费者主动参与到服务设计中,共同承担成本,共同享受服务。在保证产品服务质量的基础上,提高产品的利用效率,减少实体产品的数量,尽量减少对环境的影响,减少垃圾的产生。这样不仅有利于节约资源和推动经济发展,而且有助于社会成员之间的合作和信任。产品与服务设计为用户与企业提供了一种"双赢"的模式。优秀的服务设计能让用户得到更专业的服务，让企业获得更丰厚的利润，同时，可有效改善生态环境。

（4）能使全人类共享资源。这是通过社会和谐设计来实现的，该设计处于生产系统过渡到消费系统进而过渡到伦理道德领域的阶段。社会和谐设计提倡社会公平性原则，倡导共同承担责任，共同享受利益。社会弱势群体的利益需要得到应有的照顾，其基本的生存权利应该得到保证。人类共同拥有一个地球，理应共同享用地球资源，但现实是少数人占有了大多数资源，这从根本上阻碍了全人类的可持续发展。因此，在不同国家、不同地区、不同阶层之间，应该强调公平性原则，只有这样才能实现真正意义的可持续发展。社会和谐设计不仅仅是一种生活关怀，而且是一种社会人文关怀和道德伦理建设。

在以上四种类型的设计中，前两者指向"生产体系"，后两者指向"消费体系"。它们所产生的作用和价值是各不相同的：在生产体系中，理想的状态是能够"清洁生产"，这需要慎用技术、敬畏自然、善待自然、调整人类与自然的关系；在消费体系中，理想的状态是能够"合理消费"，无限欲望与有限资源之间存在先天的矛盾，人类必须学会节制欲望、共担责任、共享成果。

7.2.3 产品生命周期设计理论

产品生命周期（product life cycle，PLC）指的是产品从开发到废弃的全过程，具体可以分为材料选择、设计制造、包装运输、使用阶段和回收与再利用五个阶段。

1. 7R 原则

3R 原则与再设计、再评价、再生和更新统称为产品可持续发展设计 7R 原则，7R 原则是 3R 原则在产品设计领域中的延伸，其延伸内涵如下。

再设计（redesign）：再设计原则强调在设计产品时不但要斟酌产品一个生命周期的计划，还要斟酌产品的迭代设计，使得产品能够进行持续不竭的改良。

再评价（revalue）：再评价原则强调设计没有确定性和时效性，任何现有的设计方案都有其可以突破创新的地方。设计师在进行产品设计过程中要不断地对现有技术进行探索创新，努力提出更加优化的方案。

再生（regenerate）：再生原则主张崇尚自然，从自然中获取设计灵感和资源，懂得利用原材料设计和充分利用太阳能、风能等自然能源。

更新（renovate）：更新原则要求从"更新"和"更换"的角度去设计产品，方便在产品生命周期后期对损坏的部分进行更换或者通过增加新的功能以满足新的要求，以最大限度延长产品的寿命。

2. 与产品生命周期相关的可持续发展设计策略

与产品生命周期相关的可持续发展设计策略涉及产品的原材料、制造、拆卸回收等过程，在设计过程中需要对这些过程进行充分的思考和考量：①原材料，需要考虑材料的可持续性；②制造，需要考虑减少物质使用、减少包装材料、减少能耗、延长产品生命周期、模块化设计；③拆卸回收，需要考虑面向回收的设计、面向拆卸的设计、面向一次性的设计、面向能源回收的设计、面向重复使用的设计。与产品生命周期相关的可持续发展设计策略具体内容如表 7-1 所示。

表 7-1 与产品生命周期相关的可持续发展设计策略

过程	策略	内容
原材料	材料的可持续性	采用可再生、可重复利用的新型材料
制造	减少物质使用	减少有毒有害物质在产品生产过程中的使用
	减少包装材料	减少产品的外包装，或者是将包装重复使用
	减少能耗	在产品整个生命周期中减少各环节的能源消耗
	延长产品生命周期	延长产品或者是元件的使用寿命
	模块化设计	通过模块化设计快速地替换、修复、延长产品的使用寿命
拆卸回收	面向回收的设计	保证产品各部分最大化的回收
	面向拆卸的设计	简化拆卸方式，便于回收
	面向一次性的设计	保证不可回收的产品元件被安全地处理
	面向能源回收的设计	利用产品的废弃物料获得能源
	面向重复使用的设计	产品当中的元件能够被重复使用、翻新、再次使用

7.3 基于可持续发展理念的产品设计方法

7.3.1 整合化设计

整合化设计是一种将多个相关的产品功能集中在一件产品上，从而达到一机多用目标的设计方法。整合化设计是产品创新设计中常见的设计方法，多功能是整合化设计的显著特点。一件产品具备更多的功能，避免了制造两件或多件产品带来的能源消耗。

整合化设计是依据对产品问题的认识进行分析判断，针对人类生活质量与社会责任，就市场的独特创新与领导性，对产品整体设计问题进行新颖独特的实际解决的方法。整合化设计具有自身特点，这些特点主要体现在以下方面。

（1）整合化设计的目的性。产品的设计需要以消费者为导向，基于用户的需求进行设计。这就意味着在进行整合设计时，想要设计出有竞争力的新产品，就需要有很强的目的性，了解用户及用户需求，按照用户的需求进行整合化设计。

（2）整合化设计的超前性。进行整合化设计，需要企业在开发新产品时想到别人想不到的方面，更加长远地预测整个市场形势，做出比别人更好的战略性布局和决策。

（3）整合化设计的整合性。整合化设计的整合性体现在：①商业模式的协同联合性；②跨越地域和时空的整合；③市场应变能力的整合。

7.3.2 共享设计

"共享"的消费理念，即人人都能享受到某件产品所带来的服务，从某种意义上而言，产品设计的重点并非产品本身，而是设计产品的服务过程。产品服务系统设计以物质产品为基础，以用户需求满足为中心，旨在创造一种用户、企业、环境等方面多元共赢的"服务"模式，该多元共赢的"服务"模式，符合可持续发展的要求。可持续设计理念倡导"共享服务"的设计方法，"共享服务"必须要具备适度生产、适度消费的社会认同前提。如果生产过剩，占有而不使用，"共享服务"就没有生存的土壤；同时，要将"共享"的理念贯彻到生活中去，注重产品的服务系统设计，把人们关注的焦点从产品转移到产品所带来的服务上去，从"占用产品"逐渐过渡到"共享服务"。

"共享"消费模式的出现，有助于引导人们专注于享受产品带来的服务，而非简单地占有产品。例如，近些年共享单车的出现，方便用户解决短距离出行的需求。共享单车衔接了公共交通末端的出行，一经出现，其用户群就呈现了井喷式增长。它以一种租赁的方式帮助用户获得服务，用户只需经过注册账号、缴纳押金、扫码开锁就能获得单车带来的骑行服务，骑行结束后只需关锁付费即可，而且费用很低。从经济角度而言，用户缴纳的押金以及骑行费用、骑行成本远远低于购买一辆专属于自己的单车；从社会角度而言，共享单车的出现，体现了可持续发展的公平性原则，人人都能享受单车的骑行服务；从生态角度而言，当用户购买单车后，一天之中多数时间都处于闲置状态，采用共享的方式使单车带来的骑行服务能够被更多的人享用，这是社会资源合理利用的表现，也符合"共享服务"的共享经济发展，符合可持续发展的长远要求。

7.3.3 基于新能源利用的设计

随着人们生态意识的提高，号召提倡用太阳能、风能或者地热能等新型能源代替煤、石油等化石能源的呼声和需求越来越多。作为设计师，应该积极把握和引导产品的可持续发展以及人的健康生活方式，这就为我们进行可持续发展设计提供了又一新途径。例如，青蛙设计公司设计的 Revolver 便携式风力发电机，它是一款便于携带的个人充电装置，利用可再生资源风能转换成电能，让我们可以使用身边潜在的电力。它可以满足手机和其他电子设备的用电需求，足够为笔记本电脑、台灯、收音机、手机、相机及其他小型电子设备充电，这个发明也获得了 2012 Braun Prize 可持续发展奖（图 7-5）。由此可见，基于新能源利用的可持续产品设计必将会受到人们的青睐，并在人类未来可持续发展的道路上扮演重要的角色。

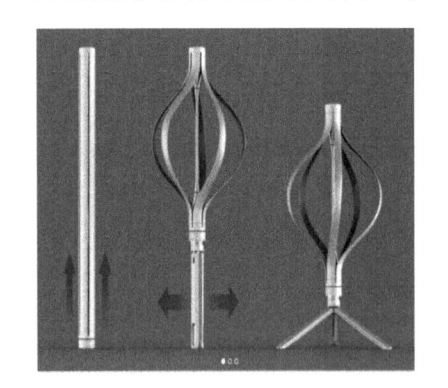

图 7-5　Revolver 便携式风力发电机

7.4　产品可持续发展设计评价体系

7.4.1　产品可持续发展设计评价标准

在可持续发展背景下的产品设计现在仍然处于初步发展阶段，但是在环境和消费者的双重需求背景下，产品可持续发展设计在不久的将来会迅速发展，对产品可持续发展设计评价理论的需求也会与日俱增。作为参考，本节介绍产品可持续发展设计的四个评价标准。由于产品可持续发展设计理论仍在不断探索中，本书对产品可持续发展设计评价体系的构建仅仅是产品可持续发展设计理论探索过程中的一种初步尝试。

1. 真实需求标准

就设计活动的特点而言，明确的用户需求是设计成立的先决条件。同样，对于可持续发展设计，真实的用户需求不可或缺，它是产品开发的动力所在，是实现各利益相关方互相协作的必要条件。此外，从产品设计的角度来看，从设计概念的确定到产品的开发直至完善，都需要将用户需求作为一个指导原则伴随整个设计过程。真实的需求还表现在是否善于对新需求的挖掘上，这也刚好契合了现代生活中消费者从功能的物质需求向非物质层面需求的转变。这种转变使得用户的新需求呈现出很多不确定的特点。设计师应当在把握新技术手段的基础上，敏锐地把握社会生活中出现的非物质性需求。

2. 易用性标准

易用性是检验用户在从使用产品到需求得到满足这一过程中能否便捷地实现目标的重要标准。在产品服务系统中，各组成元素之间呈现出从有形到无形、从时间到空间等多维度的变化特点。如苹果公司提供的音乐播放及音乐下载和管理服务系统中，iPod音乐播放器本身是一个精美的、可见可触的产品，而提供下载及管理服务的iTunes软件则是存在于虚拟空间的软件产品，并随时间变化而不断提供服务更新。这样一来，在用户使用产品及服务的过程中，不仅仅是简单的人机间的操作关系，同时还应当考虑如何引导消费者便捷地使用和体验。由此可见，在产品服务系统中对于易用性的评价表现在两个方面，即物质层面和非物质层面。物质层面考虑的是产品的易用性；非物质层面考虑的则是服务的易用性，即制度、流程等信息可视化的呈现。

3. 情感体验标准

用户体验是指用户在使用产品（包括物质产品和非物质产品）或者享用服务的过程中建立起来的心理感受，涉及人与产品、程序或者系统交互过程中的所有方面。它并不关注产品或系统本身是如何工作的，关注的是产品或系统如何与外界发生联系并发挥作用，也就是人们如何接触和使用产品或系统。在设计产品的时候，考虑最多的是人与产品之间的交互问题，其基础是围绕使用功能展开的，涉及人在操作使用产品时的体验。设计师必须通过包括程序创新在内的各种手段来打造人与产品、人与人、人与社会之间的交互关系。这种延展的交互关系需要设计师在进行产品服务系统设计时更加关注服务提供者与用户之间以及用户与用户之间的交互质量和用户体验。

4. 价值判断标准

满足用户需求、创造商业价值是价值判断标准的重要内容。面对产品服务系统中包含的复杂利益流转、利益相关者及系统内各组成部分的复杂关系，我们需要运用图解的方式将其中的关系视觉化。在系统化图解方法下，我们可以清晰地看到系统内各部分的交互过程以及由此带来的价值转移，同时，在可持续发展背景下的产品服务设计不仅仅是基于商业模式的经济性考虑的，它还包含了对环境的考虑。面对当今日益严重的环境问题，对产品服务系统可持续发展背景下的价值判断尤其紧迫。这就要求产品服务系统应当考虑环境与社会经济的协调与统一，要在满足人类日益丰富的需求的同时减少对生态环境的影响,降低物质资源的使用率,可以从社会组织结构或是技术创新角度出发来弱化对环境的影响。曼兹尼对产品服务系统有如下表述:产品服务设计活动是将技术生产领域(创新的可能性)、社会(现实需求和潜在需求)和文化领域(需要通过设计影响和改变的行为、价值、标准)相联系的过程。创造一些新型的、有潜力的新事物,如社区支持农业、联合居住、邻里互助等。通过社会创新或技术创新,在新型的思维和行为模式的基础上,提出针对复杂问题的可行性解决方案,让消费者对环境的影响和社会资源的消耗减少到最低程度。

7.4.2 产品可持续发展设计评价方法

随着工业化的发展,进入自然生态环境的废物和污染物越来越多,超出了自然界自身的消化吸收能力,对环境和人类健康造成极大影响。同时工业化也将使自然资源的消耗超出其恢复能力,进而破坏全球生态环境的平衡。因此,人们越来越希望有一种方法对其所从事各类活动的资源消耗和环境影响有一个彻底、全面、综合的了解,以便寻求机会采取对策减轻人类对环境的影响。作为新的环境管理工具和预防性的环境保护手段,生命周期评价主要应用在:通过确定和定量化研究能量和物质利用及废弃物的环境排放来评估一种产品、工序和生产活动造成的环境负载;评价能源材料利用和废弃物排放的影响以及评价环境改善的方法。本节将对生命周期评价进行简单介绍。

生命周期评价是一种评价产品、工艺过程或活动从原材料的采集和加工到生产、运输、销售、使用、养护、回收、循环利用和最终处理整个生命周期系统有关的环境负荷的过程。ISO14040 对 LCA 的定义是:汇总和评价一个产品、过程(或服务)体系在其整个生命周期的所有输入及产出对环境造成的和潜在的影响的方法。LCA 突出强调产品的"生命周期",有时也称为"生命周期分析""生命周期方法""摇篮到坟墓""生态衡算"等。产品的生命周期有四个阶段:生产(包括原料的利用)、运输与销售、使用和使用后处理,在每个阶段产品以不同的方式和程度影响着环境。

生命周期评价的四个步骤如下。

1. 目标与范围定义

该阶段是对 LCA 研究的目标和范围进行界定,是 LCA 研究中的第一步,也是最关键的部分。目标定义主要说明进行 LCA 的原因和应用意图,范围界定则主要描述所研究产品系统的功能单位、系统边界、数据分配程序、数据要求及原始数据质量要求等。目标与范围定义直接决定了 LCA 研究的深度和广度。鉴于 LCA 的重复性,可能需要对研究范围进行不断地调整和完善。

2. 清单分析

清单分析是对所研究系统中输入和输出数据建立清单的过程。清单分析主要包括数据的收集和计算，以此来量化产品系统中的相关输入和输出。首先是根据目标与范围定义阶段所确定的研究范围建立生命周期模型，做好数据收集准备。然后进行单元过程数据收集，并根据数据收集进行计算汇总得到产品生命周期的清单结果。

3. 影响评价

影响评价的目的是根据清单分析阶段的结果对产品生命周期的环境影响进行评价。这一过程将清单数据转化为具体的影响类型和指标参数，更便于认识产品生命周期的环境影响。此外，此阶段还为生命周期结果解释阶段提供必要的信息。

4. 结果解释

结果解释是基于清单分析和影响评价的结果识别出产品生命周期中的重大问题，并对结果进行评估，包括完整性、敏感性和一致性检查，进而给出结论、局限和建议。

生命周期评价作为一种环境管理工具，不仅对当前的环境冲突进行有效的定量化分析、评价，而且对产品及其"从摇篮到坟墓"的全过程所涉及的环境问题进行评价，因而是"面向产品环境管理"的重要支持工具。它既可用于企业产品开发，又可有效地支持政府环境管理部门的环境政策制定，同时也可提供明确的产品环境标志从而指导消费者的环境产品消费行为。

7.5 案例分析：新能源汽车的可持续发展

汽车行业作为国家支柱产业一直备受政府关注，由于不可再生资源日益减少、环境污染严重等问题日益凸显，我国汽车工业承受着巨大的环保节能压力，对汽车产品结构进行合理化调整迫在眉睫，这样才能适应社会可持续发展要求。2008年，共有595辆混合动力、纯电动、燃料电池电动汽车在北京奥运会投入示范运行，规模空前。同时，2008年底新能源汽车的生产和销售量增长较快，因此2008年也被称为我国新能源汽车的元年。

1. 新能源汽车在我国的发展经历了三个阶段。

（1）城市试点阶段。2009～2012年在全国范围内设立了25个试点城市，以公共交通为主，补贴维持不变，虽然最终的推广量低于预期，但依然奠定了新能源汽车规模产业化的起点，推动了产业技术进步和产业集群的初步形成。

（2）区域试点阶段。2013~2015年，经过了几年的培育和示范推广之后，在全国范围内设立了39个城市群和88个城市纳入试点，公共交通与私人消费并行，补贴小幅退坡，新能源汽车市场呈现爆发式增长，并形成一定的产业规模，逐步进入自我循环的正向轨道。

（3）全国推广阶段。2016年至今，产业规模进一步扩大，2016年我国新能源汽车的销售量约占国际新能源汽车的半壁江山，跻身成为全球最大的新能源汽车市场，并连续四年蝉联新能源汽车销量冠军的宝座（图7-6提供了2016年新能源汽车的销量排行）。2019年，受补贴退坡的影响，我国新能源汽车的产销增速出现放缓，但随着补贴退坡影响的边际减弱和国家推出的鼓励政策，新能源汽车产业在我国发展长期向好的局势并没有改变。

目前，我国已经具备了一定的新能源汽车产业基础，而且我国对新能源汽车的研发能力经过十几年的时间，也得到了大幅度提升，也就是说，新能源汽车在我国的发展潜力巨大，而且市场前景广阔。

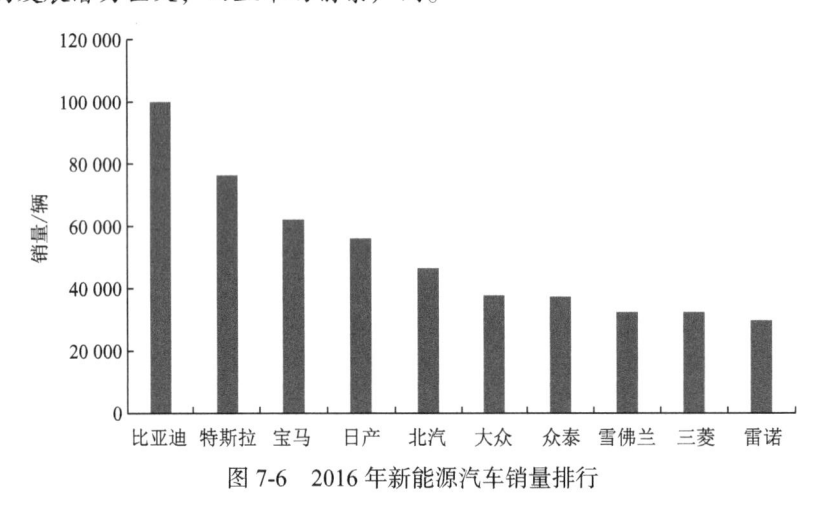

图7-6　2016年新能源汽车销量排行

2. 新能源汽车节能技术的具体应用

1) 混合动力电动汽车

混合动力电动汽车是指同时拥有电能和汽油功能作为动力源的汽车。其相较于传统汽车，具有以下四点优势：其一，可以有效地增大输出功率、降低燃油的使用量，符合当前"节能降耗"的社会发展要求；其二，内燃机功率不足时，电能可以补充，从而增加汽车的续航能力；其三，政府不用额外花钱去建立新型的加油站，节省了政府的财政开支；其四，在人口密集的市区，可以仅利用电能驱动汽车，从而实现"零排放"，以降低汽车尾气对城市环境的污染（图7-7）。

图 7-7　某品牌混合动力专用变速箱

2）纯电动汽车

纯电动汽车单纯地用电能为汽车供能。而电能的来源可以是风能、水能、太阳能等可再生能源，也就是说，纯电动汽车不会消耗不可再生能源，而且在行驶过程中不会释放有害气体。目前我国纯电动汽车行业发展迅速，在 10 万元以下的细分市场，微/小型纯电动车充满了生机，体现出低价代步车对消费者的强大吸引力。而在 10 万～20 万元细分市场，中国电动汽车品牌表现出了绝对的竞争优势。在 20 万～30 万元这个区间，中国品牌正在加速抢夺市场份额。而在 30 万元以上的豪华车市场，以蔚来、理想和小鹏为代表的中国品牌已经成功占领"高地"，为更多品牌进入这个市场建立了很好的基础（图 7-8）。

图 7-8　国产纯电动汽车

3）燃料电池电动汽车

燃料电池电动汽车是指以氢气等燃料和空气中的氧经过电化学反应产生的电能作为主要动力源的汽车。在制造的过程中主要采用了电子控制技术和污染净化装置，而随着我国制造燃料电池技术的不断优化，燃料电池电动汽车已经基本实现"零排放"，不会对环境造成污染，而且燃料电池的能量转换效率可以高达60%~80%，提高了燃油的经济效率和发动机的燃烧效率。例如，2014年，上海汽车集团股份有限公司乘用车就发布了一款荣威950 Full Cell 插电式氢燃料电池轿车。该车搭载有可外接充电的电池包和氢燃料电池双动力源系统。电池包能支持续航里程30千米，两个储氢罐布置在整车尾部，容量为4.34千克，能支持整车400千米的续航里程，整车总续航里程可达430千米。其燃料电池功率仅为36千瓦，可在−20℃的环境中正常启动与行驶。

4）氢动力汽车

氢动力汽车可以说是实现了真正意义上的"零排放"，因为氢气燃烧生成的反应物是水蒸气，这对于环境而言，是没有任何污染性可言的。但是，制造氢气却是一个很复杂的过程，而且效率比较低，存在诸多技术挑战。

2016年9月，中国扬子江汽车集团实验生产线首次下线一台常温常压氢能储存汽车工程样车"泰歌号"，该实验车几乎已经达成商业运行能力，其科技突破在于采用一种化学吸收剂将液态氢吸收混合其中，之后再用催化剂还原释放，解决了氢能危险或高成本的储存运送问题。而在2022年6月，在山东高端装备制造科技成果展上，中国重型汽车集团有限公司联合潍柴动力股份有限公司发布的国内首台商业化氢内燃机重卡正式亮相，有效热效率达到了41.8%，达到了国际先进水平。

目前，我国新能源汽车已在全球6大洲、50多个国家和地区、240多个城市示范及商业化运营，赢得了社会的广泛认可，受到外媒的广泛关注。在能源和环保的压力下，新能源汽车无疑将成为未来汽车的发展方向。如果新能源汽车得到快速发展，以2020年中国汽车保有量1.4亿辆计算，可以节约石油3229万吨，替代石油3110万吨，节约和替代石油共6339万吨，相当于将汽车用油需求削减22.7%。2020年以前节约和替代石油主要依靠发展先进柴油车、混合动力汽车等实现。到2030年，新能源汽车的发展将节约石油7306万吨、替代石油9100万吨，节约和替代石油共16406万吨，相当于将汽车石油需求削减41%。新能源汽车有助于改变传统的能源消耗方式，改善环境，实现人类的可持续发展。

案例来源：编写团队基于文献资料自行整理。整理过程中参考了如下资料：

[1]赵斌.比亚迪新能源汽车消费的影响因素研究[D].长沙：中南大学，2010.

[2]段必涛，郑双波.新能源汽车节能技术的应用分析[J].汽车实用技术，2020，（11）：247-249.

【练习与思考】

（1）产品可持续发展设计的含义是什么？产品可持续发展设计需要遵循什么原则？请简要说明。

（2）产品可持续发展设计的具体方法是什么？产品可持续发展设计的评价标准是什么？

（3）针对一款你感兴趣的新产品，介绍该产品在设计过程中是否采用了可持续发展设计，它有什么不足或需要改进的地方吗？请简要说明。

第三篇 产品论证

第8章

工 艺 论 证

为了保证实现新产品的设计标准、保证产品质量和达到设计经济效果，必须在新产品试制前根据设计任务书和设计图纸编制工艺方案。工艺论证则是从多种工艺方案中选择技术上先进、经济上合理的最佳方案的过程，是产品投产前必不可少的环节。鉴于工艺论证的重要性，本章介绍工艺论证的定义、原则和标准，提供工艺论证的若干方法，并介绍工艺流程优化的相关内容。

【知识地图】

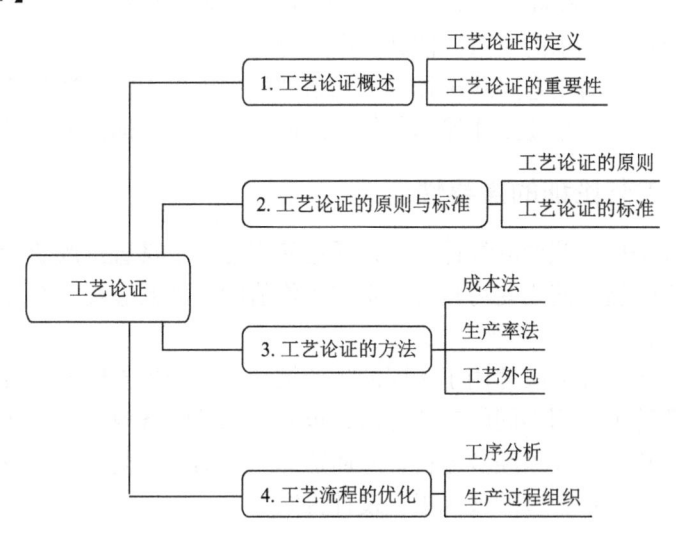

工艺论证
- 1. 工艺论证概述
  - 工艺论证的定义
  - 工艺论证的重要性
- 2. 工艺论证的原则与标准
  - 工艺论证的原则
  - 工艺论证的标准
- 3. 工艺论证的方法
  - 成本法
  - 生产率法
  - 工艺外包
- 4. 工艺流程的优化
  - 工序分析
  - 生产过程组织

【学习目标】

本章对工艺论证的定义、原则与标准进行介绍，阐述工艺论证的典型方法，讨论工艺外包的相关内容。此外，本章还介绍了工艺流程优化的方法。通过本章学习，学习者应达到如下学习目标。

（1）熟悉工艺论证的定义。

（2）掌握工艺论证的原则与标准。
（3）了解工艺外包策略。
（4）了解工艺论证和工艺流程优化的方法。

8.1 工艺论证概述

工艺方案是对一定产品的生产加工方法所做的事先的筹划。在新产品试制前，为了保证实现新产品的设计标准、达到设计经济效果并保证产品质量，必须根据设计任务书和设计图纸编制工艺方案。在方案中，对新产品生产的关键零部件的加工方法以及解决加工中关键问题的方法，对工艺路线的选择与工艺装备的设计等，都要作出明确的规定。工艺方案是进行工艺设计的依据，是工艺准备的总纲。编制工艺方案时可以提出多种不同的方案，并进行工艺论证，从中选择技术上先进、经济上合理的最佳方案。

8.1.1 工艺论证的定义

工艺论证是在投产前对产品生产系统的验证分析。它是根据设计的功能和质量要求，对设备、原材料和零配件、工艺和操作规程，以及生产环境等进行分析，确保生产系统达到要求的质量，使其投产后能稳定、高效地运行。

工艺论证是指对工艺路线选择和工艺条件的论证。工艺论证包括：工艺流程及其选择理由论证；主要工作操作条件及论证；主要设备的论证；等等。

8.1.2 工艺论证的重要性

工艺过程是指按照产品设计图纸，通过使用劳动工具直接改变劳动对象的物理性能或化学性能，使之变为具有一定实用价值的产品的过程。对工艺过程的设计称为工艺设计。

不同的工艺设计方案适用于不同的生产批量，并产生不同的经济效果，同一种产品（或零件）采用不同的工艺方法，也有不同的经济效果。因此，要通过工艺设计来进行相应的技术经济分析，从而选择一个加工工艺、加工设备、工艺装备先进以及加工成本合理的最优工艺设计方案。

8.2 工艺论证的原则与标准

8.2.1 工艺论证的原则

产品生产过程，即把原材料经过各工序环节逐步加工，最终转化为成品的过程，这一过程需要采用各种不同的加工手段和方法，从而形成了若干不同的工艺路线。工艺路线不同，生产加工所需设备、工艺装备、工艺方法、工人人数及其技术水平以及所需投资成本费用和经济效果也不同。从而可以看出，技术经济分析的任务，就是从已有的工艺方案中选择出能够提供最大的经济效益的工艺设计方案。

从整体上讲，选择工艺方案的总原则就是：在保证产品质量的前提下，尽量使所选择的工艺设计方案在经济上合理、技术上先进、生产上可行。

一般地，一个满意的工艺方案应符合以下几个基本要求。

（1）符合企业的生产类型。不同生产类型的生产过程各有不同的特点，其所采用的工艺方法、加工设备、工艺规程等也各不相同。而企业的生产类型一般是通过生产产品的品种、产量、工作的专业化程度来划分的。一般分为大量生产、成批生产、单件生产三种。

大量生产的特点是同类产品的生产产量较大，生产品种较单一，生产条件较为稳定，通常不断重复制造一种或几种产品，因此此时应力求采用专用的高效率的生产设备、工艺装备和先进的工艺方法，详细地划分工序，尽量做到流水化生产，加强每个步骤的自动性，以提高劳动生产率，发挥大量生产的优越性。

成批生产的特点是企业在计划期内只生产若干品种的产品，每种产品及其零部件均按批轮番生产。此种生产类型有一定的稳定性和重复性，此时一般使用通用生产设备和工艺装备加工，并要求工艺装备能够快速更换，以适应轮番转产的需要。

单件生产的特点是企业生产的产品品种多，数量少，专业化程度很低，此时则应采用通用设备加工。

（2）符合加工对象的特点。工艺方案应能针对性地满足各种产品在材质、几何形状、加工精度、技术条件、生产批量等各方面的不同要求。例如，在机械产品生产过程中，毛坯的制造是工艺过程中的重要环节。当零件外形较复杂的时候，为了减少加工后剩余的材料，提高加工质量和生产效率，应尽可能地采用精密铸造、压力铸造或模锻等铸造工艺方案；而对于对强度有较高要求的零件，一般需采用锻造工艺方案。

（3）采用先进的生产组织形式。先进的生产组织形式可以减少加工工序，缩短生产周期，提高企业经济效益。为了提高产品功能和降低产品成本，不仅应当精心设计和控制成本，更应当考虑为某种工艺手段而付出的劳动消耗量。

（4）选用合适的工装设备。工装设备的选择一般应当考虑以下几个方面：机床的使用范围、功率等应与零件形状、尺寸相适应；机床的精度与工件要求的加工精度要相适应；机床的生产率应与零件生产规模相适应。选用适当的工装设备有利于实现机械化与自动化，减少辅助时间。

（5）讲求经济效益。衡量工艺方案好坏的重要标准是效率高、成本低，而这两点在经济效益上得到统一。

8.2.2 工艺论证的标准

过程能力，又称工序能力，是反映工艺方案设计优劣的技术标准，是指产品的生产工序在机器、工具、材料、操作人员、工艺方法、环境条件等因素的共同作用下，能够稳定地生产符合设计质量要求的产品的能力。在成批生产情况下，工程能力指数可以用于表示工程能力的大小。

$$C_p = \frac{T}{\beta} = \frac{T}{6\sigma} \qquad (8\text{-}1)$$

其中，C_p——工程能力指数；T——质量特性值公差范围标准；β——质量特性值实际分布范围；σ——质量特性值实际标准偏差。

工程能力评价标准如表 8-1 所示。

表 8-1　工程能力评价标准

C_p 值	评价标准
$C_p > 133$	工程能力能充分满足质量要求。若过大，则应当重新研究对公差的要求，并对工艺条件进行分析，避免造成设备精度浪费
$C_p = 133$	工程能力处于理想状态，是比较好的工艺方案
$1 \leq C_p < 133$	工程能力比较理想，但当 C_p 值接近 1 时，有出现不合格的可能。虽然可以采用这个工艺方案，但应加强工艺管理
$C_p < 1$	工程能力不足，工艺方案不可取

工艺论证的标准如下。

（1）最少的加工时间。可以用生产率指标来反映。

（2）最低的工艺制造成本。当产品单价一定时，最低成本意味着最大的经济纯收入。

（3）最大利润。指在规定时间内所得利润最大，利润可以用投资回收期或投资收益率来衡量。在投资一定的情况下，年利润越多，则投资回收期越短，投资收益率越高。

8.3　工艺论证的方法

8.3.1　成本法

制造一个零件或一个产品的一切费用的总和就是该产品或零件的生产成本。

这种生产成本根据是否与工艺过程相关大致可被分为两部分,其中与工艺过程相关的费用可以占到生产成本的 70%~80%,因此,为了简化运算,在采用成本法对工艺方案进行经济分析和评价时,只分析与工艺过程直接相关的费用,即工艺成本,而对那些虽然与工艺过程有关,但在任何工艺方案下其本身数值不变的费用,可以不计入工艺成本。

工艺成本的费用又分为:①与生产量成比例的费用(又称可变费用),用 V 表示。比如生产工人的工资、通用机器设备和工夹具的维修费用和折旧费用、主要材料费用等。②与生产量基本无关的费用(又称固定费用),用 C 表示。比如调整工人的工资、专用夹具使用的成本、专用机床折旧费和修理费用等。

令工件的全年生产量为 N,每一工件在某一工序上的工艺成本 S 为

$$S = V + (C/N) \quad (8\text{-}2)$$

故全年该工件的工艺成本 S_Y 为

$$S_Y = VN + C \quad (8\text{-}3)$$

式(8-2)、式(8-3)可用图 8-1a、图 8-1b 表示,它们反映单件的工艺成本或全年工件的工艺成本与年生产量之间的关系。

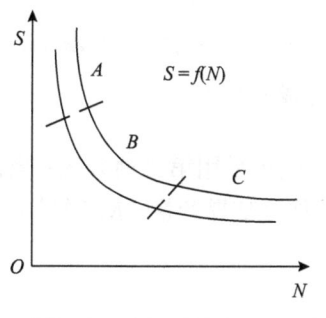

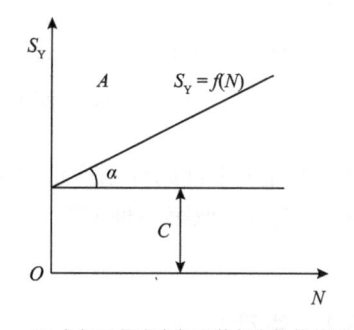

(a) 单件工艺成本与工件年产量的关系　　(b) 全年工艺成本与工件年产量的关系

图 8-1　工艺成本与工件年产量的关系

由图 8-1a 可以看出,当产量增加时,单件工件的工艺成本逐渐接近 V 值;而 $S_Y=f(N)$ 为一直线,其倾角 α 的正切函数与 V 值成正比。

曲线 $S=f(N)$ 可以分为三段:①曲线 A 段部分,当产量 N 有很小的变动,就大大地影响到单件工艺成本,这种情况相当于单件或小批量生产的条件;②曲线 C 段表示较大的产量变动对于单件工艺成本几乎不产生影响,相当于产品大批或大量生产的条件;③曲线 B 段是介于 A 和 C 之间的一段,相当于中批生产的条件。

当有两种方案,且此两种方案成本相等时,下式成立,从而可求得年产量 N_L:

$$V_1 + \left(\frac{C_1}{N_L}\right) = V_2 + \left(\frac{C_2}{N_L}\right) \tag{8-4}$$

即

$$N_L = \frac{C_1 - C_2}{V_2 - V_1} = \frac{\Delta C_{12}}{\Delta V_{21}} \tag{8-5}$$

N_L 的值可以用曲线 S_1、S_2 的交叉点或直线 S_{Y1}、S_{Y2} 的交叉点的横坐标值来表示,如图 8-2a、图 8-2b 所示。

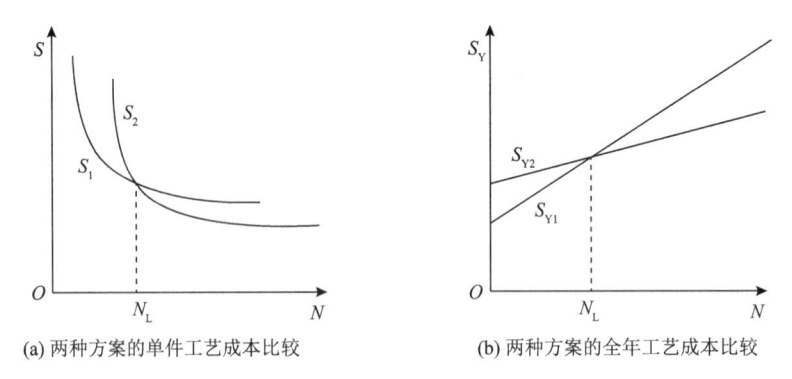

(a) 两种方案的单件工艺成本比较　　(b) 两种方案的全年工艺成本比较

图 8-2　两个方案的工艺成本比较

因此,当加工工件的计划产量大于 N_L 时,应当采用第二种方案;当计划产量小于 N_L 时,应当选取第一种方案。我们将 N_L 称为临界产量,N_L 通过上述计算可得出。

8.3.2　生产率法

零件的某种工序,既可以在自动化程度较低的机床上加工,也可以在自动化程度较高的机床上加工。虽然前者的生产率比后者要低,即 $q_1 < q_2$(q 为机床每小时生产率,单位为件/时);但是后者的机床调整时间往往比前者要长,即 $t_1 < t_2$(t 为机床调整时间)。在从开始调整机床起的任意时间 t 内,在第一种机床上加工时的生产量为

$$N_1 = q_1(t - t_1) \tag{8-6}$$

在同一时间 t 内,在第二种机床上加工时的生产量为

$$N_2 = q_2(t - t_2) \quad (8\text{-}7)$$

两种机床的两条直线的交点 A 的纵坐标为临界批量，横坐标为第二种机床调整后的最短负荷期限 $T_{\min}$（图 8-3）。

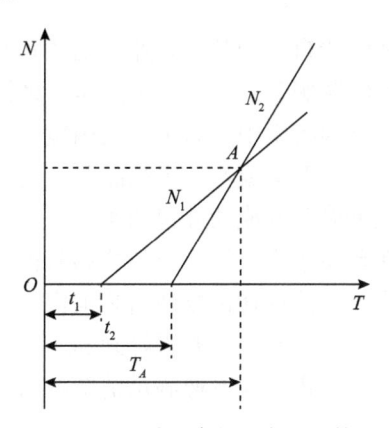

图 8-3 两种机床的生产量比较

在 A 点时，

$$q_1(T_A - t_1) = q_2(T_A - t_2) \quad (8\text{-}8)$$

因为 $T_{\min} = T_A - t_2$，所以 $T_A = T_{\min} + t_2$，代入式（8-8），有

$$q_1(T_{\min} + t_2 - t_1) = q_2(T_{\min} + t_2 - t_2) \quad (8\text{-}9)$$

解之得

$$T_{\min} = \frac{q_1(t_2 - t_1)}{q_2 - q_1} = \frac{t_2 - t_1}{\left(\dfrac{q_2}{q_1}\right) - 1} \quad (8\text{-}10)$$

从而

$$N_{\min} = T_{\min} q_2 \quad (8\text{-}11)$$

可见，当零件的生产批量大于 $N_{\min}$ 时，或两种机床的负荷时间大于 $T_{\min}$ 时，选用自动化程度较高的机床才有效果。

8.3.3 工艺外包

1. 外包的定义

企业在内部资源有限的情况下，为取得更大的竞争优势，仅保留其最具竞争优势的功能，而把其他功能借助于整合，利用外部最优资源予以实现是十分必要的。通过外包，企业能够将内部最具竞争力的资源和外部最优资源相结合，产生巨大的协同效应，使企业最大限度地发挥自有资源的效率，获得竞争优势，提高对环境变化的适应能力。

外包是指企业动态地配置自身和其他企业的功能和服务，并利用企业外部的资源为企业内部的生产和经营服务。作为一个战略管理模型，外包是指企业为维持组织的核心竞争能力，且因组织中人力不足的困境，可将组织的非核心业务委派给外部的专业公司，以降低营运成本，提高品质，集中人力资源，提高客户满意度。我国台湾的宏碁就是典型的成功外包的案例，他们进行了流程再造，将在台湾的生产系统转变为在台湾生产主板、外包装和监视器等关键零部件，其他部件则外包给市场地厂商生产，然后在市场地组装销售，从而提供给世界各地的消费者。这种模式推出后，库存时间从100天降到50天，资金周转率提高了一倍，新产品提前上市一个月，产品也更能迅速满足消费者的个性需求。

2. 工艺外包的优势

（1）利用外包战略，公司可以集中有限的资源，建立自己的核心能力，并使其不断得到提升，进而构筑公司所在行业的进入壁垒，从而确保公司能够长期获得高额利润，并引导行业朝着有利于企业自身的方向发展。例如，戴尔（Dell）公司就把自己非常有限的资源集中于一个特定的领域，即按照客户的特定需求，为客户最快地提供定制系统的解决方案，而把生产、运送和售后服务等业务外包给专业公司去完成，并与它们建立起战略联盟关系。这样，戴尔公司利用自己非常有限的资源，不但享有了规模经济的好处，而且在短期内迅速地成长为全球个人计算机（personal computer，PC）市场的最大供应商之一。

（2）公司利用外包战略可以减小公司的规模，精简公司的组织，从而减轻由于规模膨胀而造成的组织反应迟钝、缺乏创新精神的问题，使组织更加灵活地进行竞争。同时，规模偏小的公司，管理事务比较简单，更易于专注于自己核心能力的培养。鉴于组织规模与组织官僚性之间的关系，公司要想在激烈变化的环境里实现成长，就必须尽量控制公司的规模，以确保公司灵活反应的能力，外包战略在该方面具有非常重要的意义。可以预料，在相当长的时期内，这种为适应竞争而精简公司组织模式的外包会有很大的持续发展空间。

（3）外包战略的一项重要优势在于其能降低风险和与合作伙伴分担风险。在迅速变化的市场和技术环境下，通过外包，公司可以与相关公司建立起战略联盟，利用其战略伙伴们的优势资源，缩短产品从设计、开发、生产到销售的时间，降低在较长的时间里由于技术或市场需求的变化而形成的产品风险。另外，由于战略联盟的各方都可以利用各方公司原有的技术和设备，因而将从整体上降低整个项目的投资额，从而也就降低了各公司的投资风险。此外，由于战略联盟的各方都利用了各自的优势资源，这将有利于提高新的产品或服务的质量，提高新产品开拓市场的成功率。最后，采用外包战略的公司在与其战略伙伴共同开发新产品时，实现了与它们共担风险的目的，从而降低了产品开发失败给公司造成巨大损失的可能性。

3. 工艺外包策略

工艺外包是以外加工方式将生产委托给外部优秀的专业化资源，达到降低成本、分散风险、提高效率、增强竞争力的目的，即是将一些传统上由企业内部人员负责的非核心业务或加工方式外包给专业的、高效的服务提供商，以充分利用公司外部最优秀的专业化资源，从而降低成本、提高效率、增强自身竞争力的一种管理策略。工艺外包要遵守有关原则，而且实施工艺外包要具备一定的前提条件。

（1）工艺外包的原则。在下列情形下，应采取外包策略：①负荷大于产能；②自制成本大于外包价格；③外包可获得较佳品质；④技术无法解决或无特别设备可制造。

（2）工艺外包的步骤。①确定厂商类型：根据公司的规模、外包的数量、金额、质量要求、技术要求，决定待选的厂商的规模和水平。②寻找外包厂商：根据以上要求，开始寻找厂商，并要求其填写"供应商／外包商调查表"，介绍其基本情况。③实地检查：选择几家符合基本要求的，组织生产、技术、质量、物料等部门的人员对每家厂商进行现场检查，检查其生产运作的各个方面。④决定待选厂商：根据各部门的反馈，选定几家较好的厂商。要求每家厂商针对第一次现场检查时发现的问题提供纠正及预防措施。有必要的话，组织第二次现场检查。⑤选定报价厂商：根据每家厂商的纠正及预防措施实施情况，选定报价厂商。⑥厂商报价：发送用于报价的图纸、文件给厂商（注意：在此之前应要求该厂商签订保密协议）。可要求每家厂商按照公司固定的格式报价，并给出明细（材料、人工、管理费用、利润），以便进行比较分析。⑦选定厂商：根据报价情况进行分析，选定合适的几家厂商。⑧样品认证：提供制造文件给选定厂商，并要求厂商制造几个或几十个样品。由公司的技术、质量人员对样品进行检查认证。未通过的，视情况要求相应厂商再重新制造样品并提供纠正及预防措施或直接取消资格。⑨小批量产品生产认证：若通过样品认证的话，则进行小批量生产，并组织生产、技术、质量、物料等部门的人员现场认证该厂商的生产组织的各个方面，并提供纠正及预防措施。⑩外包厂商认证与跟踪：纠正及预防措施实施情况良好的厂商，即可被认证；质量决定前面多少批次需全检以及后续的检验比例，并且应当帮助厂商改进质量，直至免检。也可将相关人员派驻厂商处负责任何问题的解决，监督生产进度和质量，以及厂商的制造费用。

（3）实施工艺外包的前提条件。成功实施工艺外包要求企业自身具备一定的前提条件，主要体现在四个方面：①品牌优势。品牌是企业进行工艺外包的最大优势，因为只有建立在品牌经营的基础上，企业才有可能为产品附加额外价值；同时，优秀的品牌也使得生产商更加乐意接受企业的外包业务。②研发能力。客户需求的快速变化，需要企业能够不断创造出满足其个性化需求的新产品，而只有企业具备强大的研发能力，才可能使工艺外包形成良性循环，生产一批，研发一批。否则，同类竞争产品的出现，会很快侵蚀企业的核心竞争力。③营销网络。现代企业的核心驱动力是订单，否则，外包回来的产品只能是一堆库存。如果拥有强大的营销网络，可以快速地把产品送到客户手中，缩短资金回流周期，使企业进入新一轮的产品外包。④控制能力。工艺外包减少了企业对生产环节的管理监督，但同时也可能增加企业责任外移的可能性，如果无法对合作者进行有效的控制，最终市场很可能被合作者的自有产品抢走。这就要求企业具备很强的控制力，不断地监控外包企业的行为，并努力与之形成良好的长期合作关系。

工艺外包在对企业提出一定要求的同时，对合作者也有一定限制，要求其有强大的生产能力，具体则包括先进的生产设备、合格的工艺技术、技能熟练的员工以及丰富的生产经验等体现其核心竞争力的因素。同时，还要求合作者有良好的信誉。

8.4 工艺流程的优化

工艺生产流程存在多个不同的生产工序及阶段，这些不同的部分之间内在地存在相互耦合、相互关联的关系，通过运用系统论的理论对整个工艺流程进行优化处理，可以大大提高整个生产流程的效率与效益。本节从工序能力均衡和生产组织模式优化两个角度介绍工艺流程优化的方法。

8.4.1 工序分析

工序分析是指对将基本材料进行加工使之成为成品这一过程的所有作业进行分解，明确每个加工步骤的作业性质、先后顺序、使用的设备以及所消耗的时间等内容，以便有效地利用劳动力和设备，确保产品以最快的速度、最低的成本加工出来。工序分析是对各阶段的作业进行观察、调查，甚至分解其内容，用专门的记号将作业内容、顺序等画成图表，然后加以评价，以谋求工序综合性、根本性改善的手法。

1. 工序分析方法

（1）产品工序流程分析。产品的工序流程是用工序流程图来表示的，它是从一个部件到组装成服装产品的整个生产工序流程，一目了然地表达了作业顺序及相互间的关系、使用的机器设备或工具、加工时间等。工序流程分析就是对照图表运用方法研究对各项技术提出问题或提出存在的问题，寻求改进的措施。

（2）产品工序工艺分析。产品工序工艺分析一般采用工艺分析表的方式进行，该表是用工序图示符号表示产品或部件在生产过程中所发生的操作（如搬运、检验、停止等）工序次序的图表。在表中要记录工序加工时间、移动距离等工序分析资料。工艺分析表的式样很多，通常都在表的中间位置安排工序图示记号，右侧简要记载作业条件，左侧记载加工、检验等所需时间和搬运距离等。通过对加工、搬运、检验、停止等四种工序工艺的调查和分析，研究并提出改进方案。

2. 工序分析的注意事项

（1）不要弄错对象。是以作业人员为中心，还是以制品为中心，一开始就要明确下来。

（2）明确分析目的。为了取得改善成果，先要明确分析的目的，如果分析目的不明确，自然就不会有改善方案出来。

（3）确定分析范围，以免产生分析遗漏。范围不确定，要么分析过头，产生混乱；要么分析太少，产生遗漏。

（4）在现场与作业人员一起思考和分析。自己一个人分析，不看实际作业的话，则会产生疏漏和错误，听取作业人员的意见是分析中不可缺少的一环。

（5）工序流程变化时，以最基本的生产流程进行分析。对流程变化之处，可以作为参考点记录下来，也可以对各个变化内容再加以逐一分析。

（6）分析过程中想好改善方案。与其等到分析结果出来以后再来考虑改善方案，不如边分析边想改善方案更有效果。

（7）考虑改善方案时，首先要考虑工序整体的改善方案。

3. 基于工序的改善方法

（1）排除法：从另外一个高的角度来看，就能发现无用的作业。

（2）结合法：将类似的作业一起分析，具有不可小觑的作用。

（3）交换法：改变作业的顺序，替换作业人员。

（4）精减法：削减作业的次数、距离。

8.4.2 生产过程组织

生产过程组织是指为提高生产效率，缩短生产周期，对生产过程的各个组成部分从时间和空间上进行合理安排，使它们能够相互衔接、密切配合的设计与组织工作的系统。生产过程组织包括空间组织和时间组织两项基本内容。生产过程组织的目标是要使产品内在生产过程中的行程最短，时间最省，占用和耗费资源最少，效率最高，能取得最大的生产成果和经济效益。在企业中，任何生产过程的组织形式都是生产过程的空间组织与时间组织的结合。企业必须根据其生产目的和条件，将生产过程的空间组织与时间组织有机地结合，采用适合自己生产特点的生产组织形式。

1. 生产过程的空间组织

生产过程的空间组织是指在一定的空间范围内，合理地设置各基本生产单位，如车间、工段、班组等，使生产活动高效开展。

生产过程的空间组织有两种典型的形式。

（1）工艺专业化（工艺原则），即按照生产过程中各个工艺阶段的工艺特点来设置生产单位。在工艺专业化生产单位内，同类型的生产设备和同工种的工人集合在一起，完成各种产品的同一工艺阶段的生产。也就是说，工艺专业化生产单位只完成产品生产过程中的部分工艺阶段和部分工序的加工任务，加工对象是不同的，而工艺方法是同类的。机械制造业中的铸造车间、热处理车间、机械加工车间及车间中的车工段、铣工段等，都是工艺专业化生产单位。

（2）对象专业化（对象原则），即按照产品（或零件、部件）的不同来设置生产单位。对象专业化生产单位集中了不同类型的机器设备和不同工种的工人，对同类产品的不同工艺阶段进行加工，无需跨越其他生产单位就可以独立完成一种或多种产品（零件、部件）的全部或部分工艺过程。汽车制造厂中的发动机车间和底盘车间、机床厂中的齿轮车间等都是对象专业化生产单位。

2. 生产过程的时间组织

生产过程的时间组织旨在研究产品生产过程各环节在时间上的衔接和结合的方式。在时间上紧密衔接和科学组合生产过程的各个环节，能够缩短生产周期，提高生产效率，降低生产成本。

产品生产过程各环节在时间上的衔接程度，主要体现为劳动对象在生产过程中的移动方式。一次投入生产的劳动数量影响劳动对象的移动方式。具体来说，单个工件投入生产时，工件只能顺序地经过各道工序，不存在其他移动方式。当一次投产的工件有两个或更多时，工序间就存在不同的移动方式。一批工件在工序间一般存在着三种不同的移动方式，即顺序移动、平行移动以及平行顺序移动。

（1）顺序移动方式，即一批零件在前一道工序全部加工完成后，整批转移至下一道工序进行加工的移动方式。当零件以顺序方式移动时，一道工序在工作，其余工序都在等待。

（2）平行移动方式，即一批零件中的每个零件在每道工序完毕以后，立即转移到后道工序加工的移动方式。采用平行移动方式时，一批零件同时在不同工序上平行加工，能够缩短生产周期。

（3）平行顺序移动方式。平行顺序移动方式整合了上述两种移动方式的优点，避开了二者的缺点，但对组织和计划工作有较高的要求。在平行顺序移动方式中，一批制件在前道工序上尚未全部加工完毕时，就将已加工的部分制件转移到下道工序进行加工，并使下道工序全部地、连续地加工完该批制件。为了实现这一要求，在平行顺序移动方式中运送零件需要遵循一定的规则：若前一道工序的时间少于后一道工序的时间，零件完成前一道工序后立即被转送下一道工序；若前一道工序时间多于后一道工序时间，则要等待前一道工序完成的零件数足以保证后一道工序连续加工时，完工的零件才开始被转送后一道工序。遵循以上规则就可以实现人力及设备的零散时间集中使用。

8.5 案例分析：海水淡化项目工艺设计方案的技术分析

近几年，随着环渤海地区经济的快速发展，该地区同时具备了地理位置优越、各种资源富足、工业发展迅速、科技实力雄厚等优点，但普遍存在的城市密集度问题也加剧了水资源供需矛盾。该地区当前的淡水资源不足，其总量仅占全国淡水资源总量的 5.5%，且地下水开采严重、城镇用水过多等问题都成了制约其可持续发展的重要因素。同时，国家也将海水淡化作为解决环渤海区域供水问题的重要手段，这就要求我们以科学严谨的态度，根据各区域特点选择最佳的海水淡化工艺技术路线。

H 厂地理位置靠近海港，海水资源非常丰富，因此可以利用海水淡化技术来产出淡水，从而达到节约用水成本的目的。针对目前 H 厂所在地区用水现状，为了保证企业用水安全、节省生产成本、提高企业竞争力，对目前常用的三种海水淡化技术进行研究选型。

1) 反渗透（reverse osmosis, RO）技术

渗透是水分子经半透膜后扩散的现象，是由高分子区域渗入到低分子区域，直到半透膜两边水分子达到动态平衡。在这种渗透现象发生的同时，将会存在一个渗透压，这个压力就是自然渗透所能达到的高分子区域和低分子区域液面高度差的极限。膜法海水淡化技术中常用到的反渗透膜则是一种通过采用特殊的加工制作方法将某一种特殊材料制备成一种具有半透性能的薄膜。这种薄膜可以在外部加压作用下使水溶液改变其在正常自然状态下的渗透方式，使水溶液中的某些

成分可以选择性地透过膜体。当外界对低分子区域施加一个大于自然状态下的渗透压的压力时，低分子区域的某些分子则会透过反渗透膜向高分子区域渗透，从而达到将原海水进行淡化、净化或者浓缩分离的目的。这种与自然渗透相反的渗透现象被称作反渗透现象。

当海水进入水处理程序后，首先需要加入次氯酸钠杀菌剂、各种聚合剂等去除水中的微生物、悬浮物、胶体和有机物等，后续加入酸碱调节 pH 值，加入还原剂去除余氯，加入阻垢剂防止膜内结垢；海水进入增压泵和高压泵进行升压后，进入海水淡化反渗透膜设备，产出的产品水后期根据用途的不同分别进入不同后期设备进行使用或处理。具体流程如图8-4所示。

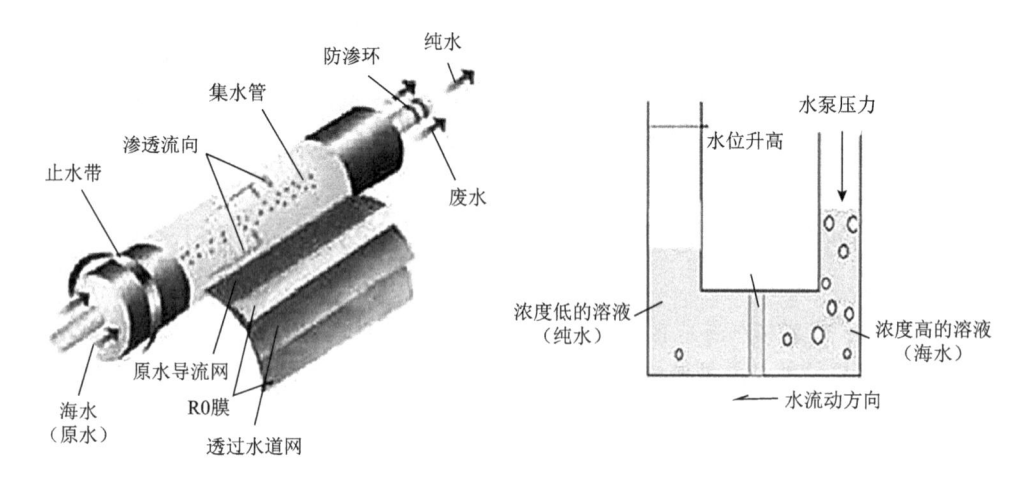

图 8-4 反渗透技术流程图

2）低温多效蒸馏技术

低温多效工艺，是指通过控制蒸发器的真空度，使得原水蒸发所需的饱和温度低于75℃。对于水源为海水的低温多效处理方法来说，其结垢的主要物质为硫酸钙，而这种盐分在温度低于80℃时不易析出，因此若将工作温度控制在较低的情况下，就在很大程度上缓解了海水淡化过程中的结垢现象。

当海水进入低温多效海水淡化系统中时，首先会进行预加热，预加热后的海水会有一部分被排回海中，只留下一部分作为原水进入海水淡化设备的内部。这一部分进入淡化装置的原水首先会根据具体水质的不同做相应的简易预处理，其后根据不同流程进入不同的蒸发器内。为了满足原水分配的均匀性，一般换热器内部会安装喷淋装置，原水通过喷淋装置后均匀地撒在换热管的表面，从而形成均匀液膜，能更大限度地使换热器最大做功。在换热器内蒸发所产生的蒸汽则经过收集后进入下一级换热器内继续作为热源，而经过逐级闪蒸后仍未蒸发的浓海水则排出系统。具体工艺流程如图8-5所示。

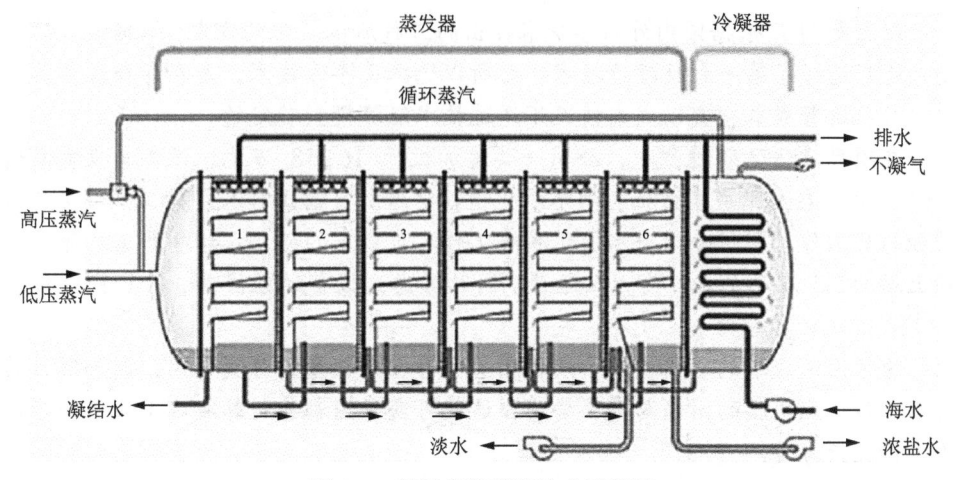

图 8-5 低温多效蒸馏技术流程图

3）多级闪蒸技术

多级闪蒸工艺与低温多效工艺不同，它首先将海水进行预加热后把带有一部分热能的原水引至闪蒸室，其内压力是低于海水对应饱和蒸汽压力的，这使海水在闪蒸室内会迅速气化，然后再将其冷却即可得到所需淡水；反复进行上述蒸发和降温的过程，将一部分海水温度降低，流入另一个压力较低的闪蒸室。将装置内的多级闪蒸室串联起来，室内压力逐级降低，海水逐级降温，连续产出淡化水。

由于海水含有大量微生物与杂质，当其进入多级闪蒸程序后，首先需要经过加药澄清处理和次氯酸钠消毒杀菌处理。海水进入设备后首先进入排热段作为冷却水，此过程同时也给海水提供一定程度的热能，降低后续闪蒸过程的压力。具体工艺流程如图 8-6 所示。

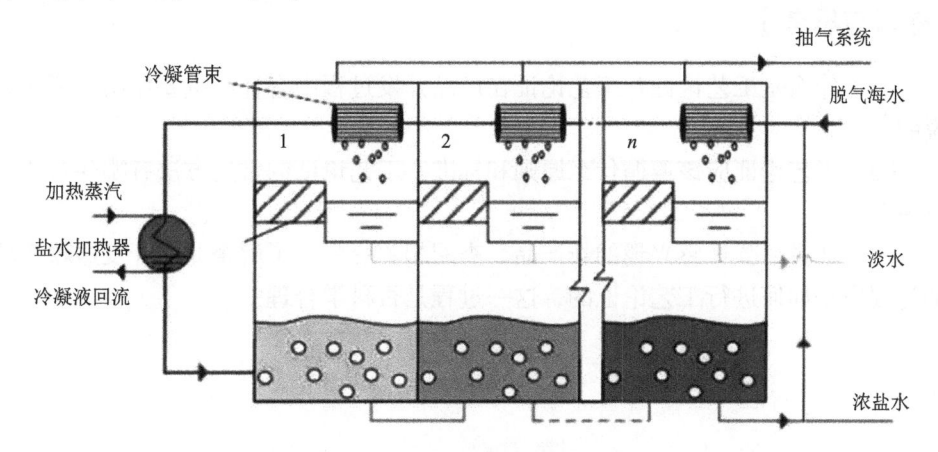

图 8-6 多级闪蒸技术流程图

以上是H厂根据国内外科学技术提出的三种海水淡化的方式，根据最后的调查，H厂选择了第一种反渗透技术。之所以选择反渗透技术，是在综合考量其固定成本、运营成本、变动成本情况下通过技术经济模型确定的。

在项目具体运营过程中，公司一共追加投资16358万元，设备总投资高达4705万元。在人工成本方面，海水淡化项目会增加目前工作人员的工作任务，所增加的日工作时间折合为海水淡化系统工作人员成本的话，人均年薪需在原有基础上增加2.5万元左右，共六人运营。同时考虑到设备的维修费，H厂预计按每年100万元计算维修费。

除了固定成本的费用，海水淡化项目中存在着较多的可变费用，例如项目的电费、各个应用膜的清洗与更换费用，这些可变费用都将折算成以1吨水的费用为单价进行考量。

最后再根据这些成本的费用以及预期收入的分析合理规划经济效益模型，作出经济效益分析。

自从采用反渗透技术后，公司合理规划了现有资源使得经济利益达到最大化，也使我国环渤海地区的淡水资源得到了一定补充，从而在满足国家需要的同时节约了稀缺的淡水资源。

H厂的此次项目使得公司的整体实力得到突飞猛进的发展，在紧跟国家发展潮流的情况下完成了自身的战略转移。海水淡化项目的完美实施离不开对反渗透技术的经济管理分析，客户满意度以及产品自身工艺设计的经济可行性奠定了H厂项目成功的基础。

案例来源：蒋璐宇. H厂海水淡化项目技术经济分析[D]. 吉林：吉林大学，2019.

【练习与思考】

（1）什么是工艺论证？工艺论证在产品开发过程中有什么重要作用？请简要说明。

（2）工艺论证应该遵循什么原则和标准？工艺论证的常见方法有哪些？请举例说明。

（3）选择一款你感兴趣的新产品，查阅相关资料，了解企业在开发这款产品的过程中是如何进行工艺论证的，这一过程是否科学合理？

第 9 章

成本优化

产品成本能够反映生产过程中损耗控制、设备利用、劳动生产效率等诸多方面的综合管理水平，因此，产品成本优化是改善经营管理工作的重要途径。那么产品成本的构成包括什么？如何进行产品成本评价？产品成本优化的方法有哪些？本章将从回答这些基本问题出发，介绍产品成本优化这一重要内容。

【知识地图】

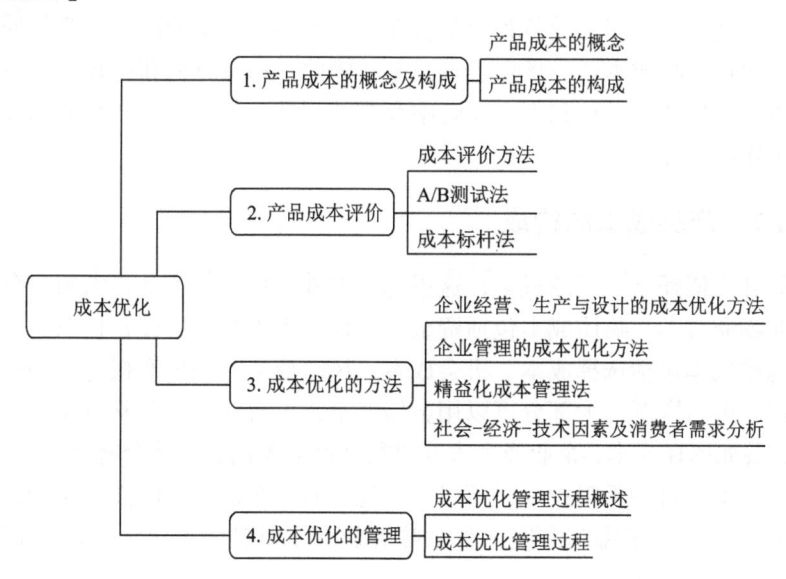

```
                                    ┌── 产品成本的概念
                   1. 产品成本的概念及构成 ┤
                   │                 └── 产品成本的构成
                   │
                   │                 ┌── 成本评价方法
                   │   2. 产品成本评价 ┤── A/B测试法
                   │                 └── 成本标杆法
                   │
  成本优化 ─────────┤                 ┌── 企业经营、生产与设计的成本优化方法
                   │                 │── 企业管理的成本优化方法
                   │   3. 成本优化的方法 ┤── 精益化成本管理法
                   │                 └── 社会-经济-技术因素及消费者需求分析
                   │
                   │                 ┌── 成本优化管理过程概述
                   └── 4. 成本优化的管理 ┤
                                     └── 成本优化管理过程
```

【学习目标】

本章介绍产品成本的概念和构成以及产品成本评价和成本优化的方法，并对成本优化管理的相关内容进行讨论。通过本章学习，学习者应达到如下学习目标。

（1）熟悉产品成本的概念和构成。

（2）了解产品成本评价的方法。
（3）掌握成本优化的相关方法。
（4）了解成本优化管理的过程。

9.1　产品成本的概念及构成

9.1.1　产品成本的概念

产品成本是指企业为了生产产品而发生的各种耗费，可以指一定时期为生产一定数量产品而发生的成本总额，也可以指一定时期生产产品的单位成本。

产品成本有狭义和广义之分，狭义的产品成本是企业在生产单位（车间、分厂）内为生产和管理而支出的各种耗费，主要有原材料、燃料和动力、生产工人工资和各项制造的费用。广义的产品成本包括生产发生的各项管理费用和销售费用等。换句话说，产品成本就是企业生产和销售过程中以货币形式表现的全部费用支出。

产品成本是反映企业经营管理水平的一项综合性指标，企业生产过程中各项耗费是否得到有效控制、设备利用是否充分、劳动生产率的高低、产品质量的优劣都可以通过产品成本这一指标表现出来。因此，通过分析和比较产品成本及其构成，可以发现产品设计和生产经营中存在的问题，找到优化产品成本和改善经营管理工作的途径。

9.1.2　产品成本的构成

产品开发依托于一定的成本，这里的成本并不单纯指资金，大致可分为物质成本和非物质成本。物质成本包括资金、场地、人力投入、设备折旧、物流运输等；非物质成本包括选择成本、机会成本、风险成本、知识产权、时间等。这些成本可以理解为资源，大部分可以用金钱衡量，但有些成本非常重要且无法用金钱衡量，譬如选择成本，企业或个人在进行产品开发时，通常会有多套方案备选，由于开发成本不可能无限投入，所以不可能所有方案最终都能投入生产且进入市场，这时无论选择了哪套方案，都意味着放弃了其他方案进入市场从而盈利的机会。

为了更好地选择新产品的开发方案，对产品成本的正确计划、计算、分析是必不可少的。因此，需要对各项生产费用进行分类，并核算各分类的产品成本。然而，不同种类的产品的成本构成并不相同，本节以大多数机械产品的成本构成为例，介绍产品成本的构成要素。

1. 按照费用的原始形态和经济性质分类

按照费用的原始形态和经济性质分类，可以把构成机械产品成本的生产费用分为以下六种。

（1）原材料费，指企业为进行生产而耗用的一切从厂外购入的原料、材料、辅助材料、半成品、包装物、修理用备件和低值易耗件等的价值。

（2）燃料费，指企业为进行生产而耗用的一切从厂外购入的燃料的价值。

（3）外购动力费，即外购动力的价值。

（4）工资及工资附加费，指生产工人、管理人员的工资及按工资总额提取的职工福利基金。

（5）折旧费，指企业按照规定的固定资产折旧率摊入成本的折旧费。

（6）其他费用，指不属于以上项目的各项费用，如邮电费、差旅费、办公费及利息支出等。

这种分类方法，不仅可以反映各种费用在成本中所占的比例，为分析各种费用变化提供依据，而且还可以反映外购材料、燃料、动力等的实际支出，为核心流动资金定额和编制原材料、燃料采购计划提供依据，反映生产中的劳动耗费，为计算工业净产值和国民收入提供材料。

2. 按照国家规定的成本计算项目分类

按照国家规定的成本计算项目分类，生产费用可分为以下七种。

（1）原材料费，指构成产品实体的原料及主要材料和有助于产品形成的辅助材料的价值。

（2）燃料和动力费，指直接用于产品生产工艺过程的外购和自制燃料和动力的价值。

（3）基本工资及工资附加费，指直接参与产品生产的工人的工资及按规定比例计算的工资附加费。

（4）废品损失，指生产中所发生的废品的价值。

（5）车间经费，指为组织和管理车间生产所发生的各项费用，如车间管理人员的工资及其附加费、照明电费、车间公共设施折旧费、修理费和一般费用等。

（6）企业管理费用，指为组织和管理企业生产所发生的各项费用。如厂部职工的工资及其附加费、办公费、差旅费、全厂性公共设施折旧费和修理费、国家规定的有关环保费、季节性和修理期间的停工损失等。

（7）销售费用，指在产品销售过程中所发生的各项费用。

这种按费用的经济用途和发生领域进行费用项目划分的办法，不仅可以计算出每种产品的单位产品成本，便于在生产同类产品的各企业之间进行分析和比较，而且还可以按成本项目确定产品各种成本的费用构成，如图9-1所示。

| 原材料费 | 燃料和动力费 | 基本工资及工资附加费 | 废品损失 | 车间经费 | 企业管理费用 | 销售费用 |

车间成本 ←——————————————→
工厂成本 ←————————————————————————→
完全成本 ←——————————————————————————————→

图 9-1 产品各种成本的费用构成

3. 按费用与产品产量的关系分类

按费用与产品产量的关系分类，可把构成产品成本的各项费用分为变动费用和固定费用两类。

（1）变动费用是指总额随着产量的增减而变动（一般是成正比例变动）的费用，如原材料费用、基本工人的工资、工艺用燃料和动力费用等。这些费用的总额随产量的增加而成比例地增加，或者随着产量的减少而成比例地减少。但是，反映在单位产品成本中，其数额是不变的。

（2）固定费用是指费用总额不随产量的增减而变动（或虽有变动，但影响极小）的费用。例如，固定资产折旧费、车间和工厂管理人员的工资及工资附加费、取暖费、照明电费及办公费用等。这些费用只要发生，不管产量多少，其总额在一般情况下是固定不变的。但是，当反映在单位产品成本中，其数额却是变动的——产量增加固定费用减少，产量减少固定费用增加。

这种分类方法的作用，主要在于可为企业进行生产和销售决策提供资料。例如，利用变动费用和固定费用可以计算"盈亏平衡点"的生产量或销售量，可以测算实现"目标利润"所需达到的生产量或销售量，等等。

4. 按费用计入产品成本的方法分类

按费用计入产品成本的方法，可把构成产品成本的各项费用分为直接费用和间接费用两类。

（1）直接费用是指可以计入某种产品成本的费用。例如，产品用原材料费、工艺燃料动力费、生产工人工资及工资附加费、专用工具工装费等。

（2）间接费用是指生产几种产品所发生的共同费用，例如，车间经费、企业管理费等。它们不能直接计入某种产品成本，而是采用间接的方法（如按产品产量、产值、工资、工时的比例）在各产品之间进行分摊。

9.2 产品成本评价

成本评价是利用成本核算及其他有关资料，分析成本的构成与变动情况，并系统地研究影响成本升降的各因素及其变动的原因的分析，旨在寻找降低成本的途径。它是成本管理工作的一个重要环节。通过成本评价，有利于正确认识、掌握和运用成本变动的规律，实现降低成本的目标，有助于进行成本控制，正确评价成本计划完成情况，还可为制订成本计划、经营决策提供重要依据，指明成本管理工作的努力方向。

9.2.1 成本评价方法

常见的成本评价方法，可大致分为四类。

1. 比较分析评价方法

比较分析评价法是将实际成本与预算（或计划）成本进行对比，以找出实际成本脱离预算（或计划）成本之间的差异，从而评价产品项目总成本预算（或计划）执行情况的一种分析评价方法。在具体使用过程中，主要包括三方面的内容：①分析预算（或计划）的完成情况；②按成本项目（即材料费用、人工费用、机械使用费、其他直接费用）分析产品项目预算（或计划）的完成情况；③按产品项目分析工程成本预算（或计划）的完成情况。比较分析评价法技术简单、通俗易懂，有利于查明项目成本的异常变动，从而明确经济责任，为进行项目成本的重点分析指明方向。但是该种分析与评价方法不能解释为什么项目成本会发生异常变动，更重要的是仅仅将实际成本与预算（或计划）成本进行比较，不能从总体上对企业的成本管理水平进行综合分析评价。

2. 因素分析评价方法

因素分析评价法是依据成本分析指标与其影响因素之间的关系，按照一定的程序和方法，确定各因素对成本分析指标差异影响程度的一种技术分析与评价方法。根据其特点，因素分析评价法可以分为连环替代法和差额计算法两种。因素分析评价法适用于对由多种因素构成的综合性指标的分析。对于企业而言，比如企业项目总成本、成本项目以及产品项目成本等，这些都是综合性指标，通过比较分析评价法可以了解这些成本节约或超支的一般情况，但是不能解释为什么会出现成本节约或超支的情况。为了进一步了解详细情况，必须抓住企业中成本大幅度节约或超支的单位项目进行因素分析，从而评价企业项目的成本管理水平，具体分析时一般采用差额计算法。分解影响这些重大成本指标的因素和确定这些因素影响的变化率，都需要许多基础分析的其他方面作为依据，因此基础分析至关重要。

因素分析评价法最大的优点是克服了比较分析评价法不能解释项目成本变动的原因这一缺点，该种方法在解释项目成本变动的基础上，可以合理评价企业在某一方面成本管理工作的效果。但该种分析评价法仍然不能解决从总体上对企业项目成本水平进行合理评价的问题。为了克服比较分析评价法和因素分析评价法不能从总体上对企业的成本管理水平进行评价的缺陷，一般可以采用指标分析评价法来操作。

3. 指标分析评价方法

评价项目成本常用的指标分析评价方法有指标对比分析评价法和成本比率分析评价法。

（1）指标对比分析评价法。它是对经济指标的数值进行比较，从数量上确定差异的一种方法，具体包括实际指标与计划指标的对比、本期实际指标与前期实际指标的对比、本期实际指标与国内外同类型企业的先进指标相比较，或者在企业内部开展与先进部门、班组和个人的指标相比较。开展成本指标的对比，要考虑指标的内容、计价标准、时间长度和计算方法的可比性。在同类型企业进行成本指标对比时，还要考虑各指标的客观条件基本接近，在技术经济上具有可比性。

（2）成本比率分析评价法。它是将反映成本状况或与成本水平相关的两个因素联系起来，通过计算比率，反映它们之间的关系，借以评价企业成本状况和经营情况的一种成本分析与评价方法。根据分析的不同内容和不同要求，成本比率分析评价法包括相关比率分析评价法、趋势比率分析评价法、构成比率分析评价法等。利用成本比率分析评价法计算简便，而且对其结果也比较容易判断，可以使某些指标在不同规模的工程单位之间进行比较，甚至也能在一定程度上超越行业间的差别进行比较。成本比率分析评价法一般情况下是用于整个产品项目的成本评价，也可用于不同项目的对比分析。

4. 层次分析及模糊评价方法

层次分析法（analytic hierarchy process，AHP）是一种实用的多准则决策方法，也可以称作一种系统工程的方法，是指将一个复杂的多目标决策问题作为一个系统，将目标分解为多个目标或准则，进而分解为多指标（或准则、约束）的若干层次，通过定性指标模糊量化方法算出层次单排序（权重）和总排序，以作为目标（多指标）、多方案优化决策的系统方法。AHP 由美国运筹学家、匹兹堡大学教授 T. L. Saaty 提出，是一种定量与定性相结合的系统化、层次化的分析方法，将人的主观判断用数量形式进行表达和处理。面对社会问题的复杂性，在大部分情况下，决策者可直接使用层次分析法进行决策，因而大大提高了决策的有效性、可靠性和可行性。实际运用中，层次分析法大体分为以下四个步骤。首先，建立层次结构模型，构造判断矩阵，进行层次单排序及其一致性检验，得出层次总排序。其次，在项目中利用层次分析法与模糊评价方法进行成本评价，模糊层次分析法是通过模糊数学和层次分析法相结合来处理复杂的多规则评价问题的方法。再次,在运用层次分析法与模糊评价方法时,将评价指标和评价对象划分成不同层次,对同一层次上的元素通过两两重要程度比较,组成模糊判断矩阵,并利用模糊互补判断矩阵排序的一个通用公式计算就能得到评价指标对于项目成本评价的相对重要性排序。影响项目成本的因素大致可归纳为四个方面:人、材、机的因素;工艺水平;项目管理者的成本控制能力;其他,比如设计变更率、风险因素等。最后,综合考虑各方面的影响因素,可以选择要考查的相关指标,然后评定它们的重要程度,对重要性进行排序。

9.2.2　A/B 测试法

在产品开发和运营过程中会存在许多次迭代优化,大到某项功能的增加或删除,小到某个点击按钮的颜色,都有可能成为驱动关键绩效指标提升的因素,那么就会存在一个问题,作为公司内部的产品、运营等团队,要如何才能保证所选择的方案能取得更好的效果呢?一种简单的思路是"试一试"。A/B 测试是一种产品测试和优化的方法,其核心是确定两个(或更多)版本(A 和 B)中哪个版本更好,需要同时实验不同的版本,最终选择最好的版本使用。换言之,A/B 测试指的是根据实验的目标,把测试群体分为两组(或更多的组,取决于备选方案的数量),每组采用不同方案试行,最后对统计结果进行分析,选取效果最好的方案。A/B 测试近年来在互联网产品运营迭代中被广泛使用,其思路对于一般产品开发和成本分析评价也具有借鉴意义。

1. A/B 测试的原理

A/B 测试的实质,是对照实验法在产品优化中的实施,与控制组、实验组的自然科学实验是一脉相承的,其原理应用的是统计学上的一种假设检验(显著性检验)。在这一过程中,假设检验是先对总体的参数(比如说转化率的平均值)提出某种假设,然后利用样本数据判断假设是否成立。逻辑上采用反证法,先提出假设,再计算该假设可能性的大小。由于统计得出的结果来自随机样本的数据,其结论不可能是绝对的,所以只能根据概率上的一些依据进行相关的判断。依据小概率思想(即显著性水平 $p<0.05$ 的小概率事件在一次实验中基本上不会发生),也就是说当原假设的可能性小于认定的某一标准的话,则拒绝原假设(认为这个假设是不成立的),反之则接受原假设。具体到 A/B 测试里的假设检验,实验的目的就在于推翻"A、B 两个版本无差异"的原假设,验证"A、B 两个版本有差异"的备择假设。最终,通过比较 A、B 两个版本样本数据的相关参数,来决定最终采用的产品版本。进行 A/B 测试时,测试用户的选取是十分关键的环节,为保证实验结果的准确性,一是要保证一定的样本数量;二是要考虑用户细分。其目的是

使得小样本的实验具备代表性,也就是说,保证实验结果可以推广到全体用户。

2. A/B 测试的操作过程

总体来说,A/B 测试实验的创建主要包含以下五个步骤。

(1)收集数据,从数据中发现存在的问题和机会。

(2)基于要解决的问题设立实验目标,如提升用户留存率。

(3)设立目标后,设计解决方案,提出实验假设,如"将注册按钮的文案从立即注册改为获取演示可以带来更多的注册转化数量"。

(4)进行 A/B 测试实验部署和测试。

(5)实验开启后定期观察数据,通过显著性统计结果来判断实验结果,从而做出科学有效的决策。

9.2.3 成本标杆法

标杆管理起源于 20 世纪 70 年代末 80 年代初,其思想可以追溯到 20 世纪初泰勒所倡导的科学管理理论。企业实施标杆管理可以概括性地理解为通过向业内外最优秀的企业学习来实现模仿创新。更具体地说,企业在成本管理活动中实施标杆法实际上是:根据企业自身在市场上的定位,不断获取和研究同行业最成功的产品的成本信息,探索其成本结构并以之为标杆与企业自己的产品进行比较和分析,从而不断降低产品的成本,提高竞争力。

1. 成本标杆法的作用

成本标杆法能够发挥下列作用。

(1)确定先进的成本目标。为了应对激烈的市场竞争,企业成本管理的目标不仅是自身的纵向比较,更要与同行进行横向比较,在同类产品中获得成本优势是构建企业竞争力的一种有效方法。在成本标杆法下,企业生产所采用的产品标准成本,是企业通过对国内外最畅销产品的样品进行全面的分析与测试,并对其每个零部件进行分析、询价、核价,并对整体信息进行全面比较,分别按部件种类、材料种类、零部件数量和零部件重量进行专项比较,分析每种样品的材料成本、毛利,最终以此为标准来确定本企业的产品材料成本。

(2)通过比较差距,寻找原因,可以找到改善的空间。成本标杆法是企业与同行业中强大的对手进行成本比较的持续过程,是企业掌握竞争对手信息,做到知己知彼的有效手段。在这个持续过程中,企业可以通过不断同优秀企业的成本信息及其结构进行对比分析,找到标杆,树立标杆,分析企业与标杆之间的差距,同时学习别人先进的制造工艺和组织方式,从而达到降低成本的目的。

(3)通过激励机制的设计,有助于组建跨部门协同的完善的成本管理组织体系。成本标杆管理可以持续为企业带来更高的效益，例如，西门子持续实施成本标杆管理来降低成本，在连续推进十年后，成本标杆管理的效益在公司利润中占比仍在65%以上。国内企业也进行了类似的管理实践，如钢铁行业就从1999年开始开展了"对标挖潜"活动以降低成本，其中，鞍钢集团新钢铁有限责任公司把"对标挖潜"与全面预算管理相结合，参照标杆确定了各项技术经济指标并进行管理。

2. 成本标杆管理项目的实施流程

（1）项目立项。针对成本标杆管理降成本的目标，收集内外部数据并进行分析，分析的重点在于就自身产品、工作流程、作业模式等与标杆对象进行比较，识别关键差距及产生差距的原因，进而确定改进项目和方向，拟定要达到的项目目标，制定主要措施和方案，并预测方案效益。

（2）项目实施和验证。在成本标杆管理项目实施过程中，项目组组长应组织成员就完成项目目标所需要的措施进行充分论证，并根据相关要求开展各项试验，保证各项措施能够顺利推进。

同时，实施过程中要关注产品质量，成本标杆管理不能以损害产品质量为代价，因此，成本标杆管理项目都必须确保质量可以充分验证、得到保障；切忌一味降低成本而损害产品质量，追求短期利益而损害企业长远发展。当产品无法达到质量标准要求时，项目组组长应立即组织成员进行攻关，提出改进措施，进行重复验证，直到符合公司质量标准的要求。

（3）项目效益核算和总结。各项目组定期将项目完成情况按照规定报送给成本管理部门，由财务控制人员核算、确认降成本效益，成本管理部门汇总；由项目负责人向成本标杆管理委员会总结汇报。

9.3 成本优化的方法

为了合理地调配资源且合理地控制成本，决策层有必要运用合适的运营方式来进行企业运作和项目管理。企业运作和项目管理的内容包括企业战略制定、产品开发策略的制定、生产要素管理、人力资源管理、企业外部资源整合等方面。在具体的产品开发过程中，设计部门需要与其他部门协同运作，例如，在一些产品的设计上，为了达到设计指标，设计部门可能会与采购部门及工程部门沟通，衡量某些部件的开发成本与采购成本，进而确定最佳解决方案。成本是价格的主要组成部分，而新产品成本的80%~90%是在设计研发阶段决定的。所以，切实做好新产品的科学设计，是降低新产品成本和价格的重要途径。

降低产品成本的方法很多，应用现代管理科学中的许多技术和方法可以实现成本优化。

9.3.1 企业经营、生产与设计的成本优化方法

(1) 应用成本、产量、利润分析的方法，可以从改善企业的经营决策上使成本优化。

其中一种方法就是盈亏平衡分析法，盈亏平衡分析图揭示了成本、产量、利润三者之间的关系，企业管理者利用它就可以做出正确的产量决策或品种决策。

(2) 改善工厂的生产布局和生产环节，可以使产品生产过程的成本优化。

第一，企业的经营方面，要想方设法加快市场推广，要创新经营思路，利用各方资源，来做大市场增量。

第二，企业的设计方面，设计既要配合经营前提，也要做好生产服务，加强对生产基地的沟通和支持；不仅要实现新技术的突破，也要在标准化产品设计上下功夫，以标准化产品设计提升产品市场竞争力。

第三，企业的生产方面，抓好精益生产，从顶层设计上加以规划，加大人才和资本的投入，推进智能制造软件和硬件的投入，同时推进绿色制造，减少污染排放，节省排污费用。

第四，企业的人员方面，合理处理冗余人员、提升骨干人员的积极性是实现节流的重要方式。因用工成本整体较高，要进一步优化绩效考核制度，进一步完善分配制度。

(3) 应用价值工程中的功能、成本、价值分析方法，找出优化方案，可以从产品设计上使产品成本降低。

对产品进行功能和成本价值分析的一般程序为选择对象、收集信息、功能分析、提出改进方案、方案评价、方案验证以及活动成果评价等。表 9-1 和表 9-2 所示为功能评价系数表、成本评价和价值评价系数表。

表 9-1 功能评价系数表

零件名称	一对一比较结果								评分	功能评价系数
	A	B	C	D	E	F	G	H		
A		1	1	0	1	1	1	1	6	0.214
B	0		1	0	1	1	1	1	5	0.179
C	0	0		0	1	1	1	0	3	0.107
D	1	1	1		1	1	1	1	7	0.250
E	0	0	0	0		0	1	0	1	0.036
F	0	0	0	0	1		1	0	2	0.071
G	0	0	0	0	0	0		0	0	0
H	0	0	1	0	1	1	1		4	0.143
合计									28	1

注：因四舍五入的原因，表中各功能评价系数加和不等于 1，但实际为 1，特此说明。余同。

表 9-2 成本评价和价值评价系数表

零件名称	功能评价系数 ①	现实成本 ②	成本系数 $③=\dfrac{②}{\sum ②}$	价值评价系数 $④=\dfrac{①}{③}$	按功能评价系数分摊的成本 $⑤=\sum ②\times ①$	降低成本的对象及潜力 ⑥=②−⑤
A	0.214	1828	0.253	0.847	1545	283
B	0.179	3000	0.416	0.430	1292	1708
C	0.107	285	0.039	2.675	772	\
D	0.250	284	0.039	6.410	1805	\
E	0.036	612	0.085	0.424	260	352
F	0.071	407	0.056	1.268	512	\
G	0	82	0.011	0	0	82
H	0.143	720	0.100	1.430	1032	\
合计	1	7218	1		7218	2425

通过对产品的功能和成本价值进行分析，适当增减功能，找到功能与成本价值都最为适合的产品开发改进方案，从而提升产品的功能价值，并降低产品的开发成本。

9.3.2 企业管理的成本优化方法

企业管理的成本优化是通过企业的有效管理进行成本的优化，常用的方法包括：强化部门与部门之间的合作；根据市场需要明确目标成本；修订成本分摊标准。

1. 强化部门与部门之间的合作

生产成本的优化主要是通过不同的部门来完成的，其中包含了销售、设计、采购与生产部门。销售部门负责合同的签订；设计部门需要在设计标准规范的基础上有效地降低企业的成本费用，同时还要满足客户的使用要求与质量的要求。所以，产品的生产主要是根据客户的需求而定。在进行总体设计时还会涉及对材料与制造成本的影响。设计工作人员需要结合产品的设计要求不断地调整设计方案；采购部门则需要根据企业生产材料的不同执行相应的采购任务。采购的过程对整体产品生产的成本具有重要的影响。生产部门需要结合设计部门的设计方案，制定好相应的生产计划，确定好相应的施工技术，一旦开始生产就会产生相应的成本费用，所以生产部门的管理水平对企业的成本也产生重要的影响。

这些不同部门之间需要相互协作、共同促进、相互补充，从而提高企业的生产效率与成本控制能力。

2. 根据市场需要明确目标成本

所谓目标成本管理就是根据实际销售情况对企业的生产数量进行规定，然后再结合销售部门对产品的价值与性能参数的确定，在产品正式投入生产之前制定相应的成本管理技术方案。

要提高生产成本的管理水平，还需要从企业的设计环节出发，确保设计工作中经济性与技术性的完美结合，做到有效的事前控制，确保企业的效益可以顺利实现。对于产品的成本在设计时就已经确定了。所以需要在设计前明确目标成本，在设计后将成本的概算工作做好，这样可以保证设计成本达到目标成本的要求。通过相应的计算方法可以对目标成本实现准确的计算，了解企业的预期利润，根据提前制定的产品价格，将需要缴纳的税金与利润扣除掉，剩下的就是企业的目标成本。对于企业成本的管理，需要从最初的设计源头开始，所有的工作人员都要参与到企业的成本管理中，并在整个生产过程中都要实现对成本的合理控制。

3. 修订成本分摊标准

价值决定于社会必要劳动时间而不是个别劳动时间，新产品在试制过程中往往是独家经营，并带有探索性质，工艺不稳定，劳动消耗高，因而一般不能以试制费用作为新产品的成本，应对各生产单位的分摊费用、分摊标准进行修订。为了使企业能获得试制费的补偿，试制费摊入成本的方法不应该是一次性的，而应该是多次的，即在小批量生产时小提摊，大批量生产时大提摊，使新产品成本的分摊均匀化、合理化。

此外，原材料代用、改善加工方法、改进操作技术、提高产品质量以降低废次品率、加强库存管理与控制以减少流动资金的占用等等，都可使产品成本降低。

9.3.3 精益化成本管理法

精益思想已经被深入运用至企业管理中，并给企业带来了更多的价值。将精益思想应用在成本管理中就是精益成本管理，它融合了精益生产和成本管理的先进理念，是企业实施低成本策略的核心思想。

精益成本管理以供应链成本为主要对象，依据供应链进行划分，主要包括精益设计成本、精益采购成本、精益生产成本、精益物流成本和精益服务成本等管理模块。精益成本管理旨在构建一个使各成本管理模块相互关联、互为支撑，并将精益思想贯穿于其中，与成本管理思想进行有机融合的精益成本管理系统。该系统的核心在于最小化、最优化供应链成本，通过在供应链的各个环节中逐步消除不为企业增值的行为，杜绝资源浪费，从而降低供应链成本、提高供应链效率，最大限度地满足客户特殊化、多样化的需求，不断增强企业竞争力。

精益采购成本管理依托精益采购来实现，精益采购要求建立健全采购体系，实行必要的招标采购，引入竞争机制，在保证质量的前提下，使采购价格降到最低；合理选择供应商，并与之建立长期、互惠互利的战略伙伴关系，实现供应渠道的稳定和低成本；通过与供应商签订在需要的时候提供需要的数量、需要的品种的物料协议，实施适时采购，缩短提前期、减少物料库存，从而实现精益采购成本管理的目标。

精益物流成本主要包括运输成本、存货成本以及仓储成本等。精益物流成本管理的核心思想是以客户需求为中心，从客户的视角来确定哪些环节创造价值、哪些环节不创造价值，找出无增值的资源浪费。物流成本管理的行动策略是根据不间断、不迂回、不倒流、不等待和不出废品的原则制定价值流，及时创造由客户驱动的价值，一旦发现产生浪费的环节就及时消除，实现物流的准时、准确、快速、高效、低耗。在保证满足客户价值需求的情况下，追求物流成本最小，这是精益物流成本管理的根本目标。

精益服务成本被定义为满足客户特定价值需求前提下的最低服务成本。精益服务的思想是在不改变成本支出的情况下，利用服务来增加客户价值，用价格相同吸引更多客户。精益服务是通过系统结构、人员组织、运行方式和市场供求等方面的变革，使服务系统能很快适应用户需求的不断变化，并能使服务过程中的一切无用、多余的东西被精简，最终达到包括市场营销在内的服务的各个方面最好的结果。精益服务的精髓就是使服务更加完美，服务更加完美体现在三个方面：一是服务效率更高；二是服务质量更好；三是服务效益更佳。三者是递进关系，服务效率提高了，顾客等待的时间缩短，服务更加规范，服务质量得到改善；效率提高，质量改善，顾客的价值提升，顾客满意度提高，顾客更愿意为好的服务支付，因此服务的效益就会更好。

9.3.4　社会–经济–技术因素及消费者需求分析

由于产品设计与社会、经济和科技的紧密相关性，同时，尽管产品设计的工作对象是产品，但其实质上的服务对象是人——产品的消费者，因此，要在产品概念阶段发展出合适的产品机会，就有必要对产品概念的社会–经济–技术因素与消费者需求进行细致的分析。

1. 社会–经济–技术因素分析

社会–经济–技术因素（SET 因素）对于发现产品机会缺口有重要的助益，它是由 Jonathan Cagan 和 Craig M. Vogel 在研究如何创造突破性的产品时提出的识别产品机遇的新方法。由于任何类型的产品设计都是跟社会、经济和技术密切相关的，因此，SET 因素分析可以应用于产品设计的所有领域。

SET 因素分析主要是通过持续地对社会、经济、技术的现实状况和发展趋势做综合的研究分析发现新的产品机会缺口（图 9-2）。

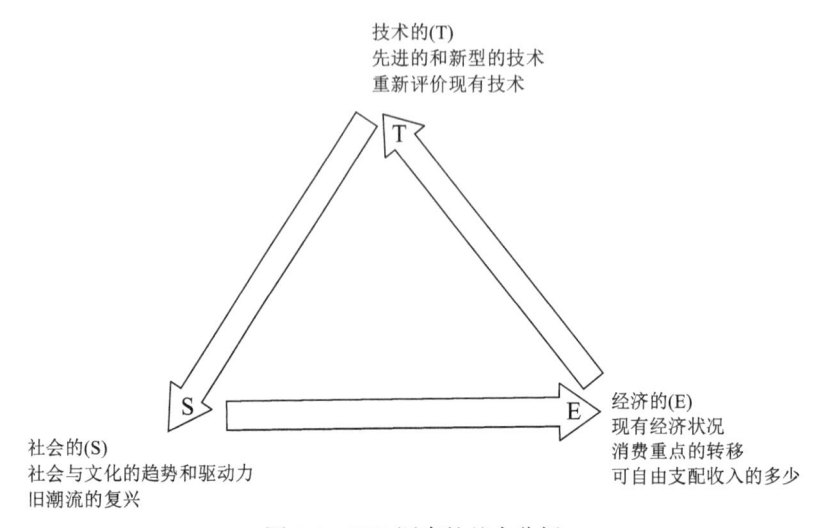

技术的(T)
先进的和新型的技术
重新评价现有技术

社会的(S)
社会与文化的趋势和驱动力
旧潮流的复兴

经济的(E)
现有经济状况
消费重点的转移
可自由支配收入的多少

图 9-2　SET 因素的基本分析

2. 消费者需求分析

消费者需求分析需要所有产品设计人员的合作，包括消费者、销售人员、管理者、设计师、工程师等等。这其中最重要的是消费者，尤其是目标产品的潜在用户，从消费者身上，产品设计开发人员可以直接得到消费者所期望的产品功能或价值的原始资料；其次是产品销售人员，产品销售人员在产品销售一线，与消费者有着广泛的接触乃至深入的交流，因此，从销售人员身上也可以获得较多的关于消费者需求的原始资料。在搜集到了原始资料以后，产品设计开发人员对这些原始资料进行分析加工，从中提炼出消费者期望的产品价值，同时充分利用相关文献以提高分析结果的准确可靠性，为后续设计流程的工作做好铺垫，减少由误差引起的设计变更与反复。

9.4　成本优化的管理

9.4.1　成本优化管理过程概述

成本优化的管理过程主要通过图 9-3 所示的五个步骤以及这五个步骤的迭代重复进行。

（1）预估制造成本。

（2）降低部件成本。
（3）降低装配成本。
（4）降低辅助生产成本。
（5）考虑可制造性设计（design for manufacturability，DFM）决策对其他因素的影响。

可制造性设计是面向并行工程的一种设计方法，其主要思想是在产品的早期设计阶段考虑制造因素的约束（例如，产品制造所需要的机床设备、工装模具、加工工具、测量工具及相应的时间、费用等），并及时提供给设计人员，作为设计、修改方案的基本依据。在产品设计的各个阶段，在保证产品功能的前提下，要充分考虑可制造性，将产品的开发时间、成本和质量控制在期望范围之内。

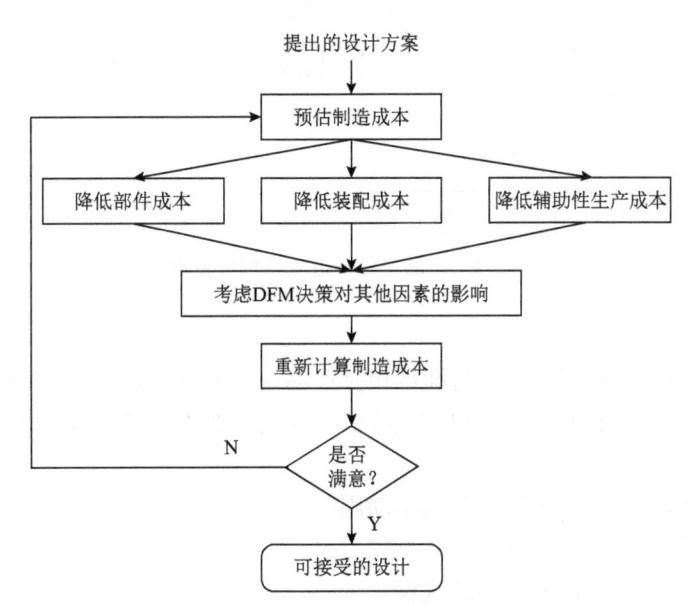

图 9-3　成本优化管理过程

如图 9-3 所示，成本优化管理过程从估计所提交的设计的制造成本开始，这有助于团队大体把握设计的哪些方面（部件、装配还是辅助性生产）是最昂贵的。然后，团队在后续步骤中将其注意力集中在适当的方向。这个过程是迭代重复的。重新估算制造成本并几十次地改进产品设计，直到大家都认为满意。事实上，只要产品设计还在改进，这种成本优化管理的迭代就可以继续，直到预生产开始为止。在某个时间点上，设计被冻结（或"发布"），任何进一步的修改将被认为是正式的"工程变更"或变成下一代产品的一部分。

9.4.2 成本优化管理过程

1. 预估制造成本

制造成本是制造系统的原材料、外购部件、劳动力、能源和设备等系统输入的花销和处理系统产生废料的支出总和。产品单位制造成本构成要素如图 9-4 所示。

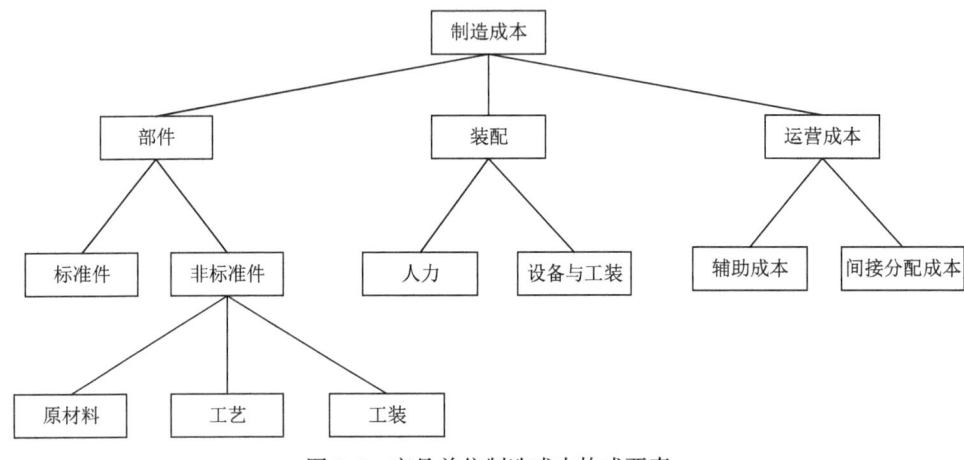

图 9-4 产品单位制造成本构成要素

2. 降低部件成本

外购部件成本对于高度工程化的单独产品来说是其产品成本中最关键的一部分。使部件成本降低的策略可以有效降低产品的总成本。使部件成本最小化的策略如下。

（1）理解部件的工艺约束和成本动因。
（2）重新设计零件以减少工艺步骤。
（3）为零件加工选择适当的规模。
（4）部件和工艺的标准化。
（5）坚持"黑箱"部件采购（只描述这个零件用来做什么，不管怎样生产它）。

3. 降低装配成本

对于大多数产品来说，装配成本只在总成本中占很小一部分比例。但是，关注装配成本将产生很多的间接利益：总的零件数量、制造复杂程度和辅助性材料的成本都会随装配成本的降低而降低。

4. 降低辅助性生产成本

设计团队经常通过降低系统的复杂性和通过可制造性设计来预计生产系统可能的故障的模式来降低辅助性生产成本。

5. 考虑 DFM 决策对其他因素的影响

在这一步骤中，设计团队主要需要考虑 DFM 决策对产品的开发时间、产品的开发成本、产品质量以及零件再用、产品生命周期成本等外部因素的影响。

9.5 案例分析：H 企业的成本优化

H 电脑股份有限公司（以下简称 H 企业）是一家以信息技术和信息应用为主业，以计算机技术开发为核心，集研发、生产、销售于一体的高科技企业。从生产自有品牌的电脑整机，到实现自主研发生产高性能笔记本电脑、台式电脑、屏式电脑、液晶显示器（liquid crystal display，LCD）和智能电视等相关产品，H 企业走过了一条稳步发展之路。

截至 2020 年，H 企业总资产超 30 亿元人民币，2015 年产值超过 60 亿元，每年纳税可达 3 亿～5 亿元，作为中国电脑产业的领导厂商之一，近年在游戏笔记本电脑市场再度发力，打造了若干知名子品牌系列，并将业务延伸到韩国、德国等多个国家和地区的海外市场。

1. H 企业的发展历程

2001 年 8 月 26 日，H 企业推出了第一台自产电脑，以极低的价格推出了自己的产品，使得搭载奔 4 处理器的品牌电脑的零售价格首次跌破了 5000 元大关。在那个时候，注册电脑品牌的大大小小的公司多如牛毛，H 企业凭借着低价和较高的质量，第一年月销量即突破 10 000 台。对于一家新电脑品牌而言，这无疑是取得了骄人的成绩，这也标志着 H 企业正式进军电脑市场。

但是，电脑行业的竞争非常激烈，不同品牌的电脑逐渐形成各自的势力范围。作为后来者，H 企业没有明显的竞争优势，要谋求企业生存和发展，只能在国内消费者敏感的价格方面寻找突破口，采取低价营销的模式。低价营销不是简单的价格战，企业必须要获取一定的利润，在产品价格低的条件下，为了实现企业的利润目标，只能通过成本优化来创造和维持成本领先。H 企业的成本细分为研发成本、生产成本、销售成本、管理成本等，H 企业在发展中形成了成本优势，其低成本竞争在当时取得了极大的成功。

2002 年，行业竞争愈发激烈，家用台式电脑市场出现了负增长，许多知名厂商的市场占有率都出现了明显的下降。这一年，传统家电行业的一些优势企业也尝试进入 PC 市场，但大部分传统家电企业的品牌延伸策略未能成功。在随后几年中，H 企业则凭借着以低价格、高性价比为竞争优势的产品，迅速进入全国台式机销量排名前五位。在此期间，H 企业落成投产其工业园区第一期，该现代智能化工业园具备生产200万台电脑整机的能力；还在当地政府的支持下建立了国内仅有的三个笔记本电脑研发中心之一，成为具有最强研发实力的中国本土电脑企业之一。到2006年，H企业中标联合国1.5万台全球采购大单，国际业务拓展取得了飞速发展。据统计，截至2007年12月，H企业全年电脑产品销量接近100万台，销售额达到57亿元，稳居国内本土品牌第二位，并将业务延伸到了韩国、德国等海外市场。

在2008~2010年，H企业不断加强自主研发能力，拥有一批高学历、高素质的人才队伍，研发中心汇集了国内外各方面精英人才，先后设立了板卡研发中心、笔记本电脑研发中心、结构及ID设计中心、系统研发中心、平板显示研发中心等，拥有静音实验室、结构测试实验室、电磁干扰（electromagnetic interference，EMI）检测实验室等标准的实验室和一流测试设备。到2010年，H企业在北京、广州等34个大城市设立分公司，拥有品牌专卖店超过2000家、经销商超过11 500家、授权服务站近1000家。在其生产中心里，除了若干条产品生产及自动老化测试线外，还拥有9条世界一流的高速板卡表面贴装技术生产线及后续插件、测试线，拥有自己的喷漆丝印车间，形成了完备的电脑整机生产配套体系。

随着2013年H企业主打游戏笔记本电脑（以下简称游戏本）的新系列上市，游戏本在H企业笔记本电脑系列中占的位置日渐突出。此后，随着爆款电脑游戏的盛行，H企业充分抓住了游戏爱好者的消费需求，几乎每年都会推出各种不同款式和配置的全新高性价比游戏本。

2018年，江苏省昆山市H企业大厦的建成和投入使用，成为H企业迅速发展的又一个里程碑。此时，H企业在该市已有SMT生产线5条，全自动组装线2条，台式机流水线1条，可实现年产笔记本电脑100万台、台式电脑50万台。最近几年里，H企业在不断地推出新系列产品，并把超轻薄本的价格底线拉低到了2999元，将性价比做到了行业领先水平，成为行业内成本管理的标杆企业。

2. H企业的成本优化措施与管理

从H企业的发展历程和市场表现来看，"低价"始终伴随着H企业，也正是因为"低价"战略，才让H企业从2001年进入PC行业后创造了一个又一个奇迹，并在21世纪前10年从众多的电脑厂商中脱颖而出。支撑H企业创造价格奇迹的背后，则是H企业的成本优化管理，主要包括以下几个方面。

（1）生产成本管理。①以供定产模式。H企业坚信，大规模的批量采购和生产是降低成本并确保产品质量稳定的关键。因此，他们采用以供定产模式，根据供应商提供的原料品质和价格以及市场状况，按需购买材料进行生产。该模式成功的关键在于准确判断消费群体的消费水平和需求。H企业深入了解国内主流消费群体的特点，避免过度追求高精尖产品，而是根据价格和性能相匹配的原则，在不同价位提供具有不同功能的产品，从而在降低成本和实现差异化之间找到平衡点。批量采购作为以供定产模式的核心，为H企业节省了10%~20%的成本。例如，2004年第四季度和2005年第一季度英特尔向H企业提供5万个CPU，存量使H企业有能力实现批量生产，提高了在采购过程中与供应商的谈判能力；而在与准系统供应商谈判时，因一次性购买5万个，所以购买单价由250~260美元降为210美元。②自主研发。H企业坚持以技术开发和创新为根本，逐步设立了板卡研发中心、台式机研发中心，并于2003年在当地政府的支持下建立了国内首个笔记本电脑研发中心，同年继续成立了液晶显示器研发中心，并在2004年秋季实现了自主研发的笔记本电脑和液晶显示器的批量生产。自主研发也使得H企业有了新的技术去降低成本，例如，H企业某些系列的笔记本电脑在外观上塑胶一次成型，节省了费用，切面也一次成型，节省了模具费用。H企业甚至把笔记本电脑主板做到四层板，这是一种功力，这种技术、这种创新使得H企业笔记本电脑的价格与竞争对手形成30~50美元的差距。集团公司的优势进一步降低了H企业的生产成本。例如，对于电脑整机的七大核心部件——光盘驱动器、软盘驱动器、硬盘、主存储器、CPU、显卡和主板，大多数国内电脑厂商依赖进口，导致价格较高。但是，H企业采用母公司自产的主板和显卡，价格就相对较低。

（2）销售渠道成本管理。H企业构建了"总部—分公司—经销商"的扁平化渠道结构，采用了一种新型渠道模式——店面直销，即由分公司签约各地电脑城或商业区的店面，然后将经营承包给经销商。这种方式不仅提高了经销商的积极性，还减轻了分公司店面管理的负担。同时，核心店面的自有化也保证了渠道的稳定性，并使H企业能够及时、准确地将产品推向市场。此外，为了进一步降低成本，H企业提供了较低的渠道利润，让经销商主要依靠扩大销售量来实现盈利。这样节省下来的渠道利润可以转移给消费者，从而降低终端产品的价格。通过这种方式，H企业在销售渠道上比竞争对手节省了约5%的成本消耗。

（3）管理费用的控制。一方面，H企业将员工分成三类，并采取了不同的管理态度和管理方法。另一方面，H企业以分公司为利润中心，自负盈亏。这种管理方式促使分公司更加注重团队合作，提高运营效率。同时，分公司还主动控制营销费用和管理费用，以降低运营成本。最终，整体运营费用得到降低，而运营效率得到提高。严格的管理控制也使H企业的管理费用相较于同行业其他企业降低了约5%。

H企业摆脱了实施成本管理时只注重形成低成本的传统做法，紧紧抓住现行市场中消费群体的主流特点，突破性地运用以供定产模式，并通过采取不同的方法有针对性地在成本、价格和利润三个层面上联动性地构建了立体发展态势。事实上，成本管理是为了协调成本、价格和利润三者之间的关系，其关键是低成本优势的形成和维持，表现方式是价格手段，而核心则是保证企业的利润、支持企业的长期发展。

案例来源：编写团队基于相关资料自行整理。整理过程中参考了如下资料：

[1]徐伟华. 神舟电脑的竞争战略研究——以神舟游戏本为例[D]. 上海：上海交通大学，2018.

[2]李青，郑刚，陈劲. 神舟电脑通过破坏性创新赢得竞争优势的案例分析[J]. 西安电子科技大学学报（社会科学版），2008，18（6）：38-43.

[3]苗诏. 神舟——打造平民电脑第一品牌[J]. 市场观察，2008，（9）：73.

[4]高翔. 国产品牌电脑开拓韩国市场[N]. 光明日报，2006-05-02（4）.

[5]周一虹，蒋朋成. 神舟电脑"传奇"背后的低成本竞争战略分析[J]. 财务与会计，2008，（2）：39-41.

【练习与思考】

（1）什么是产品成本？产品成本的构成有哪些？请简要说明。

（2）产品成本的评价方法有哪些？如何科学有效地进行产品成本的优化与管理？请说明理由。

（3）针对一款你感兴趣的新产品，谈谈企业在开发这款产品的过程中是如何进行产品成本的优化和管理的。

第 10 章

产品开发的技术经济分析

在产品上市之前,必须利用技术经济学的方法对产品的技术方案进行经济效益分析、计算、评价和选优,也就是对产品开发进行技术经济分析。那么技术经济分析的程序包括哪些阶段?技术经济分析的基本方法有哪些?产品开发中的技术经济分析可以如何实施?本章将围绕这些问题,介绍产品开发的技术经济分析的相关内容。

【知识地图】

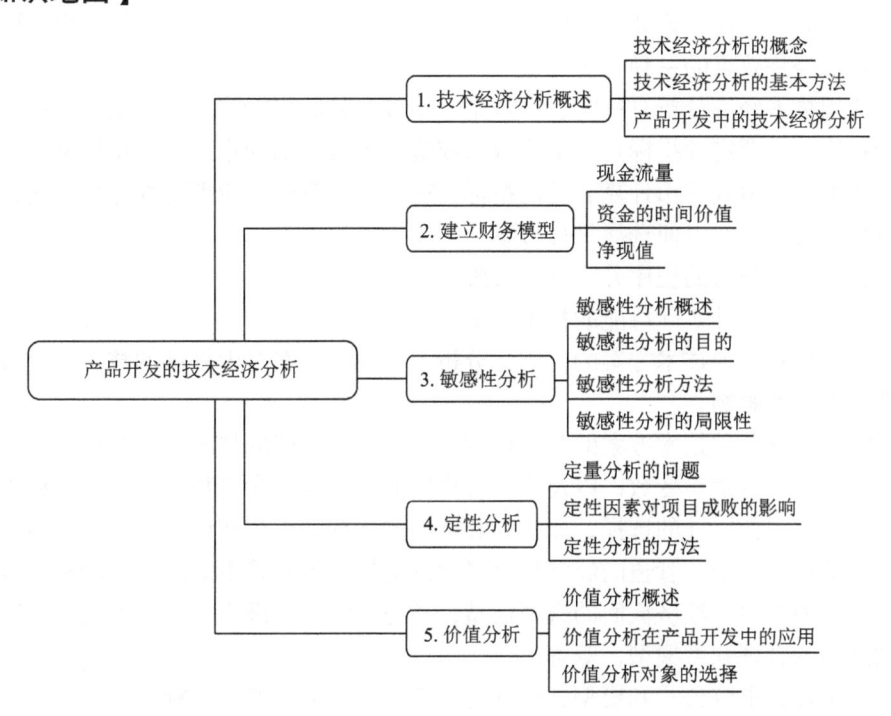

产品开发的技术经济分析
- 1. 技术经济分析概述
  - 技术经济分析的概念
  - 技术经济分析的基本方法
  - 产品开发中的技术经济分析
- 2. 建立财务模型
  - 现金流量
  - 资金的时间价值
  - 净现值
- 3. 敏感性分析
  - 敏感性分析概述
  - 敏感性分析的目的
  - 敏感性分析方法
  - 敏感性分析的局限性
- 4. 定性分析
  - 定量分析的问题
  - 定性因素对项目成败的影响
  - 定性分析的方法
- 5. 价值分析
  - 价值分析概述
  - 价值分析在产品开发中的应用
  - 价值分析对象的选择

【学习目标】

本章介绍产品开发的技术经济分析的相关内容，并对财务模型建立、敏感性分析、定性分析和价值分析的内容进行阐述。通过本章学习，学习者应达到如下学习目标。

（1）熟悉技术经济分析的概念和基本方法。
（2）了解如何建立财务模型。
（3）了解如何进行敏感性分析。
（4）掌握定性分析的方法。
（5）熟悉价值分析在产品开发中的应用。

10.1 技术经济分析概述

10.1.1 技术经济分析的概念

技术经济分析，是指用技术经济学的方法对技术方案进行经济效益分析、计算、评价和选优。技术经济分析方法是指对不同的技术政策、技术规划和技术方案进行计算、比较、论证，评价其先进性，以达到技术与经济的最佳结合，取得最佳技术经济效果的一种分析方法。

应用技术经济分析方法时，一般是采用较完整的指标体系，包括定性指标和定量指标。所谓定性指标是不能用数值或货币计量表示的指标，定量指标是可以计算并能用数值或货币计算表示的指标。在实际分析中，应把定性分析与定量分析有机结合起来，以便选择最优方案。

技术经济分析的程序分为五个阶段。

（1）建立各种实际可能的技术方案。

（2）比较各种技术方案的优劣，分析不同技术方案对内外部的技术、经济、社会等方面的影响。

（3）建立各种技术方案的数学模型。根据各种可能的技术方案数目、技术经济指标、技术方案参变数，以及影响各指标的技术经济参变数等，建立各种不同的数学模型。如厂址的选择、原材料和能源的选择、工艺和设备的选择、各种建设方式的选择模型；管道的经济保温厚度的选择、各种管道的经济压降和流速的确定、电力导线的经济截面的选择模型；动力系统的合理水、火、电比例确定、交通运输的合理调度模型，等等。

（4）计算求解公式和模型，以获得经济效果最大或费用指标最小。可采用列表和图解的方法，也可采用数学分析和运筹学的方法。

（5）技术方案的综合评价。即对技术方案在技术、经济、社会、环境等方面的优劣进行综合分析、论证和评价，以选出综合效果最好的技术方案。

技术经济分析的目的是：选出技术上可行和经济上合理的技术方案，为正确决策与技术设计提供科学依据。

10.1.2 技术经济分析的基本方法

技术经济分析的基本方法，按照它们在技术经济分析中所起的作用，可分为以下几类：预测方法、效益-费用分析法、价值分析法、技术经济选优方法和其他方法。具体内容如下。

1. 预测方法

预测就是对事物未来的发展变化预先进行估计和推测。由于技术经济分析多是预先分析，所以预测方法在技术经济分析方法中占有重要的地位。

在技术经济分析中，预测方法主要用于获取技术经济分析的基本素材。其中包括技术经济分析计算所需要的各种数据，如计算期内各年的产量、销售量、销售收入、投资、成本以及与销售收入和成本有关的产品和材料价格的变化率等；还包括技术经济分析所需要的其他信息，如所采用技术及相关技术的发展趋势、产品的生命周期、市场需求及市场占有率的变化以及国民经济的发展速度等。这些数据和信息经过必要的加工处理后，将作为进行技术经济分析计算、评价和选优的依据。

预测及预测方法属于未来学的研究内容。通常，不论哪个领域，只要它所研究的问题与未来有关，就离不开预测，就要应用预测方法。不过，同其他研究领域相比，技术经济分析与预测的关系更为密切，因为技术经济分析主要是建立在预测的基础之上的。因此，预测方法尤其是与技术经济分析直接有关的一些技术预测和经济预测方法，必须作为技术经济分析方法体系中不可缺少的组成部分。

2. 效益-费用分析法

通过预测得到的数据是用来对技术方案进行经济效益的评价和选优的。所以，有了数据后，还要解决两个层次的问题：一是如何评价技术方案的经济效益，二是怎样以经济效益为标准在多方案之间选择最优方案，解决这两个问题都需要有相应的方法。效益-费用分析法是评价方案经济效益的最基本方法，这种方法是一种常用的定量分析方法。这里所谓的定量，是指用货币使效益和耗费数量化。效益-费用分析法在具体应用中可有多种不同的形式和名称，如下面将要讲到的净收益法、收益率法、回收期法和年成本法等等，都是把效益和耗费综合起来对方案进行分析、评价，所以都属于效益-费用分析法。

3. 价值分析法

价值分析，也可称功能-成本分析，是独具特色的一种技术经济分析方法。这种方法主要以单个产品或作业为分析对象，通过产品功能与成本之比的价值评定，指出产品提高功能或降低成本的改进方向。

4. 技术经济选优方法

在技术经济分析中，方案选优是以经济效益好坏为标准的，这是技术经济选优与其他选优问题的主要不同点。此外，技术经济选优多是通过方案间的直接比较进行的，一般还达不到利用数学模型直接进行优化的程度。这主要是因为这类问题的数学模型不太容易建立，所以这里所说的技术经济选优方法，就是以经济效益为标准，对方案进行比较的选优方法。方案比较是方案选优的前提，在进行方案比较时，要应用差异比较原理（通过比较不同方案的内容，来检测出它们之间的差异）使问题简化。

5. 其他方法

除上述基本方法外，技术经济分析中还会应用时间因素分析计算方法、不确定性分析方法等。这些方法有的是应用前述方法的基础，有的是对前述方法的补充。

10.1.3 技术经济分析的基本要求

产品开发的技术经济分析的总要求是技术的先进性和使用经济性相统一，并在生产上可行。具体要求有以下几个方面。

（1）技术的先进性。指在新产品开发中采用当代科学技术的新成果，使产品的性能、结构、材料以及使用的工艺具有先进水平，并符合生态保护要求。

（2）保证新产品具有良好的性能和质量，符合用户的要求，可靠性好，在使用过程中能稳定地不间断地工作和长期保持原有的精度。

（3）产品适应性强。主要表现在两个方面：一是产品功能多；二是产品结构简单，零件标准化和通用化程度高、工艺性好，容易加工制造、装配、使用和维修等。

（4）尽可能提高产品的标准化水平，提高结构的继承性，减少专用零部件。

（5）经济性好。指产品的使用效率高或生命周期费用低，用户使用时具有效率高、物资与能源消耗低、使用寿命长、维修费用少等优点。实现生命周期费用最低的途径：一是降低制造成本；二是降低使用费用。

接下来的章节中将简要介绍产品开发中几类常用的技术经济分析方法。

10.2 建立财务模型

10.2.1 现金流量

技术方案（项目）的经济效益分析就是其所得与所费的比较分析。为了能够完整地分析技术方案（项目）在整个生命周期内各年的所得与所费，常常使用现金流量的概念。

在技术经济分析中，把某一时间点发生的资金流出和资金流入称为现金流量。也就是说，如果把技术方案（项目）作为一个独立的系统，那么从该系统的角度看，凡是在某一时间，流入系统的货币就称为现金流入（cash inflow，CI_t），流出系统的货币就称为现金流出（cash outflow，CO_t）。某一时间点上现金流入和现金流出的差额称为净现金流量（net cash flow，NC_t），即 $NC_t = CI_t - CO_t$，它反映该时间点的纯经济效益。现金流量是现金流入、现金流出和净现金流量的统称。

现金流入为营业收入、补贴收入、回收固定资产余值、回收流动资金之和。其中，营业收入是指销售产品或者提供服务所获得的收入；补贴收入仅为与收益相关的政府补助；回收固定资产余值和回收流动资金均发生在计算期最后一年。固定资产余值回收额为固定资产期末净值合计，流动资金回收额为项目全部流动资金。

现金流出由建设投资、流动资金、经营成本、营业税金及附加、维持运营投资、调整所得税组成。项目建设投资由建筑工程费用、安装工程费用、设备及器具购置费等工程费用，工程建设其他费用，以及基本预备费、涨价预备费等预备费用组成。流动资金是指运营期间长期占用并周转使用的营运资金，不包括运营中需要的临时性营运资金，其构成是流动资产减去流动负债。其中，流动资产包括应收账款、存货、预付账款和现金。经营成本是总成本费用中扣除折旧费、摊销费和利息支出的成本。营业税金及附加主要包括营业税、消费税、土地增值税、资源税、城市维护建设税、教育费附加等。维持运营投资是指运营期内发生的设备或设施的更新费用，以及矿山、石油开采项目的拓展费用等。所得税等于利润总额乘以所得税率。

10.2.2 资金的时间价值

资金的时间价值是客观存在的经济范畴。它是指资金在扩大再生产及其循环周转过程中随着时间的变化而产生的资金增值或经济效益。资金的时间价值是劳动创造的剩余价值，而不是资本的自动增值。

研究资金的时间价值，就是要用"动态"或"变化"的观点去看待资金的使用和占用。运用资金的时间价值的观点，可以增强投资决策者树立资金投入产出的观念,努力缩短投资项目建设周期,积极提高投资项目的经济效益,使社会财富不断增加。

1. 现值

发生在(或折算为)某一特定时间序列起点的现金流量称为现值(present value,P),有时也叫本金。如果把某系统计算期末的现金流量按某一确定的利率(interest rate,i)折算到时间序列的起点,该现金流量也称为现值,这一过程称为折现。

2. 终值或将来值、未来值

发生在(或折算为)某一特定时间序列终点的现金流量称为终值或将来值、未来值(future value,F)。现值和终值是一对相对的概念。现值是相对于终值的任何较早时间的价值,终值是相对于现值的任何以后时间的价值。

3. 等额序列值或等额年金

发生在(或折算为)某一特定时间序列各计算期末(不包括起始点)并且金额大小相等的现金流量序列称为等额序列值或等额年金(annuity,A)。

4. 利率

计算现金流量的现值、终值和等额年金所使用的利息率。

5. 期数

在利息计算中期数(n)是指计算利息的次数,在技术经济分析中它一般代表工程项目和技术方案的寿命。

10.2.3 净现值

净现值(net present value,NPV)是方案在生命周期内收入(现金流入)的现值总额(present value of cash inflows,PCI)与支出(现金流出)的现值总额(present value of cash outflows,PCO)的差额。它实质上是方案在整个生命周期内各期净收益的现值总额,实际计算时即将净收益按一定折现率折算为起始点的总经济效益,计算公式为

$$\begin{aligned} \text{NPV} &= \text{PCI} - \text{PCO} \\ &= \sum_{t=0}^{n} \text{CI}_t (1+i_0)^{-t} - \sum_{t=0}^{n} \text{CO}_t (1+i_0)^{-t} \\ &= \sum_{t=0}^{n} \text{NC}_t (1+i_0)^{-t} \end{aligned} \quad (10\text{-}1)$$

其中，NC_t 为第 t 年的净现金流量，即第 t 年的现金流入（CI_t）减去第 t 年的现金流出（CO_t）；i_0 为标准收益率（或贴现率），是衡量方案纯经济效益是否达到标准的基准。

定义一次性初始投资额为 P，各年净收益是等额值 A，方案生命期期末残值为 S。则

$$NPV = -P + A(P/A, i_0, n) + S(P/F, i_0, n) \qquad (10\text{-}2)$$

运用净现值法对单个方案进行评价时：NPV＜0，则该方案达不到预期收益率 i_0 的目标，方案不可行；NPV=0，则该方案刚刚能达到标准收益率 i_0，方案可行；NPV＞0，则该方案能获得一定超额收益，方案可行。

在进行多方案选优时，如果各方案的生命期相同，并且投资目标是获得最大的经济效益总值，则应选择净现值最大的方案；若各方案的生命期不同，则需要结合其他因素进行综合考虑。

例：要进行一项设备投资，现有甲、乙两个方案，其基础数据如表 10-1 所示，若标准收益率 i_0=5%，试比较这两个方案的优劣。

表 10-1 甲、乙两方案的基础数据

项目	甲方案	乙方案
初始投资/元	10 000	15 000
年收入/元	5 000	7 000
年支出/元	2 600	4 800
服务年限/年	10	10
残值/元	2 000	3 000

解：两方案的现金流量图如图 10-1 所示。

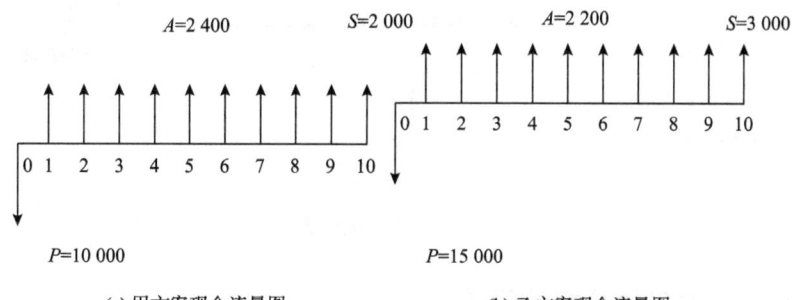

(a) 甲方案现金流量图　　　　(b) 乙方案现金流量图

图 10-1 示例中的现金流量图（单位：元）

各方案的净现值分别是：
NPV~甲~=−10 000+2400（P/A，5%，10）+2000（P/F，5%，10）=9760.6（元）
NPV~乙~=−15 000+2200（P/A，5%，10）+3000（P/F，5%，10）=3830.1（元）
因为 NPV~甲~ > NPV~乙~，所以甲方案优于乙方案。

10.3 敏感性分析

10.3.1 敏感性分析概述

敏感性分析是经济评价中常用的一种研究不确定性的方法。从广义上讲，它研究不确定因素对方案经济效益的影响。具体地说，它是在确定性分析的基础上，进一步分析不确定因素的变化对经济效益评价值影响的程度。若某不确定因素在较小的范围内变动时，造成经济效益评价值较大的变动，从而影响原来结论的正确性，则该不确定性因素是敏感因素。不确定性因素变动的范围越小，造成的经济效益评价值变动的范围越大，则敏感性越强。

通过计算与模型中所包含因素的改变相对应的 NPV 的变化，敏感性分析利用模型来回答"如果……，会怎样"的问题。内部因素和外部因素都会影响项目值。"内部因素"是那些对团队具有颇深影响的因素，包括开发费用、开发速度、生产成本和产品性能等。"外部因素"是那些团队无法任意改变的变量，包括竞争环境（如市场反应、竞争者的行动）、销售量和产品价格（对价格是内部因素还是外部因素可能有不同意见。但双方对价格受竞争产品价格的强烈影响及价格与销售量相关则几乎没有分歧）。虽然外部因素不受产品开发团队的直接控制，但它们经常受内部因素的影响。内部因素和外部因素见图 10-2。

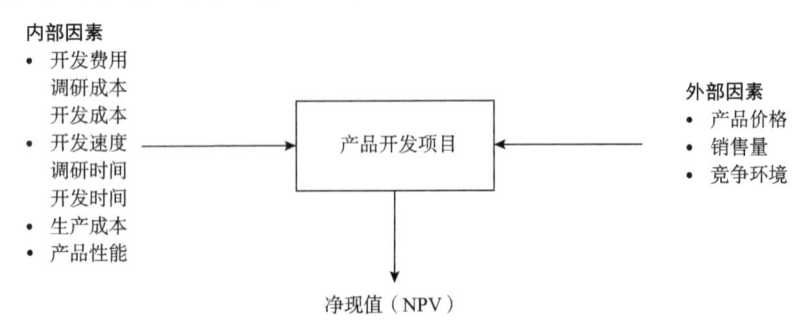

图 10-2 影响净现值（NPV）的内部因素和外部因素

10.3.2 敏感性分析的目的

（1）研究不确定因素的变动将引起的经济效益的变动范围，避免对原来的分析评价所得结论绝对化的理解，事先考虑好较为灵活的对策和措施，在工作中争取主动，促使不确定因素向有利方向变动，避免或减小不应有的损失。

（2）找出影响方案经济效益的最敏感因素和关键因素，分析与之有关的可能产生不确定性的根源并加以重点控制，为进一步进行不确定性分析（如概率分析）提供依据。

（3）通过多方案敏感性大小对比分析，区别敏感性大或敏感性小的方案，以选择敏感性较小的方案。

（4）通过对可能出现的最有利的与最不利的经济效益范围进行分析，用寻找替代方案或对原方案采取某些控制措施的办法，来确定最现实的方案。

建议对竞争环境（基本情况模型不能明确体现该因素）以外的所有外部因素和内部因素都进行敏感性分析。这些分析将使团队认识到模型中的哪些因素对净现值具有重大影响。这一信息可以帮助团队确定对哪些因素应该做更细致的研究以便提炼和改善基本情况模型。这一信息对支持团队的操作性决策也很有用。

10.3.3 敏感性分析方法

1. 单因素敏感性分析

根据项目的不确定因素的多少和每次变动因素的数目，敏感性分析可分为单因素敏感性分析和多因素敏感性分析。

（1）单因素敏感性分析的概念。每次只变动一个不确定因素，而其他因素保持不变时所进行的敏感性分析，叫作单因素敏感性分析。

（2）单因素敏感性分析逐项替换法步骤：①找出影响方案经济效益的各种可能的不确定因素（x），如产销量、价格、单位变动成本、投资等因素。②假设某一因素发生变动而其他因素不变，计算经济效益指标[如净现值、内部收益率（internal rate of return，IRR）等]的变动范围。③逐步替换不确定因素，继续计算它们对经济效益指标的影响。④各不确定因素的敏感度系数分析。敏感度系数（S_{AF}）是指方案评价指标变化率与不确定因素变化率之比，即

$$S_{AF} = \frac{\Delta A / A}{\Delta F / F} \tag{10-3}$$

其中，$\Delta F/F$ 为不确定因素 F 的变化率；$\Delta A/A$ 为不确定因素 F 发生 ΔF 变化时，评价指标 A 的相应变化率。$S_{AF} > 0$，表示评价指标与不确定因素同方向变化；$S_{AF} < 0$，表示评价指标与不确定因素反方向变化。$|S_{AF}|$ 越大，说明该不确定因素越敏感。⑤各不确定因素的临界点分析。分析经济效益指标达到临界值[如 NPV(x)=0，或 IRR(x)=i_0，或 BCR(x)=1]（BCR 全称为 benefit-cost ratio，即效益成本比）时，某种不确定因素允许变化的临界值。一般情况下，临界点的绝对值

越小，说明该不确定因素对方案评价指标影响越大，方案对该因素越敏感。⑥综合分析，找出敏感因素，提出相应措施。

（3）单因素敏感性分析的局限性和改进。单因素敏感性分析是假设某一因素变动而其他因素不变时对方案经济效益的影响，但实际各不确定因素变化对方案经济效益的影响是交叉地、综合地发生的。例如，减少开发时间可能导致产品性能降低，提高产品性能可能要求增加额外的产品成本。然而，有些这样的交互关系远比简单的权衡要复杂。例如，减少开发时间可能需要增加开发成本，而如果延长开发时间是由某一关键任务延误造成而非规划的进度延长的话，那么延长开发时间也可能导致成本增加。

一般来说，因内部因素和外部因素之间的联系，这些交互作用是很重要的。例如，增加开发成本或时间可能会提高产品性能，从而可提高销售量或价格；而减少开发时间可能使产品更快投放市场，因而也可能提高销售量。

虽然对外部因素（如价格、销售量等）一般很难精确建模，不过定量模型还是可以帮助我们进行决策的。若要考虑这种情况，则必须进行多因素敏感性分析。

2. 多因素敏感性分析

（1）多因素敏感性分析的概念。每次同时变动多个不确定因素的敏感性分析，叫作多因素敏感性分析，最常用的是双因素敏感性分析。

（2）双因素敏感性分析的步骤。①在单因素敏感性分析的基础上，确定两个主要的最敏感因素或最可能发生较大变化的因素(x_1, x_2)；②分析这两个不确定因素允许变化的最大范围，即使经济效益指标达到临界值[如 $NPV(x_1, x_2)=0$，或 $IRR(x_1, x_2)=i_0$，或 $BCR(x_1, x_2)=1$]时，这两项因素允许变化的各种组合关系；③估计这两项因素可能发生变化的范围，并与其允许的最大范围进行对比分析，据此分析判断方案的可行性。

10.3.4　敏感性分析的局限性

敏感性分析在一定程度上对各种不确定因素的变动对方案经济效果的影响做了定量描述。这有助于决策者了解方案的风险情况，确定在决策及方案实施过程中需要重点研究与控制的因素。但是，敏感性分析没有考虑各种不确定因素在未来发生变动的概率，这可能会影响分析结论的准确性。实际上，各种不确定因素在未来发生某一幅度变动的概率一般是有所不同的。可能有这样的情况：通过敏感性分析找出的某一敏感因素未来发生不利变动的概率很小，因而实际上所带来的风险并不大，以至于可以忽略不计；而另一不太敏感的因素未来发生不利变动的概率却很大，实际上所带来的风险比敏感因素更大。这一问题是敏感性分析自身无法解决的，必须借助于其他方法。

10.4 定性分析

10.4.1 定量分析的问题

财务模型和敏感性分析是支持产品开发决策的有力工具，但这些方法也有很多限制。有些人认为必须要有严格的财务分析以便把规则和控制引入产品开发过程。然而，定量分析存在着下列问题。

1. 定量分析只考虑可测量的量

像净现值分析这样的定量方法强调并依赖于可测量的量。然而，很多影响产品开发项目的关键因素很难精确测量。实际上，定量方法鼓励在可测资产上的投资，而阻碍在无形资产上的投资。

2. 定量分析依赖于假设条件和数据的正确性

产品开发团队有可能被看起来很精确的净现值计算迷惑而产生一种安全感。如前文给出的财务分析似乎提供了对产品开发项目价值的精确评估。然而，这种"精确"绝不意味着"准确"。我们可以为产品开发项目建立一个将项目净现值精确到小数点后5位的高度复杂的财务模型，但如果模型的假设条件和数据不正确，那么计算结果就不可能正确。

3. 官僚体制将降低生产力

有些人认为提供高度计划和控制的代价是产品开发的生产力。大范围的计划和审查只会使一个构思巧妙、良好工程化的产品无法在产品窗口闭合前投放市场；过度热情地应用"专业"管理技巧将阻碍产品开发过程；潜在的有效开发时间将被消耗在分析和会议的准备上；这种计划和审查的积累效果将使开发过程化为泡影。

这些担心总的来说是合理的。然而，这些情况很大程度上与盲目应用定量分析的结果有关，或是把财务分析与固有的官僚体制相结合而引起的。这种仅仅因为盲目应用定量分析可能产生问题就认为不能进行定量分析的观念是不可取的。相反，团队应该了解这种方法的优点和缺点，并充分认识模型的工作原理和模型所立足的假设。更进一步地说，可以用定性分析弥补定量分析的一些固有弱点。

10.4.2 定性因素对项目成败的影响

许多影响开发项目的因素很难量化，由于它们很复杂或不确定。这些因素称为定性因素。

1. 公司、市场和宏观环境之间的相互作用

由项目组做出的决策一般来说确实与整个公司、与市场中的竞争者和消费者，甚至与市场运行所依赖的宏观环境都有着重要的因果关系，如图 10-3 所示。与之相似，开发项目以外的事件和行为经常对项目价值具有重大影响。定性分析主要关注这些相互作用。进行定性分析最基本的方法是要考虑以下因素：①项目与整个公司的相互作用；②项目与产品未来市场间的相互作用；③项目与宏观环境的相互作用。

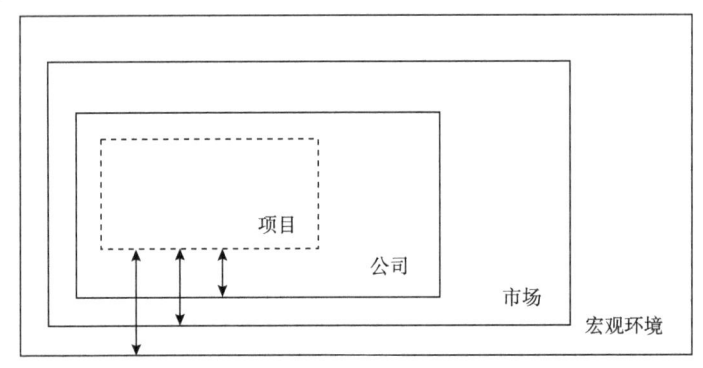

图 10-3　一个开发项目与公司、市场和宏观环境的相互作用

2. 项目与整个公司的相互作用

定量模型所包含的一个假设是，如果项目利润最大化，那么公司的利润也会最大化。然而，开发决策必须在作为一个整体的公司背景中进行。项目与公司间的两个关键的相互作用是"外部性"和"战略匹配"。

（1）外部性。外部性是指公司的一个部门的行为施加在另一个部门上的"不可定价"的成本或收益；成本被当作负的外部性，收益是正的外部性。外部性的正面例子是，学习一个项目的开发将会对现在或将来的其他项目有益，但费用则由第一个项目承担。

（2）战略匹配。开发团队的决策不仅要对项目有利，还必须与公司的总体产品规划和技术战略保持一致。例如，开发团队所提出的新的产品、技术或特性与公司的资源和目标匹配得如何？它与公司对技术卓越的强调兼容吗？它与公司对独特性的强调兼容吗？

由于其复杂性和不确定性，外部性和战略匹配是很难量化的。但这并不意味着不应考虑这些问题；相反，我们必须定性地考虑这些因素。

3. 项目与市场间的相互作用

我们只把价格和销售量当作关键的外部动因进行明确的建模。从效果上看，

我们将市场的作用与反作用保持恒定。为精确建立项目价值模型，我们必须放宽所有其他因素并对其保持相同假设，以便认识到团队的决策将影响市场，市场事件也将影响开发项目。市场环境不仅受到团队行为的影响，还受其他三个群体的行为的影响。

（1）竞争者。竞争者可提供直接竞争产品，或提供替代产品而间接竞争。

（2）客户。客户的预期、收入或喜好可能会变化。这些变化可以是独立的，也可以由追求补充产品或替代产品的市场的新情况所驱使。

（3）供应商。为新产品提供输入的供应商也受到他们自身的市场竞争的影响。这些压力可能会通过价值链间接地影响新产品。

这些群体间的作用与反作用最经常影响预期价格和销售量，但它们也可能有二级效应。例如，假设有一个产品开发周期很快、似乎更看重市场份额而不是短期盈利的竞争者，很明显，这样一个新的竞争者的加入将改变我们的预期价格和销售量。更进一步地说，我们将试图加快自己的开发工作来作为回应。这样，这个竞争者的行为不仅影响我们对销量的预测，还影响我们已规划好的开发进度。

4. 项目与宏观环境间的相互作用

我们必须放宽所有其他因素并对其保持相同假设，以便将关键的宏观因素纳入考虑之中。

（1）重大经济变化。影响开发项目价值的重大经济变化的例子包括外汇汇率、材料价格或人力成本的变化。

（2）政府调控。一方面，新的政府调控政令可能会毁掉一个产品开发机会。另一方面，某个行业的调控结构的改变又可能孵化出全新的产业。

（3）社会趋势。跟政府调控一样，新的社会关注点，如不断加强的环境意识，可以毁掉某些现有行业或创造新兴行业。

宏观因素可能对开发项目价值具有重要影响。然而，由于其内在的复杂性和不确定性，对它们建立量化模型是很困难的。

10.4.3　定性分析的方法

对大多数项目开发团队来说，最适合的定性分析法就是简单地考虑并讨论项目与公司、项目与市场以及项目与宏观环境间的相互作用。然后，团队把这些相互作用与定量分析结果作综合考虑，以便确定在开发速度、开发费用、生产成本和产品性能等方面最适合的相对侧重程度。

虽然我们认为这种非正式的方法最适合用于在项目开发团队级别上制定决策，但更加结构化的方法也是有的，包括战略分析、博弈论和情景分析法等。

1. 战略分析方法

组织战略咨询及管理咨询实务中经常使用的分析方法如下。

（1）SWOT 分析法。本书第 2 章竞争产品分析部分对 SWOT 分析法进行了较为详细的介绍。此处再次说明，SWOT 分析法可用来确定企业本身的竞争优势、竞争劣势、机会和威胁，从而将组织的战略与组织内部资源、外部环境有机结合。清楚地确定组织的资源优势和劣势，了解组织所面临的机会和威胁，对于制定组织未来的发展战略有着至关重要的意义。

（2）内部因素评价法。内部因素评价矩阵（internal factor evaluation matrix，IFE 矩阵），是一种对内部因素进行分析的工具，其做法是从优势和劣势两个方面找出影响企业未来发展的关键因素，根据各个因素影响程度的大小确定权重，再按企业对各关键因素的有效反应程度对各关键因素进行评分，最后算出企业的总加权分数。通过 IFE 矩阵，企业就可以把自己所面临的优势与劣势进行汇总，并据此刻画出企业的总体情况。

（3）外部因素评价法。外部因素评价矩阵（external factor evaluation matrix，EFE 矩阵），是一种对外部环境进行分析的工具，其做法是从机会和威胁两个方面找出影响企业未来发展的关键因素，根据各个因素影响程度的大小确定权重，再按企业对各关键因素的有效反应程度对各关键因素进行评分，最后算出企业的总加权分数。通过 EFE 矩阵，企业就可以把自己所面临的机会与威胁进行汇总，据此刻画出企业对发展机会和威胁的整体应对情况。

（4）竞争态势评价法。竞争态势矩阵（competitive profile matrix，CPM），用于确认企业的主要竞争对手及其相对于该企业的战略地位，以及主要竞争对手的特定优势与弱点。CPM 与 EFE 矩阵的权重和总加权分数的含义相同，编制矩阵的方法也一样。但是，CPM 中的因素包括外部和内部两个方面的问题，评分则表示为优势和弱点。

（5）波士顿矩阵法。波士顿矩阵（Boston matrix，BCG 矩阵）又称增长-份额矩阵、波士顿咨询集团法、四象限分析法、产品系列结构管理法等。相关介绍参见本书第 3 章产品定位部分。值得强调的是，BCG 矩阵的发明者、波士顿公司的创立者布鲁斯认为"公司若要取得成功，就必须拥有增长率和市场份额各不相同的产品组合，而组合的构成取决于现金流量的平衡。"BCG 矩阵的实质是通过业务的优化组合实现企业的现金流量平衡。

2. 博弈论

博弈论是研究多个个体或团队在特定条件制约下的对局中利用相关方的策略，而实施对应策略的学科，又称对策论，是研究具有斗争或竞争性质现象的理论和方法，它是应用数学的一个分支，既是现代数学的一个新分支，也是运筹学的一个重要学科。目前博弈论在生物学、经济学、国际关系学、计算机科学、政治学、军事战略学和其他很多学科领域都有广泛的应用。它主要研究公式化了的激励结构（游戏或者博弈）间的相互作用。

博弈论考虑博弈中的个体的预测行为和实际行为，并研究它们的优化策略。具有竞争或对抗性质的行为称为博弈行为。在这类行为中，参加斗争或竞争的各方各自具有不同的目标或利益。为了达到各自的目标和利益，各方必须考虑对手的各种可能的行动方案，并力图选取对自己最为有利或最为合理的方案。

3. 情景分析法

情景分析法又称脚本法或者前景描述法，是在假定某种现象或某种趋势将持续到未来的前提下，对预测对象可能出现的情况或引起的后果作出预测的方法。通常用来对预测对象的未来发展作出种种设想或预计，是一种直观的定性预测方法。

"情景"一词是对事物所有可能的未来发展态势的描述，既包括对各种态势基本特征的定性和定量描述，同时还包括对各种态势发生可能性的描述。情景分析法由荷兰皇家壳牌集团（Royal Dutch/Shell Group of Companies）的沃克（P. Wack）于1971年正式提出。立足于发展趋势的多样性，情景分析法通过系统分析系统内外的相关问题，设计多种未来前景，然后用电影剧本撰写的类似方法，对系统发展态势作出自始至终的情景描述。

一般来说，情景分析法的主要作用如下。

（1）分析环境和形成决策。"知己、知彼、知环境"是企业生存壮大的前提。情景分析法是企业从自身角度出发，通过综合分析内外部环境，分析自身和竞争对手的核心竞争力并制定相应决策。由于每一组环境描述都会产生一个对应的决策，因此情景分析法主要应用于分析环境和形成决策两个方面。

（2）提高组织的战略适应能力。由于情景分析法侧重于将来的变化，因而有助于企业对未来的不确定性因素的处理。在战略预警方面，情景分析法能够有效地改善企业的战略适应能力。与此同时，持续的情景分析还能为企业情报部门提供大量的环境市场信息，这些信息能够为企业带来多方面的改善，包括帮助企业发现自身的优势、劣势和潜在的机会、威胁等。

（3）提高团队的总体能力，实现资源的优化配置。从企业内部出发，人是企业的核心，人的思想更是关键。情景分析法不仅是为高层管理者所用的战略工具，更是企业各层级人员都需要参与其中的管理活动，因此能够激发每个人的责任感、成就感，提升团队的总体能力。此外，企业决策人员依据情景分析法预测出的未来情景进行决策并确定未来的发展方向，而决策的实施需要资源的支持，因此，情景分析及决策也指导着企业资源的重新配置。

10.5 价值分析

10.5.1 价值分析概述

1. 价值分析的定义

价值分析又称为价值工程法,是一种方案创造与优选的技术,指通过集体智慧和有组织的活动对产品或服务进行功能分析,以最低的总成本(生命周期成本),可靠地实现产品或服务的必要功能,从而提高产品或服务的价值,取得更好的技术经济效益。价值工程的主要思想是通过对选定研究对象的功能及费用进行分析,提高选定研究对象的价值。这里的价值,指的是费用支出与获得之间的比例,用数学比例式表达如下:

$$价值 = 功能/成本 \qquad (10\text{-}4)$$

从定义我们可以得出以下理解:

(1) 它是进行方案创新与优选的技术。

(2) 它研究的对象是产品、产品的功能和费用,而且功能研究是价值分析的重点。

(3) 价值分析的手段是以最低的生命周期费用,来可靠地实现用户所需的必要功能。

(4) 价值分析研究的结果是价值,目的是提高价值,取得更好的技术经济效益。

2. 价值分析中的关键要素

(1) 产品。产品是价值分析的主要对象。所谓产品是指根据社会和人们的需要,通过有目的的生产劳动,而创造出来的物质资料。对于市场来讲它是商品,对于使用者来讲它是用品。

(2) 功能。产品的功能是价值分析的核心内容。功能是指产品的具体用途,用价值分析的观点来说就是:它是干什么用的。我们也可以把功能理解为作用、效用、效能等。例如,电灯的功能就是发光,水杯的功能就是盛水,等等。产品的功能是人类赋予的,所以人的功能是根本,只有人的功能得到充分发挥之后,产品的功能才得以完善,所以价值分析的成功还在于价值管理。价值分析的重点之一,就是加强产品的必要功能,消除不必要功能,使功能适应于用户的需求。

(3) 生命周期费用。从产品设计开始算起到用户停止使用该产品为止,这一时期叫作产品的经济生命周期。价值分析中所指的生命周期就是它的经济生命周期。随着技术与经济的飞速发展，产品的生命周期越来越短，如机械产品的生命周期为 3~8 年，日用消费品的生命周期则只有 1 年左右。

产品的整个生命周期内所发生的全部费用，就叫作产品的生命周期费用（C）。它包括：①购置费（C_1）：购买产品的费用。②使用费（C_2）：使用过程中付出的费用，如能耗费、保养费和维修费等。③残值费（C_3）：产品转让、回收的费用。

$$C=C_1+C_2+C_3 \quad (10\text{-}5)$$

因为残值费不常发生，通常被忽略，所以

$$C=C_1+C_2 \quad (10\text{-}6)$$

生命周期费用，通常也称作生命周期成本。对企业来说都视为成本，而对用户来说往往称为费用。二者在价值分析中是通用的。

电冰箱的购置费与使用费不相上下，而一台机械设备的购置费占生命周期费用的 30% 左右，使用费占生命周期费用的 70% 左右。所以设计时不仅要考虑如何降低生产成本，而且必须同时考虑如何降低使用成本，以使产品所需的总成本达到最低的程度。

（4）价值。价值在哲学、社会学、经济学中都分别有不同的解释。

在价值分析中，价值是评价事物有益程度的标准，是以事物的效用和得到这种效用所投入资源的比值来表示的，即

$$价值 = 效用/投入资源 \quad (10\text{-}7)$$

对产品而言，

$$产品的价值 = 产品的功能/产品的生命周期费用$$

$$V = F/C \quad (10\text{-}8)$$

上述价值的概念表明：①产品的价值与产品的功能成正比，与提供产品的相应功能所花的费用成本成反比；②如果两个产品的成本相同，功能水平高的产品价值高，功能水平低的产品价值低；③如果两个产品的功能水平相同，成本高的价值低，成本低的价值高。

价值的引入，把产品的评价提高到一个新的水平，它是一种把功能和成本结合起来的评价方式。价值高的产品无疑是好产品，价值低的产品则需要改进。

但是价值的评价是一个相对的概念。为了更好地进行价值的比较与评价，需要有一个共同的价值标准。价值标准：

$$V_{标} = F_{必} / C_{最低} \tag{10-9}$$

其中，$F_{必}$是用户要求的必要功能；$C_{最低}$是实现这一必要功能所花的最低费用；这时的价值最高等于1，其他情况下都小于1。

3. 价值分析的特点

（1）把用户的利益放在首位。价值分析把用户的需求作为进行分析与设计的出发点，坚持了用户第一的服务方向。

（2）以功能分析为核心。价值分析就是要通过产品的功能分析，找出什么是必要功能，什么是不必要功能，什么是不足功能，什么是过剩功能，使产品的功能既无亏空也无浪费，从而更好地为用户服务。

（3）以提高技术经济效益为目的。所谓技术经济效益，就是人们在从事社会实践活动时，为了实现某个技术方案，所得到的使用价值与投入的劳动消耗之间的比值。由此可以看出产品价值与技术经济效益的相近之处，实际上，要想提高技术经济效益，则必须提高产品的价值，而提高技术经济效益，又是企业生产和经营的目的。为此，价值分析正好要解决的就是这个问题。

（4）把技术工作与经济工作相结合。技术与经济是一个统一体中的两个方面，缺一不可，而价值分析正是把二者结合起来。它通过对功能与实现功能的费用的分析，使设计工作在产品的研发阶段就充分考虑到功能、技术、生产、材料、销售之间的关系，从而创造出高价值的和具有好的技术经济效益的产品。

（5）是一种有组织的活动。要想以最低费用可靠地实现用户所需的功能，需要企业管理层、设计部门、技术部门、财务部门、市场部门、销售部门、生产部门等各部门的参与和共同研究，所以在企业中进行价值分析活动，必须有一个固定的组织形式并且要通过各方共同配合才能够完成。

（6）采取系统的分析方法。价值分析不是一种局部行为，它把产品的创新与改良设计、产品功能和实现产品功能的手段与费用，看作一个系统，并以系统的分析方法，进行功能以及实现功能的费用分析，功能评价，以及最终方案的选择。价值分析不是强调对某一个或某几个因素的最优化，而是强调对整个功能系统和整个产品的最优化，以达到以最低费用可靠地实现产品总体功能的目的。

10.5.2 价值分析在产品开发中的应用

1. 提高产品价值的途径

随着人们对市场认知能力的提高和自我意识的增强，"不太好看""不太好用"的产品越来越不被接受。人们只看好那些形式与技术结合完美的产品。

"形式"指的是能够将情感（新奇感、独立感、安全感、感性、信心、力量感）、人机工程（易用性、安全性、舒适性）、美学（视觉、听觉、触觉、嗅觉、味觉）结合起来的感觉因素。

"技术"指的是采用先进技术或加工质量很高的传统技术，为产品赋予足够的功能，能使产品持续正常工作，并保持良好性能的技术能力；在制造中按要求达到所需的配合与表面工艺要求，在预期的产品寿命之内保持恒定的外观和性能。核心功能可以是机械的、电力的、机电的、化学的、数字的或者所有这些的组合。

根据价值的概念，可以演变出提高产品价值的五种途径。

（1）提高产品价值的途径一：

$$V_{\uparrow\uparrow} = \frac{F_\uparrow}{C_\downarrow} \qquad (10\text{-}10)$$

这种方式一般是可以找到更好提高功能的方法和能寻找到成本更低、技术与形式更好的产品。这是提高产品价值最为理想的途径。

（2）提高产品价值的途径二：

$$V_\uparrow = \frac{F_\uparrow}{C_\rightarrow} \qquad (10\text{-}11)$$

在成本不变的情况下，使功能有所提高，从而提高价值。如适时地进行重新设计，使式样和颜色与时俱进，则无需增加成本，就可提高产品的功能和价值。

（3）提高产品价值的途径三：

$$V_\uparrow = \frac{F_\rightarrow}{C_\downarrow} \qquad (10\text{-}12)$$

功能不变，成本降低，价值提高。如新材料、新工艺的应用，可使成本降低。

（4）提高产品价值的途径四：

$$V_\uparrow = \frac{F_\downarrow}{C_{\downarrow\downarrow}} \qquad (10\text{-}13)$$

这种情况是对原产品的功能进行分析，将多余和粗劣功能剔除，使次要功能和不必要的辅助功能减少，节省了大量的原材料，减少了加工工序，成本大幅度降低，价值提高。

上述四种途径，一般用在增加产品在成熟阶段的时间，持续不断地扩大产品利润的情况下。

（5）提高产品价值的途径五：

$$V_\uparrow = \frac{F_{\uparrow\uparrow}}{C_\uparrow} \qquad (10\text{-}14)$$

成本有所提高，但功能都成倍或几倍地提高，进而价值提高。一般用在使产品由单功能向多功能发展的阶段或在产品的研发阶段。这种方式使产品将形式和技术完美地结合起来，将生活方式的影响力、产品的功能特色以及人机工程相结合，使个人感情的表达、产品的技术先进性和高度的可用性得以实现，因而可以使产品从竞争者中脱颖而出。赋予产品形式与技术统一的特性是获得顾客信赖的一个根本方法，也是现代设计师追求的目标。

2. 价值分析的过程

自价值分析产生以来，价值分析演绎出了许多程序和步骤。但归纳起来不外乎下面几大步骤：分析、综合、评价、选定。

（1）分析。所谓分析是从技术和经济两个方面对价值分析的研究对象进行分析。分析的重点是功能和实现功能的成本。分析的目的则是更好地进行综合。

（2）综合。综合是把分析的问题诸因素进行整理、重组、变化、叠加等的过程，这就是所谓的创造过程或称设计创意与设计构思的过程。通过这一过程，可以得到对分析对象的许多解决方案，以便进行优选。

（3）评价。评价过程就是对已得到的方案进行评判。对不同的价值分析对象，不同的阶段，或不同的步骤，所采用的评价标准是不同的，但有一点则是通用的，即最终的评价标准是以价值的高低来决定功能的实现方式。

（4）选定。选定正是通过实现功能的可行性（技术因素）和完成功能所提供的可能性（成本经济因素），以及价值的高低来选择最佳方案，进而实施的过程。总体来说，价值分析活动是一个提出问题、分析问题和解决问题的过程。根据价值分析的特定内容，提出问题表现为确定目标，但目标确定的准确性则依赖于情况的真实性与充分性。分析问题是工作程序的关键性步骤，是价值分析的核心。解决问题的过程，则有赖于对功能的探索，从而提出各种不同的对问题的解决方案，以及进行最佳方案的选定。

10.5.3 价值分析对象的选择

价值分析的对象，就是要具体确定功能成本分析的产品与零部件。要想具体地、更为精确地选择出合适的对象还必须通过一定的方法来进行。一般采用两种方法，即定性分析方法和定量分析方法。

1. 经验分析法

经验分析法是依靠价值分析活动人员的经验，来选择和确定分析对象，这是一种定性的分析方法，也是常用的一种方法。经验分析法的优点是简便易行，缺点是受人员的经验及工作态度的影响大，难以保证准确性，所以常与其他方法结合使用。

2. 百分比方法

百分比方法是通过分析各个产品的两个或两个以上的技术经济指标所占总和百分比的大小，来选择价值分析对象的方法。

例如，某企业有四种产品，它们的成本与利润的比重如表 10-2 所示。

表 10-2　成本利润比重表

产品名称	甲	乙	丙	丁	合计
成本/元	500	300	200	100	1100
成本比重/%	45.5	27.3	18.2	9.1	100
利润/元	115	30	60	25	230
利润比重/%	50	13.0	26.1	10.9	100

由表 10-2 可知，乙产品占总成本的 27.2%，而利润是 13%，所以乙为价值分析与产品改进的对象。

3. ABC 分析法

所谓 ABC 分析法，又称帕累托分析法，是根据帕累托对西方社会财富的分配规律研究而得来的。帕累托是意大利的经济学家，他在研究社会财富的占有状况时发现这样一个规律：占人口比例不大的少数人，占有社会财富的大部分；占人口比例很大的多数人，却只占有社会财富的小部分。后来人们发现，产品成本分配方案，也具有与之非常类似的规律。

通过对产品成本的分析可以发现：占产品零件总数 10% 左右的零件，其成本往往占产品总成本的 60%~70%，这类零件称为 A 类零件；占零件总数 20% 左右的零件，其成本也占总数的 20% 左右，这类零件称为 B 类零件；占零件总数 70% 左右的零件，其成本占总成本的 10%~20%，这类零件则称为 C 类零件，如图 10-4 所示。ABC 分析法偏重于从成本方面选择价值分析对象。在对产品作价值分析时，A 类零件显然是分析的重点。

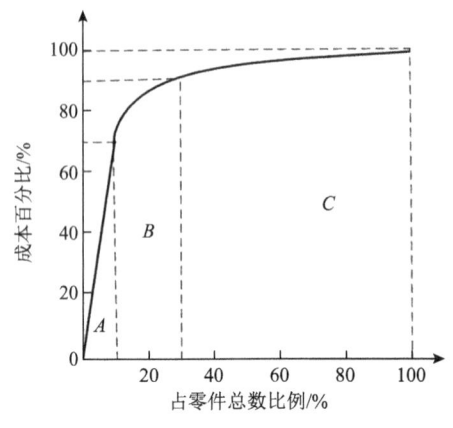

图 10-4　产品零件 ABC 分析法

【练习与思考】

（1）如果产品的开发者仅仅依赖一个定量财务模型来评判他们的努力的话，你认为产品开发会取得成功吗？请简要说明理由。

（2）如何运用定量分析方法对将在几年内开发并引入的整个系列产品的技术经济可行性进行分析？

（3）试列举 3 个理由来说明即使定量分析显示 NPV 是负的，企业仍可选择进行产品开发。

（4）建立一个分析智能台灯开发和销售的定量模型。假设在 5 年内企业能以每件 200 元的价格每年销售 2 万件，且每件制造成本为 100 元，生产启动成本为 20 万元，营销和服务成本每月 2 万元，开发周期为 12 个月。试问这样一个项目合理的开发费用是多少？

第四篇　产品上市准备

第 11 章

新产品价格策略

合理的产品价格不仅有助于销售收入的提升,还有助于与客户建立良好的关系。新产品价格策略对于产品项目的成功和企业的发展都至关重要。那么,对产品进行定价应该遵循哪些原则?新产品定价有哪些模式和技巧?新产品定价需要考虑哪些影响因素以及选择什么样的策略?如何进行产品价格的调整?本章将从回答这些基本问题出发,介绍新产品价格策略的相关内容。

【知识地图】

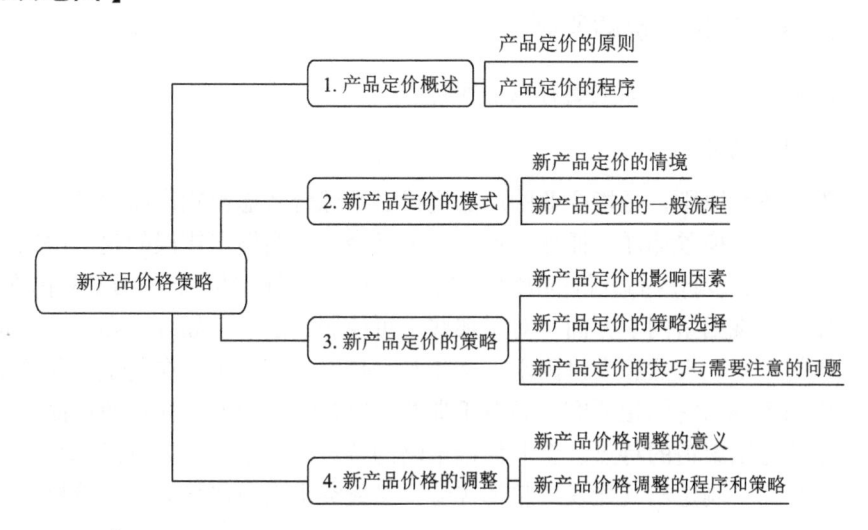

```
                                    ┌─ 产品定价的原则
                   1. 产品定价概述 ──┤
                                    └─ 产品定价的程序

                                    ┌─ 新产品定价的情境
                   2. 新产品定价的模式┤
                                    └─ 新产品定价的一般流程
新产品价格策略 ──┤
                                    ┌─ 新产品定价的影响因素
                   3. 新产品定价的策略┼─ 新产品定价的策略选择
                                    └─ 新产品定价的技巧与需要注意的问题

                                    ┌─ 新产品价格调整的意义
                   4. 新产品价格的调整┤
                                    └─ 新产品价格调整的程序和策略
```

【学习目标】

本章介绍新产品的价格策略,包括新产品定价的影响因素和策略选择以及新产品价格调整的程序和策略等相关内容。通过本章学习,学习者应达到如下学习目标。

(1)了解产品定价的程序和原则。

（2）掌握新产品定价的模式和技巧。
（3）熟悉新产品的定价策略选择。
（4）了解新产品价格调整的程序和策略。

11.1 产品定价概述

市场营销学的价格观认为，尽管产品的价格不能脱离其价值而孤立存在，但是产品定价的高低却不是由产品的价值直接决定的，而是由市场供求关系以及企业的定价目的等多种因素共同作用的结果。企业有时为了自身经济利益，可能漫天要价；为了占领市场或者击败对手，也可能极力压价。从产品销售的角度看，还要考虑消费者的心理因素。在产品的销售实践中，从来都不缺乏低定价产品无人问津，高定价产品却顾客盈门的案例。消费者对产品价值的认知往往是影响其购买行为的重要因素。因此，产品定价是一项重要的和基本的管理策略，无论是在企业的营销组合策略中，还是在企业的促销组合策略中，无不具有举足轻重的地位。深入研究和探讨企业的产品定价技巧和策略，不但具有重要的理论价值，而且具有重要的实践意义。

11.1.1 产品定价的原则

产品定价的基本原则主要有以下四种。

1. 整体性原则

所谓整体性原则，是指企业的产品定价必须综合考虑影响产品定价的多种因素。如果像盲人摸象那样，抓住一点，不及其余，就会做出错误的定价决策。

一般来说，影响产品定价的因素包括外在的、不可控制的宏观因素和内在的、可以控制的微观因素两个方面。对于那些不可控制的因素，如政治和法律因素、经济和市场因素、自然和人口因素、文化和科技因素等，企业在制定产品价格的时候，应当考虑与它们相适应；而对于那些可以控制的因素，如企业产品结构的特点、企业分销渠道的特点、企业促销策略的特点等，企业则可以发挥自己的能动性和想象力，制定出既能发挥整体优势，又能突出企业优势的产品价格。

2. 动态性原则

所谓动态性原则，是指企业的产品定价并不是固定不变的，必须因时制宜、因地制宜，随时随地制定新的或者修改旧的产品价格以适应市场营销环境的变化。"世态舆情如流水"，影响企业产品定价的环境因素也总是处在变动不居的过程之中。当某种环境因素，尤其是宏观环境因素发展成为一种趋势的时候，就会对与它有关的所有事物产生显著的影响。因此，在企业的市场营销活动中，从来都没有一种能够以不变应万变的战略或者策略。当然，企业的产品定价也是如此。只有因时制宜、因地制宜，随时随地制定新的或者调整旧的产品价格，以适应环境和市场的变化，才能有效发挥价格的营销功能。

3. 前瞻性原则

所谓前瞻性原则，是指企业的产品定价必须着眼于未来，从长远和发展的角度去考虑问题，有效地防止和克服企业在产品定价方面急功近利的思想和行为。对于企业的产品定价，如果缺乏未来眼光，不能从长远和发展的角度考虑问题，那就不但难以预测环境和市场对于企业的影响，而且难以把握当前顾客和潜在顾客对于企业的意义，要做出正确的价格决策几乎是不可能的。

4. 沟通性原则

所谓沟通性原则，是指企业的产品定价是一项信息工程，不但要在充分掌握环境和市场信息的基础上进行，而且要善于通过信息的沟通和传播来发挥价格的营销功能。产品定价作为一种营销和促销的手段，是针对市场和消费者而言的。不了解市场行情，不了解消费者的特点，闭门造车，无的放矢，当然难以起到营销和促销的作用。同时，产品的定价决策是否科学，不但要经过专家的论证、市场的检验，而且要报经价格管理部门批准。只有经过上下沟通、左右沟通，反应灵敏，行之有效之后，才可以把某种产品的定价郑重其事地推向市场。

11.1.2 产品定价的程序

产品定价的程序可分为以下六个阶段。

1. 分析定价环境

任何事物都不可能脱离其生存和发展的客观环境，企业也是一样，作为一个以营利为目的的经济组织，它在原料、能源、资金、信息、技术、劳动力等方面，都不能不与整个社会发生千丝万缕的联系。其中，企业所面临的政治和法律环境、经济和市场环境、自然和人口环境、文化和科技环境，以及企业的经济实力和经营能力、产品结构和销售渠道、同盟者和竞争者等，都是影响企业市场营销的至关重要的因素。

管理心理学的研究发现：科学决策必须以充分地占有信息为基础。如果支持某项决策的信息量没有达到应有的限度，就会导致决策的失败。企业的产品定价也是如此。对影响产品定价的诸多因素缺乏了解，就无法为产品制定一个可以适应这些因素的价格。

2. 确定定价目标

目标是对行为结果的预想，它产生在行为之先，并以观念的形式存在于我们的头脑之中。就企业的定价目标而言，它不但是实现企业目标的基本途径，而且是企业产品定价的基本依据。一般来说，企业的定价目标有扩大企业规模目标、扩大产品销售目标、获得经济效益目标、获得社会效益目标、赢得顾客信赖目标、赢得市场竞争目标等。显然，企业的定价目标不同，其定价方法和定价策略也会不同。因此，确定定价目标是继分析定价环境之后必不可少的重要环节。

3. 进行价格概算

企业是一个以营利为目的的经济组织。虽然其具体的定价目标多种多样，但是其最终目标却是通过获取利润来求得自身的生存和发展。显然，企业在进行产品定价的时候，必须考虑到产品的生产成本和经营利润两大因素，进行认真的价格概算，科学界定产品价格的下限和上限，并在此基础上制定产品定价的具体目标。如果只讲具体目标，不讲最终目标，只讲策略技巧，不讲经济效益，那就违背了企业建立的初衷。产品价格的下限是企业可以接受的最低价格界限。显然，产品的生产成本是这个最低界限的基础。由于市场供需或者市场竞争等因素的影响，企业有时也可以把产品的价格定在成本以下，但这只是一种暂时的竞争策略。产品价格的上限是企业努力争取的最高价格界限。最高价格界限是企业梦寐以求的理想，它不受产品成本的限制，却可以为企业带来理想的经济效益。显然，最高价格界限的实现依赖科学的定价策略，同时也受到国家价格政策的限制。

4. 选择价格方案

价格方案是实现企业定价目标的途径。管理心理学的研究认为：在通向目标的过程中，如果你只有一条路可走，那么，这条路往往是走不通的。虽然可行的道路不止一条，但是总是存在着相对更有效率的方案。没有选择就没有决策；没有选择就谈不上策略。显然，企业的产品定价，不但要确定产品价格的上限和下限，而且要设计尽可能多的价格方案，并通过比较分析做到多中选优。除此之外，理想的价格方案还必须顾及以下因素。

（1）社会效益因素。价格方案的选择无疑要以经济效益为基础，但是，如果只讲经济效益，不讲社会效益，或者把二者割裂开来、对立起来，企业就会蜕变为经济动物，使自己的信誉和形象蒙受损失。按照现代的经营观念，信誉和形象无疑是企业最有价值的财富。

（2）市场细分因素。价格方案不但是企业实现其经济和社会效益的手段，而且是产品促销的策略。因此，必须使价格方案具有较高的促销功能。产品销售艺术的一条基本规律是"四特规律"，即用特殊的手段把特殊的产品销售给特殊的人以满足他的特殊需要。消费者的特殊需要既包括产品结构方面的需要，也包括产品定价方面的需要。在这里，价格方案是作为产品促销的手段来用的，因此，必须具有能够满足某个特定消费者群体的价格需求的特点。

（3）现实操作因素。价格方案在实施过程中有时会半途而废，并不是方案不佳，而是缺乏可操作性的缘故。因此，必须对价格方案进行可行性分析，只有那些理论上和实践上可行的方案才可以推向市场。

（4）潜在风险因素。价格方案的实施无疑是有风险的。因此，价格方案的选择必须进行科学的预测。只有防患于未然，对机遇和挑战都有充分的认识，才能降低价格风险，提高经营成功的概率。

5. 实施定价方案

就产品定价而言，当价格方案确定之后，就要选择恰当的时机来实施定价方案。一般来说，只争朝夕是重要的。但是，如果时机不成熟，也要善于等待。实施定价方案的关键之点是信息传播。只有广大消费者或者销售者充分了解并理解了产品的价格，企业的产品定价才可以起到促销以及营销的作用。一般来说，生产者市场多采取直接的销售渠道传达给生产资料的消费者；消费者市场多采取间接的销售渠道传达给生活资料的消费者。但是，不管采取何种渠道，明码标价和广告宣传都是值得重视的方式。

6. 反馈定价效果

管理心理学的研究发现：个体或者群体行为的效率和效果，不但取决于对行为动机的认识，而且取决于对行为效果的认识，这种对行为效果的认识就是反馈。只有及时而客观地认识了行为的效果，才能基于反馈调整行动，使我们的行为沿着正确的轨道前进。反馈定价效果的基本方式是反应灵敏度调查。而反映价格刺激灵敏度的主要指标，一是产品的销售增长率，二是产品的市场占有率。其中，产品的销售增长率，往往可以立即反映定价效果。如果销售增长率反应迟钝，就要重新选择，尽快实施新的方案。

11.2 新产品定价的模式

11.2.1 新产品定价的情境

1. 创新

有些产品为自己创造一个市场，与市场上已有的产品并不相似也难以比照，因此消费者很难量化这类创新产品提供的价值或利益。同样，向未经试验过的市场解释自己新产品的利益对供应商来说也是一件需要技巧的任务。对于创新产品的定价，价格如果低于最优水平，则会压缩企业的调整空间，并限制行业潜在的利润率。

2. 改进

此类产品包括新升级、新版本的产品和对原有产品进行改进后的产品。如果新产品提供了许多新的利益却采取了较低的定价，则容易引起竞争企业之间的价格战，因此，对改进产品的定价需要重点考虑潜在竞争企业的反应。另一个关键点是要保证在新的利益水平上产品有足够大的消费者基础。改进产品的典型例子是市面上不断更新换代的手机和笔记本电脑。

3. 模仿

模仿产品无法为消费者提供更多的利益，但是可以使企业与其竞争企业保持一致。为了避免失败，企业在为模仿产品进行定价时也必须进行认真的成本分析。事实上，在已成熟的市场上找到有利可图的细分市场，并制定不违背品牌定位的价格并不容易。

在一般情况下，企业倾向于夸大新产品的利益，把它作为创新产品来吸引消费者，但它实际上可能充其量是件改进产品。但是由于不同企业在制定定价战略时有着不同的考虑，因此重点应当聚焦于企业自身对产品进行诚实的内部评估和定位。

11.2.2 新产品定价的一般流程

1. 评估和量化利益

在给新产品定价时，企业首先应该准确地评估和量化新产品给消费者提供的利益，这些利益可能是功能性的（如计算机的微处理速度）、与过程相关的（如24小时人工技术服务呼叫中心）、与关系相关的（如消费者忠诚度）。核心在于从市场获取外部信息而不是依赖内部理念。评估和量化利益能够帮助企业确定有效的价格上限，这既可以为一种完全创新的产品确定全新的价格上限，也可以以市场上已有的其他产品作为基准确定价格上限。尽管理论上的最高价格可能最终并不会被采用（可能的原因是该价位上没有市场；该价位为竞争对手留下了过大的进入空间；消费者具有较强议价能力，要求分享更多的产品价值等），但是在定价之前明确封顶价格仍然是有必要的。

2. 衡量市场规模

在产品利益水平上的潜在市场规模是影响新产品价格边界的又一个重要因

素。准确衡量潜在市场不仅对于估计产品的生存能力至关重要，还是分析产品成本的基本要素。

3. 确定最低限价

企业还需要分析在什么样的价格水平上才能从新产品中获取利润。明确最低限价，要求企业细致全面地进行成本分析，并了解由市场所决定的价格底线。

4. 确定投放价格

新产品定价界限确定后的下一步就是制定具体的投放价格（或称为目标价格）。新产品的投放价格是指企业希望市场能够接受的新产品价格。投放价格是企业希望消费者感觉到的与竞争产品相比时本企业产品的价格。对于一般产品来说，投放价格通常是价目表价格、制造商建议零售价格以及其他先导价格；而对于定制的系统或产品来说，投放价格是对特定功能水平的产品可以预期的全部成本的感知。换言之，投放价格是企业对于新产品值多少钱的市场表达。

5. 预测竞争企业的反应

在定价过程中，企业还必须评估竞争企业对本企业定价策略可能做出的反应，尤其是对于改进产品或模仿产品，将竞争企业的反应纳入考虑，避免新产品的价格损害企业和整个行业的价值是至关重要的。过低的投放价格很可能引起激烈的价格战，这是因为竞争企业往往难以通过立即推出新产品来匹配对手提供的利益，于是他们的唯一选择就是降价。

6. 进入市场

将新产品引进市场时，介绍价格需要良好的耐心和巧妙的沟通。对于创新产品，由于市场总是对新产品持怀疑态度，因此企业必须认真清楚地介绍新产品的利益。然而，无论新产品被如何定位，企业都应该避免由于错误执行定价策略而破坏其向市场发出的价值信号。

11.3　新产品定价的策略

11.3.1　新产品定价的影响因素

1. 企业目标

制定价格需要考虑多方面的因素。首先，必须明确公司的目标，如增加市场份额、改善收入、最大化利润等。如果营销部门已经清楚地了解公司目标，确定包括定价在内的营销组合就相对容易。相反，如果定价与公司目标不符，花费大量时间和精力可能也无法达到公司的期望。因此，定价成功与否很大程度上取决于定价决策是否与公司的目标相契合。两种常见的方法有助于了解企业的目标：一是从企业主管对企业愿景、每年的年度计划的介绍中了解；二是从阅读企业网站上公司首席执行官（chief executive officer，CEO）向投资人提供的报告中了解。

2. 客户

客户是产品定价好坏的最终决定者，因此，在明确营销目标的基础上，了解客户的要求是有必要的，尽管客户的要求是多变的，但是定价任务中更需要关注客户当下的需要。有的营销人员可能将准确识别客户、了解客户需要视为很简单的问题。然而，事实也许并非如此。例如，为高端客户提供低端产品或者为低端客户提供高端产品就会出现不匹配的情况，客户可能认为产品价格不合理或者质量不好，原因就是错误定位了目标客户，即这部分人并不是企业或企业特定产品的目标客户。因此，准确定位客户和把握客户需求要求不断反思"谁是企业或产品的客户，企业或产品要找什么样的客户"，并进行细致的调研和分析。

3. 竞争对手

企业定价决策的一个重要影响因素是竞争对手。在市场上，通常会有多家其他同类档次或更高端的企业，也可能有其他的潜在进入者。因此，企业需要了解在市场上存在哪些竞争对手，分析竞争对手的战略、优势、成本，并预测它们可能对本企业的定价决策做出的反应。

以相机为例，一个正在考虑买相机的消费者在做出购买决策之前，会比较市场上的各个品牌，如佳能、奥林巴斯、三星和索尼等的价格、质量和外观等各个方面，结合自己的预算，做出决定。如果索尼采取高价格、高利润战略，其他竞争对手也进入这个细分市场，而低价格、低利润战略可能有效阻止竞争对手进入市场或是把它们淘汰出局。因此，在制定产品价格之前，需要全面了解市场上竞争对手的产品质量、性能和价格等方面，并将其作为基础来定位自己的产品，从而使产品价格更有针对性和竞争力。

4. 成本

成本是企业能够为产品设定的最低价格。如果产品定价不能覆盖生产、营销、管理等方面的成本，企业运营就是亏损的，无法为投资人提供相应的回报。企业的成本包括固定成本和可变成本。固定成本是不随产量变化的成本，包括厂房租金、设备购置和维护的费用以及其他方面的开支。可变成本则是直接随产量变化的成本部分，例如，电脑的生产涉及中央处理器（central processing unit，CPU）、主板、显示器和组装等成本，一般而言，这些成本是一定的，并且它们的总成本与数量成正比。在企业成本决策中值得引起重视的一种费用是管理费用。一个企业通常会有总经理、副总经理、总监等管理层的费用需要分摊，特别是当企业有很多个部门、多条产品线时，管理层的工资分摊到某条产品线或某个部门的比重会直接影响产品定价决策。

如果说我们有这样一个产品，它的销售价是 100 元，它的成本是 110 元，那么这个产品是进行销售，还是不进行销售呢？如果工厂的设备利用率超过 98%，答案很简单，产品就不能进行销售了。如果这个企业的人员和设备的利用率只有53%左右或更低，我们还需进行进一步的分析。首先分析一下具体的成本情况，如果固定成本为 30 元，变动成本为 50 元，管理费用为 30 元，实际上与产品直接相关的成本只有 80 元，售价超过直接产品成本，产量越多，分摊到单位产品的管理费用越少，所以应该选择生产这个产品。如果产品的售价不变，成本变为 120 元，其中固定成本为 30 元，变动成本为 75 元，管理费用为 15 元，那么决策也很简单，产品肯定不能进行销售，固定成本与变动成本的和已经超过了售价，销售得越多，只会亏得越多。

5. 其他因素

企业在制定价格策略时，还需要考虑多个外部因素，这些因素包括国家或地区的经济条件，如经济周期、通货膨胀和利率等。例如，在经济衰退阶段，消费者购买力降低，企业如果继续维持高价可能会导致销量下降。此外，政策也是影响定价决策的重要因素，营销人员应当了解相关的法律法规，特别是对外出口企业，不了解当地政策可能会影响企业的业务运营。

总的来说，科学的定价要求掌握各个方面的相关信息：①企业的目标，如企业的整体战略、未来几个月的短期目标；②企业的客户、客户的采购过程、客户在决策过程中最关心的内容；③企业的竞争及其战略、优势、劣势等；④产品的真实成本。与此同时，也应该考虑外部的经济条件和政策环境等。

11.3.2　新产品定价的策略选择

定价策略是一个比较近代的观念，它形成的动因是 19 世纪末大规模零售业的发展。价格是企业竞争的主要手段之一，企业除了根据不同的定价目标，选择不同的定价方法，还要根据复杂的市场情况，采用灵活多变的方式确定产品的价格。

1. 新产品定价策略

（1）高撇脂定价策略。这种策略是将新产品的价格定得很高，力求在尽可能短的时间内获取高额利润，尽快收回投资。如果新产品有吸引力，又为社会所迫切需要，那么这种定价策略是可行的。只要高价不引起消费者的反感和抵制，成功地吸引高收入阶层进入市场，高价就可维持一段时间，带来高额的短期利润。以后随着竞争产品投入市场和市场大规模的开发，产品的价格会逐步降低。采用这种定价策略有许多好处：①利用消费者的求新心理、炫耀心理，以高价刺激消费者需求，同时，确保新产品的独特性、优越性及高质量，使其高价也能为一部分高收入消费者所接受，形成高额的"理解价值"，树立名牌产品的形象；②一开始将价格定得高一些，为将来留有较大的回旋余地，使企业在价格上掌握主动权，根据市场竞争情况，可以随时调整价格；③高价格换回了丰厚的利润，可抓紧时机迅速赚回投资；④用价格调节需求量，在批量生产能力未形成时，高价可以抑制市场过于迅速地发展，避免新产品脱销。需指出的是，采取此策略也存在着明显不足：①在新产品的市场形象未树立之前，定价过高，有可能会影响市场开拓，愿意出高价购买产品的顾客毕竟有限；②高价投放市场的新产品获得成功后，厚利将引来众多的竞争者，影响预期目标的实现。

因此，高撇脂定价策略作为一种短期的价格策略，适用于产品确实独特并且有足够的顾客能接受这种高价，同时其他企业一时无条件与其竞争的情况。

（2）低撇脂定价策略。这种策略是将新产品价格定得稍高于现行市价，既不脱离行情，又能获取较高收益，因此它作为定价策略很受欢迎。很明显，这种策略能使企业获得部分利益，还能进行一定的市场渗透，而价格与渗透价格相比又足够高，不会招致市场上的竞争者的反击，而且还给诸如广告等其他营销手段留有空间。许多企业都喜欢采用这种定价策略，因为它具有较强的灵活性。

（3）适应性定价策略。这种策略是将新产品价格定为行业平均价即现行市价，以便新产品能很快为市场所接受。这一方法的缺陷在于现行市价常常不能表现为同一价格，因为市场上可能有几家企业以不同的价格争夺市场的主导地位，而且价格比较也因为产品品质的不同而缺乏客观的基础。

（4）渗透性定价策略。这种策略是将新产品价格定得稍低于现行市价，主要目的在于吸引顾客，提高市场占有率。由于新产品价格定得低于现行市价，因此企业希望尽量扩大生产量和销售量，从而降低生产成本，使成本降低获得的收益大于价格降低造成的损失。渗透性定价策略如果能够成功，最终会使企业销售量增加，利润上升。但是，渗透性定价策略在实际应用时市场风险较大，因为它要花费较长的时间才能使投资见效，如果产品不能迅速占领市场，或遇到强大的竞争对手，一般会造成严重的损失。渗透性定价策略一般适用于以下情况：新产品面向广大的大众顾客；企业有迅速形成大批量生产能力的可能；新产品将长久地占领市场。

（5）狙击性定价策略。这种策略是将新产品价格定得很低，保证产品销量很大，以达到抑制竞争产品的销售、阻止新的竞争者进入的目的。这种定价策略并不常用的部分原因是采用这种策略在销售和成本上都是一种冒险，竞争者也许不会退出市场，销售量也许不会明显增加。因为顾客对商品的价值都有基本正确的估计和判断，如果定价明显低于顾客的理解价值，顾客就会认为该产品是"次品"，甚至认为是"假冒伪劣商品"，从而放弃购买欲望或转投他处，而且它还可能被认为违反了《中华人民共和国反不正当竞争法》。

2. 新产品组合定价策略

产品组合定价策略是指处理本企业各种产品之间价格关系的策略。店铺通常都要销售产品大类，就是相关联的产品，而不是一种产品。产品组合定价策略包括系列产品定价策略、互补产品定价策略和成套产品定价策略。根据不同组合产品之间的关系和市场表现进行灵活定价的策略一般是对相关商品按一定的综合毛利率联合定价，对于互替商品适当提高畅销品价格，降低滞销品价格，以扩大后者的销售量，使两者销售相互得益，增加企业总盈利。对于互补商品，有意识降低购买率低、需求价格弹性高的商品价格，同时提高购买率高而需求价格弹性低的商品价格，会取得各种商品的销售量同时增加的良好效果。了解产品组合定价策略有助于将新产品放入产品组合中，与关联产品共同销售，取得意想不到的效果。

常用的产品组合定价形式有以下几种。

（1）产品线定价。产品线定价是根据购买者对同样的产品线不同档次产品的需求，精选设计几种不同档次的产品和价格点。

（2）任选产品定价。即在提供主要产品的同时，还附带提供任选品或附件与之搭配。

（3）附属产品定价法。以较低价格销售主产品来吸引顾客，以较高价格销售备选和附属产品来增加利润。如美国柯达公司推出一种与柯达胶卷配套使用的专用照相机，价廉物美，销路甚佳，结果带动柯达胶卷销量大大增加，尽管其胶卷较其他牌号的胶卷昂贵。

（4）副产品定价法。在许多行业中，在生产主产品的过程中，常常有副产品。如果这些副产品对某些客户群具有价值，则必须根据其价值定价。副产品的收入多，将使公司更易于为其主要产品制定较低价格，以便在市场上提高竞争力。因此，制造商需寻找一个需要这些副产品的市场，并接受任何足以抵补储存和运输副产品成本的价格。

（5）捆绑定价。将数种产品组合在一起以低于分别销售时支付总额的价格销售。如家庭影院是大屏幕电视、数字光碟播放机、音响的捆绑定价。

如果出售的是产品组合，则可以考虑采取如下定价策略。

（1）搭配定价是将多种产品组合成一套定价。

（2）系列产品定价指的是不同档次、款式、规格、花色的产品分别定价。

（3）主导产品带动是把主导产品价格限定住，变化其消耗材料的价格。

（4）以附加品差别定价是根据客户选择附属品的不同，而区别主导产品价格。

11.3.3　新产品定价的技巧与需要注意的问题

价格是产品市场营销组合中一个极其重要的方面，与产品、促销、渠道相比，它是唯一能直接产生收入的因素。所以，新产品的定价与新产品的整体营销有着直接的关系。但在新产品定价过程中，企业往往对价格存在许多错误的认识，因而使新产品价格策略的使用及其效果大打折扣，影响新产品的市场营销效果。为此，在新产品定价中应把握技巧并注意相关问题。

1. 新产品定价的技巧

（1）非整数法。把商品零售价格定成带有零头结尾的非整数的做法，销售专家称之为"非整数价格"。这是一种极能激发消费者购买欲望的价格。这种策略的出发点是认为消费者在心理上总是存在零头价格比整数价格低的感觉。例如，产品计划定价 6 元，你可以定 5.9 元，价格低了一角钱，但却会让顾客产生一种良好的反应。然而，对于高档商品、耐用商品等宜采用整数定价策略，以此来树立商品的形象，因为这样可给顾客一种"一分钱一分货"的感觉。

（2）弧形数字法。"8"与"发"虽毫不相干，但满足消费者的心理需求总是对的。国外市场调查发现，在生意兴隆的商场、超市中商品定价时所用的数字，按其使用的频率排序，先后依次是 5、8、0、3、6、9、2、4、7、1。这种现象不是偶然出现的，究其根源是顾客消费心理的作用。带有弧形线条的数字，如 5、8、0、3、6 等似乎不带有刺激感，易为顾客所接受；而不带有弧形线条的数字，如 1、7、4 等相比较而言就不大受欢迎。所以，在商场、超市的商品销售价格中，8、5 等数字最常出现，而 1、4、7 则出现次数少得多。在价格的数字应用上，应结合文化风俗特点。例如，很多人喜欢"8"这个数字，并认为它会给自己带来好运；"6"和"9"，因有"六六大顺""九九长远"的说法，所以也比较受欢迎。

（3）价格分割法。顾客对价格高度敏感，因为价格即代表他兜里的金钱，所以定价时要让顾客感受到你只从他的兜里掏了很少一部分，而非一大把。价格分割是一种心理策略。卖方定价时，采用这种技巧，能制造买方心理上的价格便宜感。价格分割包括下面两种形式：①用较小的单位报价。例如，茶叶每公斤 100 元报成每 50 克 5 元，大米每吨 5000 元报成每公斤 5 元，等等。欧洲地铁有过广告："只需付 30 法郎，就有 200 万旅客能看到您的广告。"②用较小单位商品的价格进行比较。例如，"每天少抽一支烟，每日就可订一份报纸""使用这种电冰箱平均每天 0.2 元电费，只够吃一根冰棍"。

（4）高标低走法。有的企业制定了统一的销售价格、批发价格，然后通过返利的方式，给经销商返利，通过这样的方式，稳定和激励经销商。商店里则采用高标价，然后通过与消费者的讨价还价，最后在低价以上任何价位成交。

2. 新产品定价的注意问题

（1）价格传递信息。不同的定价策略，向顾客传递不同的信息。比如，通过高价向顾客传递一种产品高质量、企业高品质的信息；通过低价刺激需求，促进购买，迅速占领市场，另外在无形中也向顾客及竞争者表明了谋求长期生存与发展的决心和信心。

（2）价格像一把锋利的双刃剑。制定某一水平位置的价格，在为企业带来某些方面的利益的同时，又是以牺牲其他方面的利益为代价的。例如，低价有利于某些产品的销售，却影响了其他产品的销售；低价销售刺激了销售量的增加，有助于降低产品的成本，但增加了市场风险。所以，企业只能选择利大于弊的价格水平。

（3）价格是一个动态的、整体的概念。价格是价值的货币表现，因此价格应以价值为中心上下波动。但这并不意味着价格只能规规矩矩，不可越雷池一步，相反地，在某个时期内，由于某种原因价格可能会严重偏离价值，尽管从长远看，价格应该而且必须反映价值。例如，采用撇脂定价策略时，可经常改变价格，新产品价格起初定得高，目的是通过产品在选定适用范围和细分市场时获得高利；随着一些扩展的用途的开发，顾客增多、批量变大，价格开始下降，那时候产品就以一种稍低的价格进入市场。这意味着许多新产品的高价销售是暂时性的，在新产品定价时，企业还应通过价格处理好眼前利益与长远利益、局部利益与整体利益的关系，必要时可以牺牲一些眼前利益和局部利益，以求得长远利益和整体收益最大。

11.4　新产品价格的调整

11.4.1　新产品价格调整的意义

产品价格确定之后，并不是固定不变的，随着销售时间、销售地点、市场目标、市场供需、定价目标、定价导向等诸多因素的发展变化，企业的产品价格往往也需要进行相应的变动。在一定意义上我们可以说，产品价格的稳定只是相对的，而产品价格的调整则是绝对的。将新产品定价一贯制，采取以不变应万变的策略，在任何情况下都不能取得市场营销的成功。

所谓价格调整，是指企业在产品销售的过程中，针对企业市场营销战略的发展变化和产品销售市场的价格波动，以及市场竞争者的价格特点等，对已经确定下来的产品价格进行调整和修改，从而有利于产品分销和促销的价格策划策略。

一般来说，新产品的价格调整具有如下意义。

1. 通过价格调整可以更好地贯彻企业的营销战略

战略是影响全局和影响长远的策略。企业的市场营销战略也是影响全局和影响长远的策略。当企业的市场营销战略发生变化时，构成企业市场营销组合的所有因素，如产品、定价、分销、促销，以及构成产品促销组合的所有因素，如人员推销、销售促进、广告宣传、公共关系等也都要因势而变，通过各自不同的适应性变化来贯彻和支撑企业的市场营销战略。产品定价作为一种反应最为敏感，也最为明显的因素，显然应当最早作出调整。

2. 通过价格调整可以更好地适应产品的市场环境

企业市场营销的客观环境时时处在动态变化的过程之中。当整个社会的经济状况和与之相适应的价格需求发生变化的时候，企业的产品价格只有因势而变地进行调整，才能借风扬帆、顺水推舟，适应宏观的经济环境和微观的市场环境。当然，竞争对手的定价策略也是企业产品定价所面临的环境因素之一。

3. 通过价格调整可以更好地应对产品的价格竞争

企业产品定价的策略性，不但表现在它对社会和市场环境的适应性方面，而且表现在它对竞争对手的针对性方面。古人云："知己知彼，百战不殆。"其中，"知己"是为了扬长避短，发挥优势；"知彼"是为了"师夷长技以制夷"。显然，企业只有根据并针对竞争对手的产品定价来调整自己的定价策略，才能充分利用自身的要素禀赋在竞争中获得优势。这就是说，只有针对竞争者、学习竞争者，才能超越竞争者、战胜竞争者。

11.4.2　新产品价格调整的程序和策略

1. 价格调整的程序

企业的产品定价从来都不是一种孤立存在的现象。由于它涉及企业和社会，以及消费者和竞争者等多方面的利益，因此，任何企业任何产品的价格调整都应顾及价格所涉及的方方面面。由于产品的价格调整是一项十分重要又非常复杂的工作，只有按部就班、有条不紊地进行操作，才能取得理想的调整效果。一般来说，产品价格调整的程序主要包括以下四个步骤。

（1）明确产品调价的目的。这既是产品调价的起点，也是产品调价的动力，是要解决为什么要进行价格调整的问题。目的是对行为结果的预期，这种预期形成于我们的头脑之中，并以观念的形态支配着我们的行为。这就是说，企业的价格调整并非是空穴来风，而是事出有因。一般来说，企业价格调整的动因可以分为主动和被动两个方面。就其主动的原因而言，大多是为提高产品的销售增长率和扩大企业的市场占有率；就其被动的原因而言，则可能是迫于市场和竞争的压力。显然，积极主动的价格调整，不但其产品调价的步骤井然有序，而且其产品调价的策略也多种多样。

（2）划定产品调价的市场。该步骤就是划定产品调价的范围，即解决何时何处进行价格调整的问题。一般来说，企业的产品调价总是与特定的细分市场或者目标市场相联系的。这不但是因为产品的价格调整无不具有因时制宜和因地制宜的特点，而且是因为针对特定消费者群体的调价策略才是真正有效的。企业只有在划定目标市场的基础上，通过市场调查和统计分析，弄清他们的消费层次、消费文化、消费习惯以及该目标市场的市场潜量、企业潜量等，才能提高产品价格调整的针对性和有效性。

（3）分析产品调价的因素。这一步骤就是找到产品调价的导向，即解决以什么为依据设计产品价格的问题。产品的价格调整是自主的，却又不是自由的。在许多情况下，它是企业内外诸多客观因素的综合产物。这就是说，在对产品进行价格调整的时候，既要考虑到国家的政策法规、市场的价格需求、顾客的价格习惯等，也要顾及产品的生产成本、企业的销售利润、需求的价格弹性等许多因素。只有在对这些因素进行整体分析，综合平衡的基础上，才能确定产品调价的正确价位。

（4）选择产品调价的策略。这一步骤是选择产品调价的手段，即解决产品价格调整如何实施的问题。既然是产品调价，那么，产品的价位必然会在原来的基础上上升或者下降。当然，这种上升或者下降的表现形式是多种多样的。产品的价格调整，不但要以价格调整的目标为指导，选择合理、合法、有利、有效的价格调整策略，同时还要考虑市场的特点、产品的特点、顾客的特点、对手的特点，以及企业销售人员和财务人员的意见等，按照我们所讲的价格决策理论进行分析、综合、比较、抽象和概括，为产品确定一个科学合理的调整价格。

2. 价格调整的策略

（1）新产品调价的升价策略大致包含：①产品导向的升价策略。产品的特点及变化是新产品升价调整的基本依据。从产品结构的角度看，产品导向的升价调整可以从产品配套、产品结构两个方面着手。其一，产品配套与调价。产品配套是指那些可以随意量变而实质不变的产品，可以通过不同形式的排列组合来达到升价调整的目的。利用产品的排列组合进行升价调整，显然属于认识错觉的范围。

这就是说，产品既可以化整为零销售，通过单个产品的标价来达到价格提升的目的；也可以化零为整，通过组合产品的标价来达到价格提升的目的。其二，产品结构与调价。产品结构是指产品的组成部分。按照现代产品概念，产品结构除了其实质结构，即产品的功能之外，还包括其形式结构和延伸结构两个部分。产品的形式结构主要由产品的造型、品牌、商标和包装四个部分组成。显然，这四个部分之中，任何一个部分的发展变化，都可以成为产品价格提升的理论根据。产品的延伸结构主要由产品的售前服务、售中服务和售后服务三个部分组成，显然，这三个部分之中，任何一个部分的质量提高，也都可以成为产品价格提升的正当理由。②顾客导向的升价策略。顾客的特点与地位，也是新产品升价调整的基本依据。从顾客关系的角度看，顾客导向的升价调整可以从顾客关系、顾客地位两个方面着手。其一，顾客关系与调价。所谓顾客关系，是指企业在其产品所有权转移过程中，由于顾客所处的环节不同而与其形成的不同性质的关系。其中，处于渠道末端者为最终消费者，处于渠道中间者为中间销售者。产品的最终消费者是一个结构复杂的统计群体，这个统计群体还可以进行市场细分。对于经济收入较高或者社会地位较高的最终消费者，由于采取升价调整的策略可以满足其求名、求奢的心理需求，显然比采取降价调整的策略更能激发他们的购买欲望。但是，对于中间销售者，即中间商来说，升价调整的策略则只能针对那些经济实力、经营能力、财务状况和商业信誉较差的经销商和代理商、批发商和零售商来使用。其二，顾客地位与调价。所谓顾客地位，是指企业在其产品所有权转移过程中，由于顾客所处的地位不同而与其形成的不同性质的关系。其中，那些对企业的生存和发展具有举足轻重影响的消费者个体或者团体，为重要顾客；那些对企业及其产品，在认知和情感上高度认同，在关注和选择上持之以恒的消费者个体或者团体，为忠诚顾客。从理论上讲，对于重要顾客和忠诚顾客均应采取稳价销售和降价调整的策略。但是，由于重要顾客和忠诚顾客之中均有团体消费者，而团体消费大多具有重质量不重价格、重折扣不重价格的特点，因此，在某些情况下，企业仍然可以采取升价调整的策略。

（2）新产品调价的降价策略大致包含：①产品导向的降价策略。产品的特点及变化是新产品降价调整的基本依据。从产品结构的角度看，产品导向的降价调整也可以从产品的配套组合和产品的整体结构两个方面着手。就产品的配套组合而言，企业可以采取捆绑销售的策略，将若干功能相关或无关的产品组合成一个销售单元，使单元价格低于单位价格的总和，通过提高产品的销量来达到降价调整的目的。与此同时，企业还可以借用招徕定价法的基本思想，将产品单元之中某个或者某些为消费者所熟知的产品以更低的价位定价，从而起到招徕顾客，单元促销的作用。我们所说的附赠和附加策略，如买一送一、以旧换新等，也都是具有实质意义的降价调整策略。就产品的整体结构而言，企业的降价调整策略，主要是通过对产品的功能、造型、品牌、商标、包装和销售服务的简化来实现的。当然，如果将产品的功能增加、服务的质量提高而价格不变，其实也是一种实质上的降价调整策略。此外，对于那些求实、求廉的顾客来说，如果企业能够将销售服务的费用通过降价调整返还给他们，并以降低标价的形式表现出来，往往更能激发他们的购买热情。②顾客导向的降价策略。顾客的特点与地位，也是新产品降价调整的基本依据。从顾客关系的角度看，顾客导向的降价调整也可以从顾客关系、顾客地位两个方面着手。就顾客关系而言，企业的经销商和代理商，尤其是两者之中的批发商，无疑是企业实施降价调整策略的主要对象。采取此种策略一般都是根据他们的销售业绩来调整降价幅度。当然，也可以通过发放推广津贴、风险津贴、库存津贴、运输津贴的形式表现出来。就顾客地位而言，企业的重要顾客和忠诚顾客，尤其是重要顾客之中的消费大户，无疑也是企业实施降价调整策略的主要对象。一般来说，重要顾客比较欢迎形式型的降价调整，而忠诚顾客则更加喜欢实质型的降价策略。

11.5　案例分析：V品牌手机新产品定价

V品牌手机专注于年轻用户群体，将拍照功能极致化、音质专业化、拍照和音乐功能有机结合作为自己的坚定追求，并以此对产品进行合理和差异化定价。2017年9月21日，V品牌正式发布X20全面屏手机，配备6.01寸超大屏幕，采用2×1200万像素双前置摄像头和2×1200万像素+500万像素的后置摄像头的相机方案，开启了手机逆光拍摄也清晰的全新时代。V品牌X20发售四个月，销量达1000万台，这一傲人成绩的背后是V品牌成功的新产品定价策略。

一、明确品牌目标，了解客户要求

随着信息化时代的到来，智能手机进入千家万户，受到了消费者的认可和青睐。智能手机市场涵盖了各种不同需求的消费者，基于不同需求的市场进行产品定价，是新产品定价的基本策略。调查显示，在众多的智能手机消费市场中，20～39岁的年轻用户群体占据了70%以上的市场份额，他们是智能手机消费的中坚力量。这些年轻用户群体追求时尚，非常注重视觉和听觉享受。自成立以来，V品牌手机始终专注于年轻用户群体进行品牌建设，在产品设计、开发和推广等方面，都考虑和融入了年轻元素。为了更加符合年轻用户群体的期望，V品牌邀请年轻用户群体参与产品的开发过程，并寻找年轻人喜欢的明星进行宣传和推广。通过融入年轻化元素并对产品进行合理的定价，为年轻用户提供性价比高的产品，满足用户需求并获得用户青睐。这样，有助于V品牌手机吸引和留住用户，促进产品品牌建设。

同时，新产品定价策略的实施离不开对于客户要求的准确把握。客户至上，客户的需求必然成为新产品定价的重要参考。V品牌手机目标用户群体是年轻人，产品定价就需要考虑年轻人的需求。调研显示，年轻用户群体比较注重智能手机的拍照功能和音乐功能。为了迎合用户需求，V品牌手机的核心卖点也是体现在这些方面。为了更好地满足年轻用户群体，V品牌手机也将产品做到了新高度，有机整合了极致的拍照功能和专业的音乐功能，实现了"拍照+音乐"的新组合。基于精准把握用户要求进行产品创新来满足消费者的需求，针对消费者的痛点需求进行合理定价，正是V品牌新产品定价策略实施的一个关键环节。

二、关注竞争对手，实施合理定价策略

各大手机品牌为了争夺市场份额都推出了新款智能手机，使得手机市场竞争更加激烈。对于成立时间不久的V品牌，如何才能从众多的手机品牌中脱颖而出，是摆在面前的难题。相对于市场的龙头品牌——苹果而言，V品牌在产品的硬件配置方面无法赶上其步伐，也无法获取与之相当的品牌溢价。当时，一部分国产手机品牌选择"高配低价"策略，以高配置低价格吸引消费者，通过极致"性价比"在市场中获得一席之地，而V品牌则选择了一条不同的产品定价道路。

V品牌始终不忘初心，专注年轻用户，突出产品的核心卖点并进行合理定价。为了迎合更多的消费者，V品牌X20手机在自己的产品机型上大做文章，V品牌与腾讯《王者荣耀》进行合作，推出V品牌X20《王者荣耀》周年庆限定版，吸引了更多追随V品牌和《王者荣耀》的消费者到V品牌X20手机身上；同时，还有圣诞节限定版等，并聘请当红明星成为V品牌X20手机的代言人。这些跟随市场的消费热点的一系列品牌推广活动使得V品牌快速树立起了品牌形象，使得产品不必"高配低价"而具有很强的溢价能力。

追随市场热点IP的营销活动以及直击用户核心需求的产品配置，也是V品牌基于精准竞争分析所制定的合理定价策略。一方面，V品牌通过一系列热点营销活动在年轻人心中树立起独特的品牌形象，与他们建立了深厚的情感关联，为V品牌手机赢得了品牌溢价空间。另一方面，围绕用户的核心需求配置产品功能，在用户关切的音乐和拍照功能上做到极致，能够极大地提升用户所感知的产品价值，进一步提升了产品的定价空间。此外，与其他手机品牌相比，V品牌手机还注重提供个性化的消费者体验和增值服务，通过提供一系列配套的服务和方便的售后支持，如免费保修和优质客户服务，吸引消费者。这样的附加价值和差异化服务也成为定价的一部分。因此，V品牌X20手机以明显高于同期大多数国产品牌中高端产品的首发价格发售，并取得了傲人的成绩。

三、精准市场细分，差异化产品定价

V 品牌根据不同手机消费者的需求进行精准市场细分，研发出不同的产品，实施差异化价格策略来更好地应对竞争，吸引更多消费者并提高销量。事实上，每一款产品针对的消费者群体都有所不同，因而定价区间也不相同。消费者可以根据自身需求的不同，选择适合的手机。例如，X20 手机所属 X 系列就被定位为专业影像旗舰，定位为 3000~6000 元价位段，属于 V 品牌的中高端旗舰产品线，在 V 品牌一系列自主影像技术的加持下，在国产旗舰手机中具有非常亮眼的表现。而 V 品牌的 Y 系列手机则聚焦于常规千元机这一细分市场，产品外观、性能、配置较为均衡，定价一般在 1000~2000 元价位段，整体配置没有明显短板，线下市场更多见。针对追求极致科技体验的年轻群体，V 品牌还推出了 NEX 系列，该机型具有超高的配置并搭载了 V 品牌所研发的各类新兴技术，如曲面屏、双面屏等，属于 V 品牌的高端旗舰，发售价格一般在 4000 元以上。

基于详细的市场需求调研、竞争分析和差异化定价策略推出多个系列，V 品牌既可以吸引高端消费者，提高利润率，又可以吸引中低端消费者，扩大市场规模。这种多层次市场覆盖策略有助于 V 品牌在竞争激烈的手机市场中快速推出各类新产品并在智能手机市场站稳脚跟。

案例来源：编写团队基于相关资料自行整理。整理过程中参考了如下资料：

[1]刘震. 智能手机品牌传播策略研究——以 vivo 手机为例[J]. 经济论坛，2017，(6)：138-140.

[2]秦小涵，任淑杰. 智能手机新产品定价策略[J]. 合作经济与科技，2021(09)：70-71.

[3]赵雨. 通过智能手机发展历史解析新产品定价策略[J]. 现代营销（下旬刊），2018（01）：88.

【练习与思考】

（1）新产品定价对产品成功上市具有重要影响，那么哪些因素会影响新产品的定价呢？请简要说明。

（2）新产品的定价策略主要有哪些？企业如何选择恰当的新产品定价策略？请举例说明。

（3）选择一个你感兴趣的新产品，看看企业是如何对其定价的。该产品的定价使用了哪些定价策略和技巧？该产品的定价是否科学合理？

第 12 章

新产品的分销渠道

分销渠道是连接生产者和消费者的桥梁和纽带。新产品能否成功推向市场，最终实现其价值，与分销渠道的选择密切相关。因此，本章将介绍产品分销渠道的内涵和职能，并讨论新产品的分销渠道选择、实施和管理等相关内容。

【知识地图】

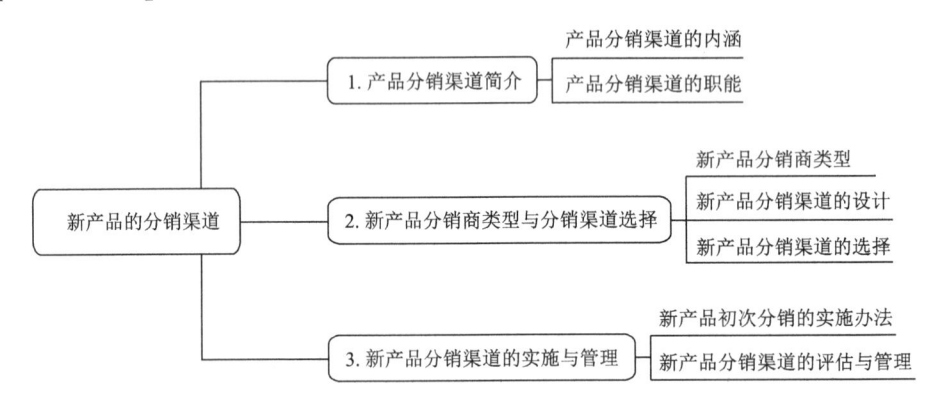

```
                              ┌── 产品分销渠道的内涵
                1. 产品分销渠道简介 ──┤
                              └── 产品分销渠道的职能

                                    ┌── 新产品分销商类型
新产品的分销渠道 ── 2. 新产品分销商类型与分销渠道选择 ──┤── 新产品分销渠道的设计
                                    └── 新产品分销渠道的选择

                                    ┌── 新产品初次分销的实施办法
                3. 新产品分销渠道的实施与管理 ──┤
                                    └── 新产品分销渠道的评估与管理
```

【学习目标】

本章介绍新产品分销渠道相关的内容，包括新产品分销商类型、分销渠道的设计、分销渠道的选择以及新产品分销渠道的实施和管理。通过本章学习，学习者应达到如下学习目标。

（1）熟悉产品分销渠道的内涵和职能。
（2）了解新产品分销商的类型。
（3）了解新产品分销渠道的选择。
（4）掌握新产品分销渠道的实施与管理。

12.1 产品分销渠道简介

12.1.1 产品分销渠道的内涵

1. 产品分销渠道的定义

产品分销渠道是指某种产品或服务在从生产者向消费者转移过程中，取得这种产品或服务的所有权或帮助所有权转移的所有企业和个人。产品分销渠道包括商人中间商（因为他们取得所有权）和代理中间商（因为他们帮助转移所有权），此外，还包括处于渠道起点和终点的生产者和最终消费者或用户。但是不包括供应商、辅助商。

分销渠道的概念可以从以下三个要点理解。

（1）分销渠道的起点是生产者，终点是消费者或者用户。销售渠道作为产品据以流通的途径，就必然是一端连接生产，一端连接消费，通过销售渠道使生产者提供的产品或服务，源源不断地流向消费者。在这个流通过程中，主要包含着两种转移：商品所有权转移和商品实体转移。这两种转移，既相互联系又相互区别。商品实体转移是以商品所有权转移为前提的，它也是实现商品所有权转移的保证。

（2）分销渠道是一组路线，是由生产商根据产品的特性组织和设计的，在大多数情况下，生产商所设计的渠道策略充分考虑其参与者——中间商。

（3）产品在由生产者向消费者转移的过程中，通常要发生两种形式的运动：①作为买卖结果的价值形式的运动，即商流，它是产品的所有权从一个所有者转移到另一个所有者，直至到消费者手中；②伴随着商流发生的所有的产品实体的空间移动，即物流。商流和物流通常都会围绕着产品价值的最终实现，形成从生产到消费者的一定路线或通道，这些通道从营销的角度来看，就是分销渠道。

2. 产品分销渠道的特点

（1）分销渠道反映某一特定商品价值实现的过程和商品实体转移的过程。分销渠道一端连接生产，另一端连接消费，是从生产领域到消费领域的完整的商品流通过程。

（2）分销渠道的主体是参与商品流通过程的商人中间商和代理中间商。

（3）商品从生产者流向消费者的过程中，商品所有权至少转移一次。大多数情况下，生产者必须经过一系列中介机构转卖或代理转卖产品。所有权转移的次数越多，商品的分销渠道就越长；反之亦反。

（4）在分销渠道中，与商品所有权转移直接或间接相关的，还有一系列流通辅助形式，如物流、信息流、资金流等，它们发挥着相当重要的协调和辅助作用。

3. 分销渠道的类型和结构

分销渠道的结构，可以分为长度结构（即层级结构）、宽度结构以及广度结构三种类型。三种渠道结构构成了渠道设计的三大要素或称为渠道变量。进一步说，渠道结构中的长度变量、宽度变量及广度变量完整地描述了一个三维立体的渠道系统。

（1）长度结构（层级结构）。分销渠道的长度结构，又称为层级结构，是按照其包含的渠道中间商（购销环节），即渠道层级数量的多少来定义的一种渠道结构。通常情况下，根据包含渠道层级的多少，可以将一条分销渠道分为零级、一级、二级和三级渠道等。

零级渠道，又称为直接渠道，是指没有渠道中间商参与的一种渠道结构。零级渠道，也可以理解为是一种分销渠道结构的特殊情况。在零级渠道中，产品或服务直接由生产者销售给消费者。零级渠道是大型或贵重产品以及技术复杂、需要提供专门服务的产品销售采取的主要渠道。在 IT 产业链中，一些国内外知名 IT 企业，比如联想集团、国际商业机器公司（International Business Machines Corporation，IBM）、惠普（Hewlett-Packard，HP）等公司设立的大客户部或行业客户部等就属于零级渠道。另外，戴尔公司的直销模式，更是一种典型的零级渠道。

一级渠道包括一个渠道中间商。在工业品市场上，这个渠道中间商通常是一个代理商或佣金商或经销商；而在消费品市场上，这个渠道中间商则通常是零售商。

二级渠道包括两个渠道中间商。在工业品市场上，这两个渠道中间商通常是代理商及批发商；而在消费品市场上，这两个渠道中间商则通常是批发商和零售商。

三级渠道包括三个渠道中间商。这类渠道主要出现在消费面较宽的日用品中，比如肉类食品及包装方便面等。在 IT 产业链中，一些小型的零售商通常不是大型代理商的服务对象，因此，便在大型代理商和小型零售商之间衍生出一级专业性经销商，从而出现了三级渠道结构。

（2）宽度结构。渠道的宽度结构，是根据每一层级渠道中间商的数量的多少来定义的一种渠道结构。渠道的宽度结构受产品的性质、市场特征、用户分布以及企业分销战略等因素的影响。渠道的宽度结构分成如下三种类型。

密集型分销渠道，也称为广泛型分销渠道，就是指制造商在同一渠道层级上选用尽可能多的渠道中间商来经销自己的产品的一种渠道类型。密集型分销渠道，多见于消费品领域中的便利品，比如牙膏、牙刷、饮料等。

选择性分销渠道，是指在某一渠道层级上选择少量的渠道中间商来进行商品分销的一种渠道类型。在 IT 产业链中，许多产品都采用选择性分销渠道。

独家分销渠道，是指在某一渠道层级上选用唯一的一家渠道中间商的一种渠道类型。在 IT 产业链中，这种渠道结构多出现在总代理或总分销一级。同时，许多新品的推出也多选择独家分销的模式，当市场广泛接受该产品之后，许多公司就从独家分销渠道模式向选择性分销渠道模式转移。比如东芝的笔记本电脑产品分销渠道、三星的笔记本电脑产品分销渠道等就是如此。

（3）广度结构。渠道的广度结构，实际上是渠道的一种多元化选择。也就是说许多公司实际上使用了多种渠道的组合，即采用了混合渠道模式来进行销售。比如，有的公司针对大的行业客户，公司内部成立大客户部直接销售；针对数量众多的中小企业用户，采用广泛的分销渠道；针对一些偏远地区的消费者，则可能采用邮购等方式来覆盖。

概括地说，渠道结构可以笼统地分为直销和分销两个大类。其中直销又可以细分为几种，比如制造商直接设立的大客户部、行业客户部或制造商直接成立的销售公司及其分支机构等。此外，还包括直接邮购、电话销售、公司网上销售，等等。分销则可以进一步细分为代理和经销两类。代理和经销均可能选择密集型、选择性和独家等分销渠道方式。

4. 渠道中的组织机构

渠道中的组织机构包括批发商、零售商、经销商、代理商、分销商和销售终端等，具体内容如表 12-1 所示。

表 12-1　销售渠道中的组织机构

机构类型	具体含义
批发商	是指向生产企业购进产品，然后转售给零售商、产业用户或各种非营利组织，不直接服务于个人消费者的商业机构，位于商品流通的中间环节
零售商	是指将商品直接销售给最终消费者的中间商，相对于生产者和批发商而言处于商品流通的较末端
经销商	一般是企业，是拿钱进货获得差价利润的商业单位
代理商	一般是指赚取企业代理佣金的商业单位
分销商	介于代理商和经销商之间
销售终端	是指产品销售渠道的末端，是产品到达消费者完成交易的最终端口，是商品与消费者面对面展示和交易的场所，一般包括品牌专卖店、品牌连锁店、零售店、商超、百货大楼、便利店等

12.1.2　产品分销渠道的职能

分销渠道的职能在于它是连接生产者和消费者或用户的桥梁和纽带。企业使用分销渠道是因为在市场经济条件下,生产者和消费者或用户之间存在空间分离、时间分离、所有权分离、供需数量差异以及供需品种差异等方面的矛盾。分销渠道的主要职能如下。

（1）调研。调研是指收集制定计划和进行交换所必需的信息。

（2）促销。促销是指进行关于所供产品的说服性沟通。

（3）接洽。接洽是指寻找潜在购买者并进行有效的沟通。

（4）配合。配合是指所供产品符合购买者需要，包括制造、分等、装配、包装等活动。

（5）谈判。谈判是指为了转移所供物、货的所有权，而就其价格及有关条件达成最后协议。

（6）物流。物流是指从事产品的运输、储存、配送。

（7）融资。融资是指为补偿分销成本而取得并支付相关资金。

（8）风险承担。风险承担是指承担与分销渠道工作有关的全部风险。

12.2　新产品分销商类型与分销渠道选择

12.2.1　新产品分销商类型

企业开发、生产出来的新产品，一般还要通过分销渠道才能到达购买该产品的现实顾客和潜在顾客所在的地方。所谓分销渠道，是指商品由生产企业流向消费者或用户时所经过的途径。因此，新产品的商业化还包括新产品的分销策略。

这里的分销商是指存在于产品制造商和用户之间的任何商业组织，包括零售商、批发商，以及各种类型的代理商。一般而言，分销商经营新产品可以分为以下七种类型。

1. 负责全部营销过程

一个强有力的零售组织可以自己制定新产品规格，而只需安排生产企业按规格生产。对生产企业而言，让分销商完成所有的营销工作是最简单、最迅捷的方法，但这种方法给生产企业的利益最少，而且生产企业绝对不可能控制市场。这类分销商较为少见。

2. 负责新产品研制之外的营销活动

生产企业想进行产品开发但没有充足的资金，或者在营销方面没有经验，以至于让分销商直接从事除研制外的所有营销活动。许多发明者和小企业联合生产出畅销的新产品，却不能以理想的规模进入市场，销售代理商于是成为他们的营销部门，做广告、跑销售，甚至为厂家选定商品品牌名称、制定价格。

3. 销售产品，承担大部分的促销

许多产品只适合在当地促销，如某些纺织类产品、办公设备、家具等，因此，分销商负责在当地媒体中进行广告宣传、组织销售促进，精心设计商店中的产品陈列，所需经费从零售的毛利中支付。

4. 销售产品，支持生产企业促销，提供大部分的服务

这类分销商在消费品行业很普遍，因为该行业产品项目多，需要大量服务，尤其是维修服务、安装服务，如家用电器商品就很典型。

5. 销售产品，支持生产企业促销，提供少量的服务

该类分销商只提供少量的一线服务，如做小的调试，或更换有故障的产品等，但要求生产企业承担维修责任。

6. 只销售产品

许多商品以这种形式分销，即分销商只需保存商品，在用户需要时随时提供商品。成千上万的工业供应品和原料及部分消费品即属于此类。这类产品通常是标准化的系列产品，用户很明白自己需要什么，厂商和分销商的促销对他们的购买影响甚微。

7. 分销商不参加

出于各种原因，新产品的开发者通过直销将产品直接卖给顾客，完全绕过分销商。

12.2.2 新产品分销渠道的设计

1. 确定渠道模式

企业分销渠道设计首先是要决定采取什么类型的分销渠道，如是派推销人员上门推销或以其他方式自销，还是通过中间商分销。如果决定采用中间商分销模式，还要进一步决定选用什么类型和规模的中间商。

2. 确定中间商的数目

确定中间商的数目，即决定渠道的宽度。这主要取决于产品本身的特点、市场容量的大小和需求面的宽窄。通常有三种可供选择的形式。

（1）密集型分销。运用尽可能多的中间商分销，使渠道尽可能加宽。消费品

中的便利品（卷烟、火柴、肥皂等）和工业用品中的标准件、通用小工具等，适于采取这种分销形式，以提供购买上的最大便利。

（2）独家分销。在一定地区内只选定一家中间商经销或代理，实行独家经营。独家分销是最极端的形式，是最窄的分销渠道，通常只对某些技术性强的耐用消费品或名牌产品适用。独家分销对生产者的好处是，有利于控制中间商，提高他们的经营水平，也有利于加强产品形象，增加利润。但这种形式有一定风险，如果这一家中间商经营不善或发生意外情况，生产者就要蒙受损失。

采用独家分销形式时，通常产销双方议定，销方不得同时经营其他竞争性商品，产方也不得在同一地区另找其他中间商。这种独家经营妨碍竞争，因而在某些国家为法律所禁止。

（3）选择性分销。这是介于上述两种形式之间的分销形式，即有条件地精选几家中间商进行经营。这种形式对各类产品都适用，它比独家分销面宽，有利于扩大销路，开拓市场，展开竞争；比密集型分销节省费用，较易于控制，不必分散太多的精力。有条件地选择中间商，还有助于加强彼此之间的了解和联系，使被选中的中间商愿意努力提高推销水平。因此，这种分销形式效果较好。

（4）复合式分销。生产者通过多条渠道将相同的产品销售给不同的市场和相同的市场。这种分销策略有利于调动各方面的积极性。

3. 规定渠道成员彼此的权利和责任

在确定了渠道的长度和宽度之后，企业还要规定出与中间商彼此之间的权利和责任，如对不同地区、不同类型的中间商和不同的购买量给予不同的价格折扣，提供质量保证和跌价保证，以促使中间商积极进货。还要规定交货和结算条件，以及规定彼此为对方提供哪些服务，如产方提供零配件、代培技术人员、协助促销，销方提供市场信息和各种业务的统计资料。在生产者同中间商签约时应包括以上内容。

12.2.3 新产品分销渠道的选择

对一个生产企业来说，确定一个最佳的销售渠道以达到销售目标是一个庞大的战略性工程，这中间要经过多重选择才能完成。

1. 影响新产品分销渠道选择的主要因素

（1）产品因素。新产品方面的影响因素比较多，一般有产品单价、产品类型和品种规格、产品体积和重量、产品式样、产品的技术性、产品的季节性、产品的通用性等。

（2）市场特性。市场特性包括市场规模、市场的区域性、市场的竞争情况等。

（3）生产企业特性。生产企业特性包括新产品生产企业的生产经营规模、产品组合、资金实力、形象和信誉及企业的营销策略等。

2. 新产品销售渠道模式的确定

（1）直接渠道与间接渠道。生产企业在一定条件下运用直接渠道，即由企业自己直接将商品销售给顾客，有利于及时销售商品，减少由商品耗损、变质带来的损失；有利于企业控制商品的价格；有利于企业及时了解市场动态，掌握顾客的意见、建议，改进生产，这在新产品刚投放市场时是十分重要的。

但直接渠道也有缺陷，它要求生产企业必须增加储运设备，增加库存，增加销售人员和销售费用，企业领导必须花费很大的精力在销售业务上，这势必会影响到新产品生产的改进与扩大规模，而且生产企业还得承担所有的风险。

间接渠道是指生产者通过流通领域的中间环节把商品销售给消费者的渠道。间接渠道有助于产品广泛分销，缓解生产者人、财、物等力量的不足，实现间接促销，有利于企业之间的专业化协作。但间接渠道可能会形成"需求滞后差"，加重消费者的负担，导致抵触情绪，且不便于直接沟通信息。

（2）长渠道和短渠道。在确定经中间商销售产品后，面临的问题就是渠道的长短选择，这个问题的实质是考虑直接向零售商供货还是经过批发商转卖给零售商。对于选择何种方式，生产企业主要应注意以下问题：一是考虑零售商的市场是否理想，从地区上看是否集中；二是考虑新产品是否属于时尚商品、高技术产品、奢侈产品或售后服务要求高的产品；三是考虑生产企业在资金维持上、运输储存上能否代替批发商，若是肯定的，则可选择短渠道。

（3）宽渠道和窄渠道。生产企业还必须确定每个渠道层次使用多少中间商的问题，通常有三种策略可供选择：①密集型分销渠道策略。生产企业为使自己的产品能被顾客很方便地购买到，使用了尽可能多的中间商。②独家分销渠道策略。即生产企业在一定的市场区域内只选定一家代理商、批发商或零售商独家经营其产品，这是一种最窄的销售渠道策略，适合于价高、贵重、名牌产品的销售。③选择性分销渠道策略。介于密集型分销渠道策略和独家分销渠道策略之间的是选择性分销渠道策略，即生产企业在特定的市场区域有选择地确定少数中间商来销售自己的产品。它适合于所有的产品，但对工业用品更适用。一些已建立信誉的企业或一些新企业，不希望不着边际地过度推销，也愿使用选择性分销渠道策略来吸引中间商。有些企业在不了解中间商时，先采用密集型分销渠道策略，希望产品能迅速进入市场，经过一段时间后，转用选择性分销渠道策略，淘汰大批不够理想的中间商以减少费用，保持企业及产品信誉。与密集型分销渠道策略相比，选择性分销渠道策略可以使生产企业与中间商之间建立良好的工作关系，并可通过较低的成本获得对中间商、对市场较理想的控制，而不必在许多的销售点上耗费过多的精力。与独家分销渠道策略相比，选择性分销渠道策略虽然费用略高，但提高了生产企业经营的安全性，不至于因为某个中间商的挑选不当而导致整个市场的丧失。

（4）线上渠道和线下渠道。在传统模式下，生产企业可做出的直接选择是批发、零售和直销，最终消费者面对的市场主要被零售商和部分生产企业瓜分。随着互联网的产生，由线上中间商介入的线上分销渠道应运而生，消费者市场的成员更加多元化。互联网为生产企业销售商品提供了新平台，而线上分销商为生产企业销售商品提供了新渠道。按照商品流通过程的不同，可以将线上分销渠道分为两类：一是零级渠道，由生产企业自建互联网平台对消费者进行直接销售；二是一级渠道，在 B2C 模式下商品从生产企业经过线上分销商流向最终消费者。线上分销模式一般不存在二级或多级渠道模式，生产企业可选择直销或者依托线上分销商来销售商品，而消费者市场则被生产企业、线上分销商和零售商瓜分。

线上渠道的出现使现有的渠道体系更加丰富，线上渠道与线下渠道并行的情况改变了原来的渠道结构。在线上渠道存在的情况下，渠道长度更短，线上分销商和线上平台主要使零级渠道和一级渠道发生了变化。虽然线上渠道与线下渠道存在一定的互补作用，但二者仍然存在激烈的竞争。一方面，渠道结构更扁平，生产企业面临的选择更多，线上分销商、传统零售商和生产企业之间形成了竞争关系，且存在一定的渠道冲突；另一方面，信息传递、商品定价等过程都发生了变化，最终导致了渠道权利的重新分配。

对于生产企业而言，线上分销商和传统零售商本质上都是供应链下游合作伙伴，两种渠道可以并立。生产企业把一部分市场交给线上渠道有三个原因：其一，互联网的普及使线上分销渠道具有很大的线上消费者市场，该市场的发展潜力促使生产企业选择线上分销商；其二，诸如京东、亚马逊等线上分销商的竞争力和影响力与大型实体零售企业旗鼓相当，它们同样具备零售商的专业素质，这些线上分销商同样是值得生产企业信赖的合作伙伴；其三，线上分销商为生产企业进行品牌及产品营销创造了更多的机会，通过参与线上分销商的促销活动生产企业可以增大产品销量，同时进一步增强品牌效应。

（5）B2B 和 B2C。网络分销渠道是指充分利用互联网的特性，在网上建立产品或服务分销体系，是通过互联网平台将产品或服务从生产者向消费者转移过程的具体通道或路径。网络分销渠道的产生是互联网改变人们的生产和生活方式的一个重要方面。从生产企业的角度看，为了在激烈的市场竞争中抢占先机，需要通过网络分销渠道传递信息，实现网上销售。从客户角度看，由于消费者购买行为的理性化，消费者需要通过快捷便利的网络渠道获得尽可能多的信息，也愿意通过网络渠道来实现购买。

根据销售对象不同，可以将网络销售方式分为两种：一是 B2B，即企业对企业的分销模式；二是 B2C，即企业对消费者的分销模式。由于第一种模式每次的交易量很大、交易次数较少，并且购买方比较集中，因此网络分销渠道建设的关键是建设好订货系统，方便购买的企业进行选择；企业一般信用较好，通过网上结算，实现起来比较简单；而且，由于数量大、次数少，因此配送时可以进行专门运送，既可以保证速度也可以保证质量，减少中间环节，避免可能的损伤。由于第二种模式每次交易量小、交易次数多，而且购买者非常分散，因此网络分销渠道建设的关键是做好结算系统和配送系统。产品卖点是选择网络分销渠道时应注意的另一个重要因素，对于那些易于数字化的产品，如大多数无形产品和服务，可以脱离对配送渠道的依赖而直接通过互联网实现远程传输。对于大多数有形产品，必须依靠配送渠道来实现货物的空间移动；对于那些产品较为依赖的传统的分销渠道，可以运用电子网络技术对之加以改造，从而减少渠道运作过程中因人为的失误和时间耽搁而造成的损失，最大限度地提高分销渠道的运营效率。

3. 新产品中间商的具体选择

企业在选择新产品中间商时必须从以下几个条件加以考虑。

（1）中间商的目标市场。中间商所服务的主要对象应与新产品所要发展的市场相吻合，即中间商的目标市场与生产企业开发的新产品的目标市场要一致。

（2）中间商的经营规模。中间商的经营规模应与新产品特性及市场规模吻合。

（3）中间商的经营水平。经营水平是中间商市场活动能力的体现，主要表现为中间商能否主动适应市场，采用灵活多变的经营方式；是否能不断提高服务质量，尽可能满足顾客的需求；是否能仔细研究市场动态和顾客心理，积极采取有针对性的促销措施。这些能力对刚刚投放市场的新产品而言是尤为重要的。

（4）中间商的财务状况。中间商的财务状况包括其资金周转能力、偿债能力、筹集资金能力、债权收回能力、资金合理使用能力。它实质上反映了中间商与银行、其他企业、运输部门的合作关系，也反映了中间商的信用状况。

此外，还要注意中间商具备的与新产品相关的专业技术知识和专业经营经验，中间商与竞争产品厂商的关系密切程度等。

12.3 新产品分销渠道的实施与管理

12.3.1 新产品初次分销的实施办法

新产品分销策略的制定实际上是一项系统工程，它不仅取决于分销渠道的选择，还与分销渠道以外的多种因素有着密切的关系。因此，要想制定出正确的新产品分销策略，还必须特别考虑如何赢得初次分销。

赢得初次分销的最主要因素通常是新产品供应。若没有适合市场需要的产品，生产企业的任何促销都不能将新产品卖出。通常企业可以采用以下两种方法刺激中间商经销新产品，以赢得初次分销。

1. 推式推销法

生产企业的推销人员广泛走访中间商，通过深入宣传或进行新产品的现场演示使分销商愿意经销、存储企业的新产品，这种方式可称为推式推销法。

2. 拉式推销法

企业向顾客大量投放广告，使其到分销商处购买产品，从而迫使许多分销商主动要求经销、存储该新产品，这种方式可称为拉式推销法。

上述两种方法的实施范围可视生产企业的实力强弱而定。若实力强，可以在很大的地区范围内同时赢得一批中间商，将新产品大范围投放市场；若实力弱，可以选择少量甚至个别中间商，将新产品在有限地区投放，然后逐步扩大。

12.3.2 新产品分销渠道的评估与管理

1. 新产品分销渠道的评估

分销渠道评估的实质是从那些看起来似乎合理但又相互排斥的方案中选择最能满足企业长期目标的方案。因此，企业必须对各种可能的渠道选择方案进行评估。评估标准有三个，即经济性、控制性和适应性。

（1）经济性标准。经济性标准是最重要的标准，这是企业营销的基本出发点。在分销渠道评估中，首先应该将分销渠道决策所可能引起的销售收入增加同实施这一渠道方案所需要花费的成本做一比较，以评价分销渠道决策的合理性。这种比较可以从以下角度进行。

其一，静态效益比较。分销渠道静态效益的比较就是在同一时点对各种不同方案可能产生的经济效益进行比较，从中选择经济效益较好的方案。以下将对分销渠道静态效益比较进行举例说明。

某企业决定在某一地区销售产品，现有以下两种方案可供选择。

方案一是向该地区直接派出销售机构和销售人员进行直销。这一方案的优势是，本企业销售人员专心于推销本企业产品，在销售本企业产品方面受过专门训练，比较积极肯干，而且顾客一般喜欢与生产企业直接打交道。

方案二是利用该地区的代理商。该方案的优势是，代理商拥有几倍于生产商的推销员，代理商在当地建立了广泛的交际关系，利用中间商所花费的固定成本低。

通过分析比较两个方案实现某一销售额所花费的成本，得出利用中间商更经济的结论。

其二，动态效益比较。分销渠道动态效益的比较就是对各种不同方案在实施过程中所引起的成本和收益的变化进行比较，从中选择在不同情况下应采取的渠道方案。仍以上例说明，当企业自行销售机构的销售水平低于经济平衡点时，其成本高于利用中间商的成本，此时利用中间商较有利；而当企业自行销售机构的销售水平高于经济平衡点时，自行销售的成本开始低于利用中间商的成本，此时利用自销系统就相对有利了。

其三，综合因素分析比较。影响分销渠道设计的因素在实际分析时，可能都会倾向于某一特定的渠道，但也有可能某一因素分析倾向于直接销售，而其他因素分析可能得出应该使用中间商的结论。因此，企业必须对几种方案进行评估，以确定哪一种最适合企业。评估的方法很多，如计算机模拟法、数字模型等。

（2）控制性标准。企业对分销渠道的设计和选择不仅应考虑经济效益，还应考虑企业能否对其分销渠道实行有效的控制。因为分销渠道是否稳定对于企业能否维持其市场份额，实现其长远目标是至关重要的。

企业对于自销系统是最容易控制的，但是由于自销系统成本较高、市场覆盖面较窄，不可能完全利用这一系统来进行分销。而利用中间商分销，就应该充分考虑所选择的中间商的可控程度。一般而言，特许经营、独家代理方式比较容易控制，但企业也必须相应作出授予商标、技术、管理模式以及在同一地区不再使用其他中间商的承诺。在这样的情况下，中间商的销售能力对企业影响很大，选择时必须十分慎重。如果利用多家中间商在同一地区进行销售，企业利益风险比较小，但对中间商的控制能力就会相应削弱。

然而，对分销渠道控制能力的要求并不是绝对的，并非所有企业、所有产品都必须对其分销渠道实行完全的控制。如市场面较广、购买频率较高、消费偏好不明显的一般日用消费品就无须过分强调控制；而购买频率低、消费偏好明显、市场竞争激烈的高级耐用消费品，其分销渠道的控制就十分重要。又如在产品供过于求时往往比产品供不应求时更需强调对分销渠道的控制。总之，对分销渠道的控制应讲究适度，应将控制的必要性与控制成本加以比较，以求达到最佳的控制效果。

（3）适应性标准。在评估各渠道方案时，还有一项需要考虑的标准，那就是分销渠道是否具有地区、时间、中间商等适应性。

其一，地区适应性。在某一地区建立产品的分销渠道，应充分考虑该地区的消费水平、购买习惯和市场环境，并据此建立与此相适应的分销渠道。

其二，时间适应性。根据产品在市场上不同时期的适销状况，企业可采取不同的分销渠道与之相适应。如季节性商品在非当令季节就比较适合利用中间商的吸收和辐射能力进行销售，而在当令季节就比较适合扩大自销比重。

其三，中间商适应性。企业应根据各个市场上中间商的不同状态采取不同的分销渠道。如在某一市场若有一两个销售能力特别强的中间商，渠道可以窄一点；若不存在突出的中间商，则可采取较宽的渠道。

2. 新产品分销渠道的管理

企业管理人员在进行分销渠道设计之后，还必须对个别中间商进行选择、激励、评估和调整。

（1）选择渠道成员。总的来说，知名度高的、实力雄厚的生产者很容易找到适合的中间商；而知名度低的、新的中小生产者较难找到适合的中间商。无论难易，生产者选择渠道成员应注意以下条件：能否接近企业的目标市场；地理位置是否有利；市场覆盖范围有多大；中间商对产品的销售对象和使用对象是否熟悉；中间商经营的商品大类中，是否有相互促进的产品或竞争产品；资金多少、信誉高低、营业历史的长短及经验是否丰富；拥有的业务设施，如交通运输条件、仓储条件、样品陈列设备等情况如何；从业人员的数量多少、素质的高低；销售能力和售后服务能力的强弱；管理能力和信息反馈能力的强弱。

（2）激励渠道成员。生产者不仅要选择中间商，而且要经常激励中间商使之尽职。促使中间商进入渠道的因素和条件已经构成部分激励因素，但生产者要注意对中间商的批评，在批评时应设身处地地为别人着想，而不仅仅从自己的观点出发。同时，生产者必须尽量避免激励过分（如给中间商的条件过于优惠）和激励不足（如给中间商的条件过于苛刻）两种情况。

（3）评估渠道成员。生产者除了选择和激励渠道成员外，还必须定期地、客观地评估他们的绩效。如果某一渠道成员的绩效过分低于既定标准，则需找出主要原因，同时还应考虑可能的补救方法。当放弃或更换中间商将导致更坏的结果时，生产者只好容忍这种令人不满的局面；当不致出现更坏的结果时，生产者应要求工作成绩欠佳的中间商在一定时期内有所改进，否则就要取消它的资格。

（4）调整销售渠道。根据实际情况、渠道成员的实绩，对渠道结构加以调整：增减渠道成员；增减销售渠道；变动分销系统。

12.4 案例分析：S化肥营销渠道优化

S化肥有限公司（以下简称S企业）是一家以肥料生产、销售为主营业务的企业。起初，S企业传统的渠道模式为依托县级经销商与乡镇经销商层层分销的冗长结构渠道模式。随着公司的发展壮大，原有的渠道模式在长度和广度上面临着诸多挑战。尤其是近几年，伴随着国家宏观政策调控和产能过剩，化肥行业市场竞争剧烈，S 企业面临着市场萎缩、利润下滑的风险。为了扭转这种局面，S 企业的领导层痛定思痛，致力于营销渠道优化。

一、精兵简政，压缩渠道长度

随着 S 企业的发展壮大，原有的传统渠道模式——依托县级经销商与乡镇经销商层层分销的冗长结构渠道模式，限制了企业的进一步发展。渠道内成员不断增加，直接导致的后果就是渠道繁冗过长。事实上，在压缩渠道长度之前，S 企业已有渠道网络中有五千余名县级经销商和五万余名终端商。由于渠道结构的冗长，S 企业的议价能力降低，无法充分利用关键客户资源，对企业的盈利能力产生了不利影响。为了解决这一问题，S 企业从分级管理并减少渠道层级、培养经销商并查漏补缺等方面精兵简政，压缩渠道长度。

分级管理并减少渠道层级。根据各地区各品牌销量总和，S 企业以销售分公司为单位，对其下辖市场进行分级。销量从高到低将市场细分为核心市场、潜力市场和落后市场，以市场分级为标准实施不同的渠道策略，减少渠道层级。针对潜力市场和落后市场，S 企业的重点策略是建设零级渠道，消除中间环节，使产品直接从公司销售给最终消费者。为此，S 企业内部设立了直销处，并在全国范围内设立直销点，使客户能够直接与直销处进行沟通或亲临直销点体验。通过这种方式，S 企业可以直接向客户提供产品和服务，厂家直接面向农户，在整车或联合发货的形式下，将产品直接销售给最终用户。核心市场是 S 企业目前的主要利润来源，为了避免渠道调整造成过大的业绩动荡，S 企业主要策略是精简原有渠道为一级渠道；也就是说，通过舍弃县级经销商或乡镇经销商中的其中一环，让县级经销商或乡镇经销商直接将产品销售给最终消费者。

培养经销商并查漏补缺。在进行渠道优化的过程中，S 企业既注重维护原有核心渠道成员的利益，将客户资源优先分配给原有渠道中的核心供应商，也重视通过客户资源的分配对潜力经销商进行重点培养。新的一级渠道体系中主要有三类经销商，县级经销商主要通过直营、团购会、营销平台等方式为用户提供产品；普通乡镇经销商则经由乡镇经销商仓库将产品送到用户手中；"带头大哥"作为新的中间商直接将产品发送给用户。此外，S 企业还积极寻找弱势空白区域进行直营。例如，对于那些区位优势明显、运输半径短、无法培养出大型经销商、销量一直无法突破瓶颈的企业生产基地，S 企业采取直营模式，由业务人员直接与终端商联系，实现产品的直接发货，从而为 S 企业获取新的利润增长点。

二、有的放矢，稳定渠道宽度

渠道宽度是指企业在统一细分中所选择的渠道成员的数量。S 企业发现，在同一细分市场进行渠道扁平化建设的过程中，渠道成员会因为抢夺稀缺的客户资源而发生分歧与冲突，造成渠道宽度建设的障碍与困难。在建设渠道宽度时，企业需要考虑不同的销售渠道的特点和目标消费者的需求，选择最适合自己的销售渠道。因此，除了现有的批发和零售渠道外，S企业还从核心客户渠道建设、特色客户渠道建设等两方面有的放矢、稳定渠道宽度。

核心客户渠道建设。随着种植大户数量的增加，农林、农垦、兵团、林场等单位对复合肥的需求也在迅速扩张。为了满足这类核心客户群体的需求，S企业建立了专门的销售渠道。鉴于种植大户对产品价格非常敏感，S企业采用差别定价策略，推出专为种植大户设计的产品组合。为了使产品发挥最佳性能并吸引核心客户再次购买，S企业在省级范围内进行区域划分，并配备专职农化服务人员，提供专业的农化技术指导给种植大户。此外，根据市场调查，S企业发现许多农民都开始种植各种经济作物，如蔬菜、水果和绿植等。因此，把握经济作物大户和终端用户也很有必要。为了满足这一需求，S企业将目光聚焦到所辖市场的经作区和经济作物，并根据经作区对应的产品销售情况和竞争产品行情制定推广策略。例如，他们设立专项费用来招聘当地的农业专家，将他们提供的农技指导与产品销售相结合形成套餐服务。另外，通过举办经济作物营销会议，建设经济作物示范田并邀请用户分享种植经验，从而提高服务效率和用户满意度。

特色客户渠道建设。为了促进特色渠道建设并有效对接政府部门招投标、企业采购、平台合作等特色客户需求，S企业建立了特色客户相关的营销渠道部门。为了收集市场的招投标信息，S企业利用传统渠道业务团队，并通过招投标网站对特色客户渠道信息进行梳理，并建立了特色客户渠道数据库。在特色客户渠道的建立和管理过程中，为避免特色渠道对传统渠道的干扰和冲击，S企业在特色营销渠道上采用了包装区隔和配比区隔的方式。通过不同的渠道采用不同的包装隔离模式，这样既能满足不同特殊客户群体的需求又能保护传统渠道的利益。

三、与时俱进，拓展融合渠道

随着移动互联网、大数据等信息技术的普及，消费者的偏好和选择也发生了重大变化，传统营销优势逐渐被网购模式取代。现在，生产者不再需要依赖各种中间商，就可以直接将产品销售给客户。一方面，网络销售渠道减少了中间环节并降低了交易成本；另一方面，用户能够直接与生产者沟通，提高了沟通效率并能获得相关优惠。而S企业原有产品线单一并聚焦于化肥产品品种的开发，行情波动对企业发展影响巨大，不利于企业的稳定发展。在信息化时代背景下，S企业主要通过打造销售服务平台、线上线下相结合等方式与时俱进、拓展融合营销渠道。

打造销售服务平台。服务平台的建设和打造对 S 企业的发展具有重要的意义。通过打造服务平台，一方面能够让用户更加便捷、放心地购买企业的产品；另一方面能够多渠道销售产品，提高企业的知名度并形成品牌效应。为了建设和打造符合自身特色的销售服务平台，S 企业与相关单位精诚合作，共同开发了基于电脑端和手机端的农业服务平台。该平台能够提供农业保险服务、无人机植保、农业气象服务、遥感监测和农产品上行等农业特色服务，同时融合了资金系统、订单分析、农技咨询、农资供应、促销活动和会员体系等农业销售服务平台核心功能。通过这些特色服务和核心功能，农户可以得到专业的在线指导，进行订单分析和农技咨询，获得农资供应的服务，并参与促销活动、领取会员特权。随着 S 企业农服平台功能的日臻成熟和完善，农业服务平台已经为五万多名会员提供了优质的服务，取得了良好的经济效益和社会效益。

线上线下相结合。线上线下相结合能够让用户体验线下产品的真实感和氛围，并能享受线上产品的优惠价格。为了顺应潮流并满足用户的异质性需求，S 企业开通了线上销售渠道，实现新开线上渠道和传统线下渠道的结合。例如，S 企业针对家庭园艺花卉的种植养护需求，采用线上线下相结合的方式，提供生长全程养护产品。在线下店铺，让用户挑选和试用这些养护产品，体验这些产品的真实性能和效果；用户使用满意后，可以在线上店铺下单并以优惠的价格购买这些产品。同时，为了促进产品销售和品牌宣传，S 企业在各个电商交易平台上设立了园艺肥的旗舰店和直销店，并通过网络直播的方式宣传和推广这些产品。S 企业通过线上线下销售渠的有机结合，实现了渠道的拓展和融合。

总的来说，S 公司致力于营销渠道优化，并在渠道模式优化上做了很大努力。通过对渠道长度的压缩、渠道宽度的建设和渠道的拓展融合，S 公司经历了凤凰涅槃、浴火重生的蜕变过程，实现了扭亏为盈、快速增长的喜人成就。实践证明，S 公司渠道模式的不断优化对其销量的快速增长起到了至关重要的作用，对新产品营销渠道优化具有重要的启示和借鉴意义。

案例来源：陈红华，梁福伟，王晓妍，等. 史丹利化肥营销渠道优化之路. 中国管理案例共享中心，案例编号：MKT-0944.

【练习与思考】

（1）新产品具有哪些主要购买群体？如何选择新产品的销售渠道？请简要说明。
（2）如何选择新产品的分销渠道？请举例说明。
（3）结合你感兴趣的一款新产品，谈谈如何选择新产品的销售渠道，并如何对新产品的分销渠道进行科学的管理。

第 13 章

新产品的促销与推广

企业可以通过促销和推广与目标市场进行双向信息传递，启发、推动和创造消费者对产品的需求，并引起消费者购买欲望和购买行为。促销和推广是帮助新产品在市场上获得成功的重要助推剂。那么新产品促销具体有什么作用？新产品的促销策略有哪些？如何进行新产品的推广？新产品的公共关系策略又有哪些？围绕这些问题，本章介绍新产品促销与推广的相关内容。

【知识地图】

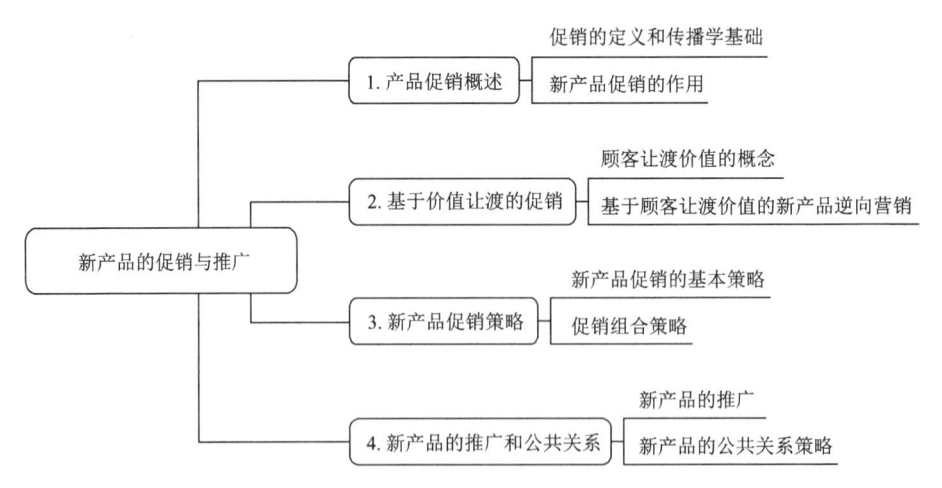

新产品的促销与推广
- 1. 产品促销概述
  - 促销的定义和传播学基础
  - 新产品促销的作用
- 2. 基于价值让渡的促销
  - 顾客让渡价值的概念
  - 基于顾客让渡价值的新产品逆向营销
- 3. 新产品促销策略
  - 新产品促销的基本策略
  - 促销组合策略
- 4. 新产品的推广和公共关系
  - 新产品的推广
  - 新产品的公共关系策略

【学习目标】

本章介绍新产品的促销与推广，包括促销的定义和传播学基础、基于价值让渡的促销、新产品促销的策略以及新产品的推广和公共关系等内容。通过本章学习，学习者应达到如下学习目标。

（1）了解新产品促销的作用。

（2）熟悉顾客让渡价值的概念。
（3）掌握新产品促销的策略。
（4）了解新产品的推广和公共关系策略。

13.1　产品促销概述

13.1.1　促销的定义和传播学基础

促销就是营销者向消费者传递有关本企业及产品的各种信息，说服或吸引消费者购买其产品，以达到扩大销售量的目的的一种活动。促销实质上是一种沟通活动，即营销者（信息提供者或发送者）发出刺激消费的各种信息，把信息传递到一个或更多的目标对象（即信息接受者，如听众、观众、读者、消费者或用户等），以影响其态度和行为。常用的促销手段有广告、人员推销、网络营销、销售促进和公共关系等。

促销的首要任务是信息传播，因此认真研究传播学的理论对指导新产品促销活动是具有重要意义的。

1. 传播的模式

传播的意思是"与他人建立共同意识"，指个人与个人之间、集体与集体之间或个人与集体之间交换传递信息、共享信息的过程。受众，是指传播信息的接受者。根据传播过程中信息的走向，可以得到最简单的传播模式，如图13-1所示。

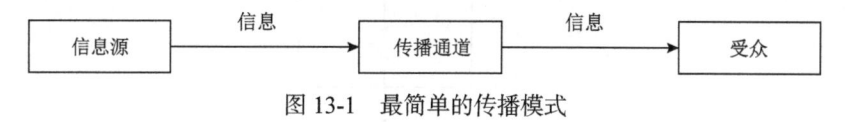

图 13-1　最简单的传播模式

相当多的市场营销人员对传播理论的认识仅限于此模式，这个模式告诉人们信息必须经过传递才能为受众所知，因此许多企业很重视有关企业和新产品信息的宣传工作。但这个模式又过于简单，似乎信息一传递过去就一定会被受众接受，因此相当多的企业只注意到是否做了或做了多少促销工作，但对于促销效果及如何提高促销效果却知之甚少。实际上，传播的过程很复杂，但既然传播都有一定的目的，都要达到一定的效果，而这一切都必须通过受众的接受才能得以实现，那么在传播过程中，一切都应从提高受众的接受水平着手。如果将各方面因素考虑得周全些，可以得到如图13-2所示的传播模式。

254 产品开发

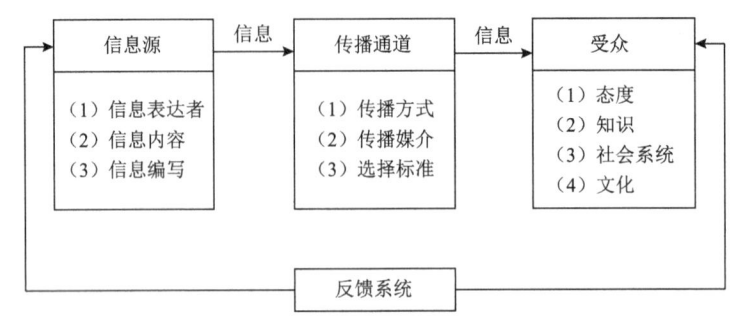

```
信息源          信息    传播通道        信息    受众
(1) 信息表达者          (1) 传播方式          (1) 态度
(2) 信息内容            (2) 传播媒介          (2) 知识
(3) 信息编写            (3) 选择标准          (3) 社会系统
                                              (4) 文化

                    反馈系统
```

图 13-2 信息传播模式

2. 受众

受众对信息的接受过程也较复杂，可分为好几个步骤，其中任何一个步骤受阻，都会影响受众对信息的接受，其步骤如图 13-3 所示。

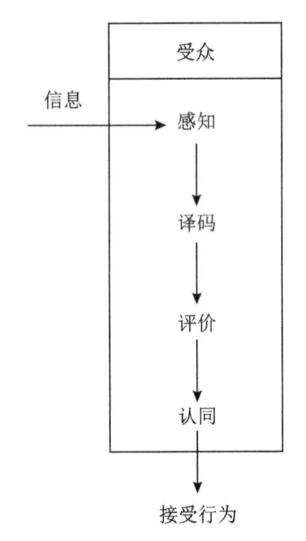

```
              受众
信息 → 感知
         ↓
        译码
         ↓
        评价
         ↓
        认同
         ↓
       接受行为
```

图 13-3 受众接受信息的步骤

（1）感知。只有被感知到的信息，才涉及接不接受的问题，因此营销人员在信息通道的选择上必须先保证能让受众感知到信息的传递，为此必须先经过周密的调查，了解受众接受信息最常用的通道。

（2）译码。感知到并不意味着接受了。因为有时信息本身在现实中很难传播，信息源必须借助一定的符号系统，如以语言、文字、动作等作为载体，这就牵涉到编码问题，即将信息以一定的符号组合方式表达出来，然后借助符号的传递来实现信息的传播。为了让受众感知到实际上载有信息的符号，要求受众对符号系统进行译码后才能获取信息。为保证受众能准确地译码以获得真实信息，营销人员必须注意，使用的符号编码系统与受众的译码系统一致，如相同的语言、文字、动作和文化背景。

（3）评价。评价的内容主要有两个，其一是受众是否对信息内容感兴趣，若不感兴趣，则拒绝进一步接受信息；若感兴趣，则进一步接受信息。其二是对所接受的信息内容进行是否正确的判断。评价的结果取决于受众的态度、知识、社会系统、文化等。营销人员应努力使自己传播的信息得到受众积极的评价。

（4）认同。认同实际上是受众对接收到的信息进行评价后形成的承认态度。应该注意的是，在广告中所传播的信息如果得到受众的认同，信息传播工作就算成功了。至于是否会产生营销人员所期望的行为，还受到其他诸多因素的影响。

3. 信息源

信息传播毕竟是一种主体行为，带有一定的目的性，为使传播更有效，在信息源这一方面也应考虑如下几个因素。

（1）信息表达者。由谁来代表企业把有关的信息表达出来是一个值得探讨的问题。同样的信息由不同的人表达，对受众的影响是不同的，通常把在某个领域内对受众的意见或舆论具有较大影响力的人称为意见领袖或舆论领袖。

除非企业能证明由自己直接传播的效果会更好，否则应学会借助二级传播，即将信息由意见领袖传递给受众，以便更好地影响受众的思想和行为。那么什么样的人适合承担意见领袖这一角色呢？传播学的有关研究值得借鉴。传播学认为在传播过程中存在如下现象。

其一，权威效应。如果信息被受众认为来自拥有一定权威的信息提供者，传播效果将会更好。这里的权威应是受众认可的，而不是信息发布者自封的。权威可能来自三方面：一是权力性权威，是由信息表达者本人的职务带来的；二是专长性权威，是由信息表达者所拥有的知识和能力决定的；三是心理性权威，是由信息表达者的年龄、阅历及与受众的关系决定的。一般而言，在受众眼里的权威性越强，对受众的影响力越大。权力性权威的运用往往和政府的行为连在一起，对受众造成的影响是巨大的，但由于拥有权力性权威者并不受企业支配，所以这种方式不可滥用。人们出于对拥有某些技术或知识的专家的敬重，而更多地受到专长性权威的影响，但要注意，用专业性很强的语言表达的信息往往由于难以理解而不能得到受众的认同。

其二，名人效应。一个知名度很高且为多数受众所喜欢的人在信息传播方面也拥有较强的说服力。具有这种条件的多为文体明星，人们往往出于对他们本人的喜爱而乐于接受他们的宣传。运用名人效应进行促销宣传非常适合于非理智购买行为。

其三，自己人效应。受众如果认为信息表达者与自己属于同一类人，就会乐意听取他们的建议。自己人效应在现实中屡见不鲜。消费者在购买某种品牌的商品时，更乐意听取该商品拥有者的意见。只要让受众觉得信息表达者与自己有共同点，就会产生自己人效应。例如，身份相同，都是家庭主妇；或愿望相同，都想让孩子成龙成凤；或烦恼相同，衬衣领口难以洗净，等等，都会提高说服力。

（2）信息内容。从营销的角度来看，最好是将与企业和新产品相关的所有信息都传递给受众，从技术上讲这并不难做到，但从传播效果上讲就不可取。因为在瞬息万变的现代社会中到处都是浩如烟海的信息，受众不可能不着边际地把所有信息都接受下来，从时间、精力及生理、心理特点上都不允许这样，受众只能根据自己的知识、态度及社会文化背景选择自己感兴趣或对自己有重大意义的信息予以吸纳。

这就要求在确定具体信息内容时，根据受众的需求而为。购买 50 元一块的手表与购买 5 万元一块的手表，买主所关注的内容绝不相同，在促销宣传时必须突出的正是这种差异。事实上，从传播本身来讲，差异就是信息。

4. 传播通道

选择合适的传播通道对保证传播效果至关重要，一方面可以保证受众能感知到传递的信息，另一方面可以促使受众乐于译解接收的信息。

直接面对受众的传播，称为直接传播；借助媒介帮助完成信息的传播，称为间接传播。能够帮助进行信息传播的媒介可谓五花八门、种类繁多，按涵盖面分有全国媒介和地方（或区域）媒介；按媒介传播内容分有综合媒介和专业媒介；按媒介物理性质分则有印刷类如报纸、杂志、招贴等，电波类如广播、电视等，感光类如电影、幻灯片、照片等，光效类如霓虹灯、电子显示屏、激光等，实物类如路牌、空中飘悬物、道路设施等。各类媒介各有特点，对信息内容也各有要求。

在选择信息传播媒介时，可根据所需传播的信息内容、受众本身的特点、所需覆盖的范围以及所能承担的经费开支来综合考虑，以选择适当的信息通道。

5. 反馈

在任何信息传播过程中，若要证明传播确实有效，反馈这一环节是不可缺少的，但在现实中，人们往往会忽略这个环节。若采用直接传播方式，信息的反馈可当时完成，但若采取间接传播方式，则受众一般不会主动向信息源进行反馈，这就要求营销人员主动通过调查来了解传播的实际效果，且必须在促销活动的经费预算中给信息反馈以足够的资金保障。

13.1.2 新产品促销的作用

对于新产品而言，企业可以通过促销实现以下作用。

1. 沟通信息

实现产品或者服务的销售是企业进行市场营销活动的中心任务，信息的沟通和传递是产品或服务实现销售的重要保证。在企业进行促销活动的过程中，一方面，卖方向买方介绍有关企业的发展现状、产品、服务、价格和功能等信息，以引起他们的注意，提高其对产品的认知程度，达到促销目的；另一方面，买方向卖方反馈产品价格、质量、功能和服务等的相关信息，促使企业进一步改进产品，更好地为消费者服务。

2. 诱导需求

企业不仅要满足已表现出来的现实需求，还要通过促销使潜在需求转化为现实需求。另外，企业还可借助促销手段去改变需求，甚至创造需求。

3. 突出特色

通过促销手段强化新产品的新颖独特之处，强调新产品能提供给消费者的独特利益，促使消费者偏爱本企业的新产品，激发购买欲望。

4. 树立信誉

信誉是社会对企业及其产品的评价，其实质是社会公众舆论。良好的信誉能为企业营造一个良好的外部生存环境，如稳定的市场占有率、巩固的市场地位等。因而，信誉对企业新产品的销售前景有着极其重要的影响，而信誉的树立，则依赖于信息的传播与沟通。

13.2 基于价值让渡的促销

13.2.1 顾客让渡价值的概念

顾客让渡价值（customer delivered value，CDV）是顾客总价值（total customer value，TCV）与顾客总成本（total customer cost，TCC）之差。顾客总价值就是顾客期望从某一特定产品或服务中获得的一组利益，而顾客总成本是在评估、获得和使用该产品或服务时引起的顾客的预计费用。顾客总价值包括产品价值、服务价值、人员价值和形象价值四个方面，顾客总成本则包括货币成本、时间成本、精力成本和体力成本四个方面。因此，顾客让渡价值公式可以表示为

顾客让渡价值（CDV）= 顾客总价值（TCV）− 顾客总成本（TCC）

其中，$TCV = f(P_1, S, P_2, I)$，P_1 为产品价值，S 为服务价值，P_2 为人员价值，I 为

形象价值；TCC=$f(M, T, E, P)$，M 为货币成本，T 为时间成本，E 为精力成本，P 为体力成本，可用图 13-4 表示。

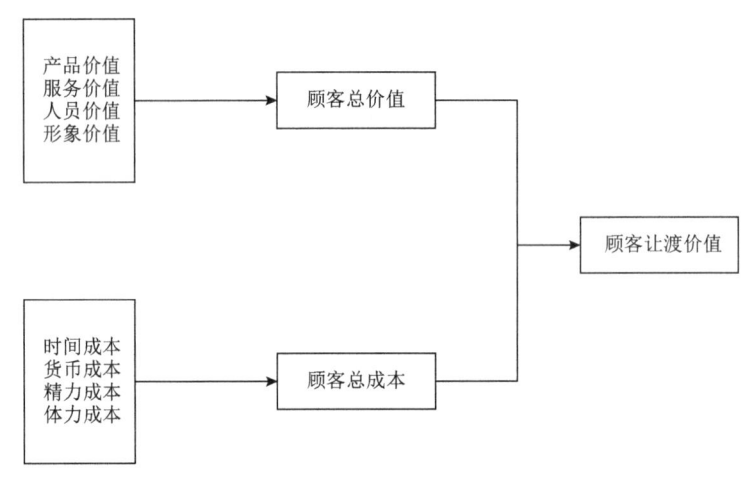

图 13-4 顾客让渡价值图示

在一定的搜寻成本和有限的知识、灵活性及其他因素的限定下，顾客是价值最大化的追求者。他们形成一种价值期望行动。他们会了解供应品是否符合他们的期望价值，这将影响他们的再购买的可能性。通过对消费者行为进行研究，发现顾客的选择基础是顾客让渡价值的多少。

顾客让渡价值概念的提出为企业经营方向提供了一种全面的分析思路。首先，企业要让自己的商品能为顾客所接受，必须全方位、全过程、全纵深地改善生产管理和经营，企业经营绩效的提高不是行为的结果，而是多种行为的函数，以往我们强调营销只是侧重于产品、价格、分销、促销等一些具体的经营性要素，而顾客让渡价值概念却认为顾客价值的实现不仅包含了物质的因素，还包含了非物质的因素；不仅需要有经营的改善，而且还必须在管理上适应市场的变化。其次，企业在生产经营中创造良好的整体顾客价值只是企业取得竞争优势、成功经营的前提，一个企业不仅要着力创造价值，还必须关注消费者在购买商品和服务中所倾注的全部成本。由于顾客在购买商品和服务时，总希望把有关成本，包括货币成本、时间成本、精力成本和体力成本降到最低限度，而同时又希望从中获得更多实际利益，因此，企业还必须通过降低生产与销售成本，减少顾客购买商品的时间、体力与精力耗费，从而使顾客降低货币及非货币成本。显然，充分认识顾客让渡价值的含义，对于指导工商企业如何在市场经营中全面设计与评价自己产品的价值，使顾客获得最大程度的满意，进而提高企业竞争力具有重要意义。

13.2.2 基于顾客让渡价值的新产品逆向营销

传统的营销思维是企业先制定营销战略，后选择相应的战术。而逆向营销理论则认为战略应当自下而上发展而来，即先制定战术。逆向营销从根本上改变了传统的营销观念和方式，使消费者成为整个营销过程的主导者，能够提升顾客让渡价值和顾客满意程度，产生良好的营销效果。

1. 通过逆向产品设计增加顾客产品价值

在现代社会中，消费的准则趋向于"为我制造产品"。为此，逆向产品设计起始于顾客并终止于顾客，消费者可以将自己对消费的需求、产品的构成或要求直接传递给生产者，通过与厂家的互动交流，共同创造出为满足特殊需求而制造的产品，即解决特定问题的方案。这种逆向产品设计源于并导致消费者个性化和独特化的追求与发展，消费者行为从"被动选择"发展为"主动参与和设计"，不再受限于现有市场的商品。

对企业而言，服务对象从大众改变为每个不同的消费者，生产方式从"即时单向生产"转变为"即时互动生产"，由于逆向产品设计将不会引发某种产品的大规模生产和批量经营，这对企业传统的生产和营销模式都是一个强烈的冲击。企业站在顾客的立场去研究和设计产品，为顾客量身定做，从而发现顾客的潜在需要并设法用较高的性价比的产品去满足这些需要，使顾客能够得到更大的产品价值，并且降低付出货币的成本。

2. 通过逆向促销提高顾客的服务价值

逆向促销倡导"许可式"沟通，而不是"干扰式"宣传。现在广告原本的"广而告之"模式已逐渐被"针对性传播"模式所取代。在"针对性传播"模式中，企业运用直接邮件或电话营销的方式来找出对产品或服务感兴趣且具有高度获利价值的潜在顾客。有效的逆向促销，是把消费者由被动接受变为主动，公司在寄发广告之前应获得顾客的许可。逆向营销概念中的"点播"让顾客可点选自己感兴趣的广告，而且通过网站等营销中介，顾客可以要求厂商提供折价券和促销品，还可以要求特定的报价，也可以索取新产品的免费样品。同时，通过网上问卷调查等互动形式，顾客可以使企业了解自己的喜好和个性特征。企业运用这些资讯，可以构建起客户区隔，并运用这些信息进行市场细分，为不同的细分市场开发出适合的产品和服务。

3. 通过逆向定价降低顾客的货币成本

传统思维的价格制定是以成本为基础的，而逆向营销下的定价可以以顾客的心理价位为基础。全面考虑市场行情、竞争情况、产品成本等因素，以消费者的意愿为前提条件，由顾客实施，以顾客成本为基础，从而能尽量降低顾客的货币成本赢得顾客的满意。在企业传统的定价过程中，生产企业或商家始终是定价的主导者和决策者，而逆向营销的方式则使消费者在某种程度上从价格的被动接受者转变成主动制定者或影响者。企业为了有效地促进自己的产品在网上的销售业务，就必须针对网上市场制定有效的价格策略，最终的价格将以顾客接受作为条件。

4. 通过逆向通道建设降低顾客的时间和体力成本

逆向通道的特征就是把展示间搬到顾客家中，顾客不必跑到企业或经销商的展示间去看。顾客不必光顾实际的商店，可直接网上购物；或借助于互联网表达对购物的观点和要求。可以主动选择能为自己带来便利的方式或通道来获取产品和服务。当然，逆向营销并不排斥实体通道，在许多情况下，实体和虚拟系统的整合运用才是最佳选择。不同产品或服务以及不同顾客常需要不同的通道，消费者可以成为通道的主动选择者、参与者或设计者，他们更了解最为便利的通道，以降低自己的成本，并愿意为此支付相应的费用。

13.3　新产品促销策略

1. 新产品促销的基本策略

促销策略是指企业为了达到特定的促销目的，在一定的促销预算下，对各种促销的手段、方法或方式、技术、媒介或工具等的选择、运用和有机组合。它是实现促销目标的关键要求。采取适宜的策略进行促销有助于新产品快速进入市场，获得消费者的接受和青睐。

（1）免费类促销。免费类促销是指消费者（客户）免费获得赠予的某种特定物品或享受某种利益的促销活动。在提供短程激励的促销领域里，免费类促销活动的激励和吸引强度最大，消费者也最乐于接受。大量事实证明，免费类促销是吸引顾客试用其产品的最好方法之一，特别是在新产品进入市场时运用更为有效。免费类促销的目的是创造高试用率及惊人的品牌转换率，促使试用者成为现实的购买者，扩大和建立既有品牌和新品牌的销售区域，提高促销业绩。在现实生活中，免费类促销形式多样，各具特色，最常见的形式有赠品、免费样品和赠品印花。

（2）优惠类促销。优惠类促销是指让消费者或经销商可以用低于正常水平的价格获得某种特定的物品或利益的促销活动。优惠类促销的实质是促销主体的让利行为。其主要工具是运用折价券（优惠券）、直接折扣、退款优惠、合作广告与陈列等。这种策略运用得好可以产生较大作用，否则可能会影响企业形象。

（3）竞赛类促销。竞赛类促销是指利用人的求胜心理和利益动机，通过举办销售竞赛、抽奖等趣味性、刺激性活动，吸引被促进对象参加进而推动销售的活动。其主要工具是竞赛有奖、购物抽奖、销售提成、返利等，通常由制造商面向经销商、零售商、推销人员、消费者开展活动，或者经销商面向次级经销商、零售商、营业人员、消费者开展活动。

（4）组合类促销。组合类促销是指运用两种及以上促销策略或者促销中考虑将促销因素与其他因素相结合来推动销售目的实现的促销活动。例如，多种促销策略组合使用促销，组织之间联合促销，连锁体直接促销与服务促销，消费信贷，会员制商场组合促销，促销与广告配合使用促销，促销与公关活动配合促销，促销与事件营销结合促销，等等。

此外，还有一些无法归类或不好归类的促销工具，例如操作示范表演、时装表演、公开参观及其他创新促销工具等，可称之为"其他类促销"。

2. 促销组合策略

促销是企业通过各种方式和目标市场之间双向传递信息，以启发、推动和创造消费者对企业产品的需求，并引起消费者购买欲望和购买行为的综合性活动。促销策略是指各种促销方式和手段在不断变化的市场环境中灵活运用和系统谋划。促销组合就是企业根据促销的需要，对广告、人员推销、公共关系及销售促进等各种促销方式进行适当选择和综合编配。所谓促销组合，是一种组织促销活动的策略思路，主张企业运用广告、人员推销、公共关系、销售促进等四种基本促销方式组合成一个策略系统，使企业的全部促销活动互相配合、协调一致，最大限度地发挥整体效果，从而顺利实现企业目标。

促销组合的构成要素可以从广义和狭义两个角度来考察。就广义而言，市场营销组合的各个因素都可以纳入促销组合，诸如产品的功能、式样、包装的颜色与外观、价格、品牌、分销渠道等，因为它们都从不同角度传播产品的某些信息，推动人们对产品的需求。就狭义而言，促销组合只包括具有沟通性质的促销工具，主要包括各种形式的广告、展销会、商品陈列、销售辅助物（目录、说明书等）、劝诱工具（竞争、赠品券、赠送样品、奖券）以及宣传等。企业的促销方式主要包括广告、公共关系、人员推销及销售促进。

促销策略组合研究的是对各种促销手段的选择及在组合中侧重使用某种促销手段。一般有以下三种倾向。

（1）推式策略。推式策略是指利用推销人员与中间商促销，将产品推入渠道的策略。这一策略需利用大量的推销人员推销产品，它适用于生产者和中间商对产品前景看法一致的产品。推式策略风险小、推销周期短、资金回收快，但其前提条件是必须有中间商的共识和配合（图 13-5）。推式策略常用的方式有：派出推销人员，上门推销产品，提供各种售前、售中、售后服务促销等。

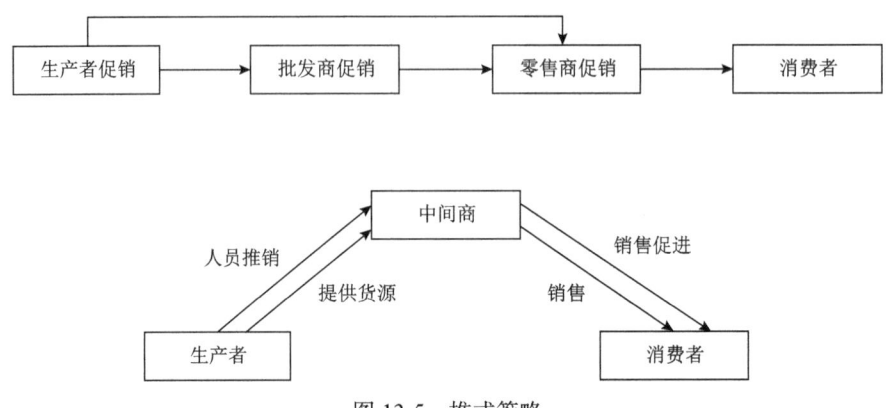

图 13-5　推式策略

（2）拉式策略。拉式策略是企业针对最终消费者展开广告攻势，把产品信息介绍给目标市场的消费者，使人产生强烈的购买欲望，形成急切的市场需求，然后"拉引"中间商纷纷要求经销这种产品（图 13-6）。

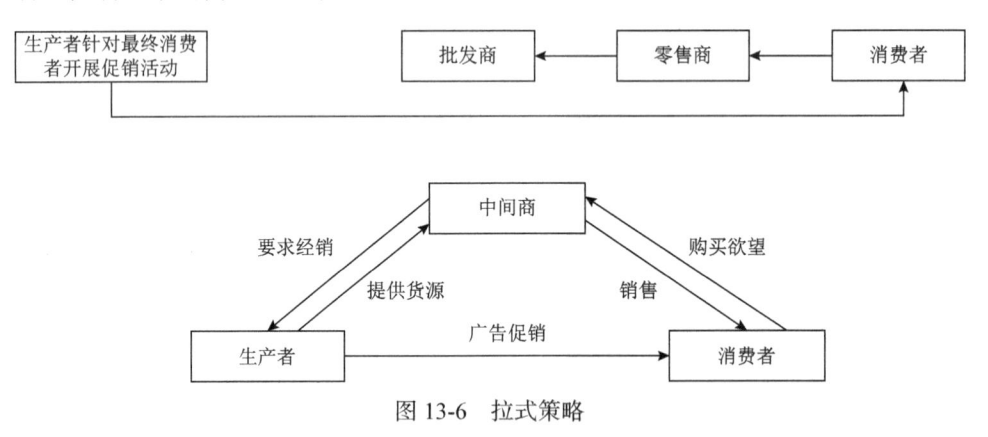

图 13-6　拉式策略

在市场营销过程中，由于中间商与生产者对某些新产品的市场前景常有不同的看法，因此，很多新产品上市时，中间商往往因过高估计市场风险而不愿经销。在这种情况下，生产者只能先向消费者直接推销，然后拉引中间商经销。拉式策略常用的方式有价格促销、广告、展览促销、代销、试销等。

（3）推拉结合策略。在通常情况下，企业也可以把上述两种策略配合起来运用，在向中间商进行大力促销的同时，通过广告刺激市场需求。其程序如图 13-7 所示。

图 13-7　推拉结合策略

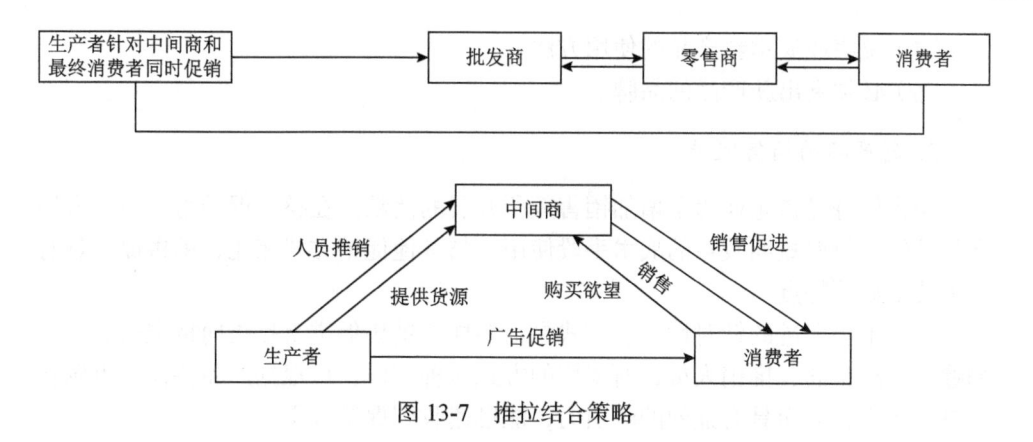

在"推式"促销的同时进行"拉式"促销，用双向的促销方式努力把商品推向市场，这比单独地利用推式策略或拉式策略更为有效。

13.4　新产品的推广和公共关系

13.4.1　新产品的推广

1. 新产品广告的目的和作用

（1）传递新产品、新产品品牌及有关新产品部分"历史"的信息。
（2）帮助顾客了解新产品的优点和使用方法。
（3）激发顾客对新产品、新产品制造商及新产品营销中间商的好感。
（4）激励潜在购买者采取可能导致购买的行动。对于消费者而言，这通常意味着访问产品生产供应地；对于工业品购买者而言，则意味着要求或同意接受推销人员提供全部信息或演示。
（5）鼓励顾客试用或试购新产品。
（6）强化顾客的试用决策，帮助顾客产生对试用决策的有利反应。
（7）实行反复而有效的刺激，保持顾客对新产品的认识和了解。

2. 制定新产品广告策略应注意的问题

新产品广告策略有其区别于普通产品广告策略之处，故这里再强调以下几点。
（1）广告的效果主要依赖于两个因素：产品定位和广告设计。
（2）广告设计应围绕一个主要设想进行设计，否则容易失败。
（3）必须强调新产品的新颖独特之处，以及能给顾客带来的利益。
（4）如果可能的话，将价格标在广告中。

（5）说明或演示新产品的使用方法。

（6）必须突出新产品的品牌。

3. 新产品的销售促进

销售促进是指企业为了增加销售额所开展的活动。在整个促销组合中，人们常将其作为争取短期效益的战术手段使用。与其他促销方式相比，销售促进具有以下几个显著特点。

（1）销售促进的针对性强、方式灵活多样。销售促进直接指向特定的对象，如顾客、经销商、推销人员，所采用的方式多种多样，可根据产品特性与市场状况灵活运用，因而具有强烈的吸引力，能迅速收到促销效果。

（2）销售促进具有非规则性和非周期性。人员推销、广告乃至公共关系都是连续的经常性的促销方式，而销售促进则是非规则推广，虽然较为直观，吸引力大，但持续时间短暂，所以任何企业都不能仅仅依靠销售促进来完成新产品促销任务。

（3）销售促进活动的频率和强度必须有一定的限制。虽然销售促进所使用的各种优惠条件和强大的宣传攻势有利于企业尽快销出自己的新产品，但若攻势太强，则会使顾客产生逆反心理，误认为企业急于推销的新产品在质量、价格或使用寿命上存在问题。

销售促进可有效地加快企业新产品进入市场的进程。当企业试制的新产品刚开始投放市场时，消费者对其尚未能有足够的认识和积极的反应，此时就需借助各种销售促进方式来改变这种局面，如免费试用、当众演示、赠送样品等，这样做可能成本很高，但能最快地吸引顾客注意，缩短消费者认识产品的时间。

新产品销售促进可以加强企业与中间商的合作关系。对各种批发商、零售商所进行的新产品销售促进工作，则可帮助企业与他们建立起良好的合作关系并加强和发展这种关系。

4. 新产品销售促进的注意事项

（1）产品信息。令人难以理解的技术术语或者广告性语言，应该尽量用使用方便的信息来代替。通过广告、销售场地上的介绍、说明书和使用指南、标签、包装等途径显示的产品信息，应该被看作产品的一部分。因为这也是包含在设计过程中的一部分，这部分信息内容显然有助于用户了解真实的使用质量。

（2）包装及使用说明。包装系统的设计不仅仅是要美观，还要有利于在销售场所展示产品的信息，增加人们对产品的了解。如图 13-8 所示的部分透明的包装设计，就有助于展示产品信息。

图 13-8　钻头包装图

这里强调一下，广告公司通常会花更多的力气在品牌形象宣传上，而不会真正研究信息的使用及理解。这就需要把包装系统看作是一个真实的产品，分析在产品销售场所，特别是在自助产品销售场所，人们对于产品使用的理解有什么难点。

对于包装性能和包装要求的总体分析应包含以下内容：对于设计的建议；一般因素和深层次的需求分析；对于用户或购买者不满意之处和具体期望的非正式调查；在几家商店中进行购买（模拟）预测试；拟定设计时需满足的性能和需求。

在对主要因素进行讨论选择和权衡之后，这个分析将是制定设计要求说明书的基础。

要注意这个分析与建议可以代替测试，而且效果更好。测试开展起来工作量更大，且在设计的具体使用上效果不好。

其一，包装相关标志的可理解性。包装是产品竞争力非常重要的一个方面。当产品说明和使用指南以抽象的象征符号形式（箭头、图形、警示符号等）或图标形式出现时，它们的尺寸、清晰度（外观没有涂抹）和对比度应该要避免信息之间的混淆或者非有效区分（要靠得很近才能辨认清楚）。

在包装上特别是在说明书上的文字说明语言，应从用户或操作者的角度考虑，而且还要意识到多种语言的说明会降低用户获取所需说明信息的快速性和方便性。相邻的、混在一起的信息不易读取，甚至会导致用户放弃对信息的获取（不理解或厌烦）。

还未进入日常语言中或者没有被收录在常用词典中的医学的或者泛医药行业的专业术语，如果不能被立即"翻译"成大家都懂的、清楚的语言，无论如何都不应该使用。包装中出现的抽象或比喻符号（图标）不应有歧义的演绎，以免造成用户的不知所措或是理解完全相反。一个图画文字符号指代一个对象或者一个特别的因素，通常都与一个地点、一个装置或一个特别操作相关联。仅仅单独一个符号，并不能表示要遵守的操作模式中必要的一个程序、警告或者控制点。对于图标的含义无法迅速理解会造成用户无视或者不在意。

在可能的情况下，要避免使用具有特别含义的常规抽象标志或者语言符号，即使在产品附件（包装、说明书）里附有图例表。与其用一些必然引起理解分歧的缩写，不如用清晰的语言去表达必要和充分的引导。

重要的是，包装上出现的所有指示符号都应该慎重而有分寸地使用，并且排除一切外形相似的、无用的、不合理的、多余的、干扰的元素（引起混淆的源头），以防万一。尽管这很明显，但是仍要提醒大家：包装上所提供的指示符号，从那些预期功能服务的用户、使用者或者受益人的角度来看，必须能够合理、准确地说明问题。

其二，使用说明容易理解。如果产品、产品的任何一个命令或控制装置不足够简单明了，最好能有一种方式帮助用户使用。然而，说明书并不能作为操作不够简易的理由，说明书的作用就是帮助用户去理解的说法都是托词。

让说明书内容简单易理解的基本条件是其说明无多余赘述，恰当中肯、明了易懂。在可能的范围内，帮助使用的方式最好直接在机器上可见，在操作和控制系统部件的同时可通过简单、快速地浏览找到针对故障或不良现象的唯一的恰当指示。

如果在理解如何使用产品方面不够简易，那么与产品结合在一起的（甚至一直与产品融合在一起，成为产品的一部分）帮助理解的方式就变得很重要，必须满足与产品本身同样的识别简单、明了易懂、避免混淆的要求。然而，一个设计得再好的说明书也只是一种补救措施，它并不能让整个控制部件使用起来更方便。

一个说明书的结构、内容和表达方式应该对应这个说明书的不同使用场景：初次使用机器、最少功能的使用或整体使用、对某项功能不理解时的协助、卡住时的紧急帮助等。

无论哪种情况，操作者需要的都是快速找到他所关心的问题的答案，排除所有他不感兴趣的标志、解释或者介绍。因此，可以有不同的帮助理解的方式存在，好的说明书应该不只是一个通用意义上的、无法选择的、唯一的说明书。

作为补救措施，说明书中解释的内容，理论上用户无需考虑，虽然它们与启动和控制系统（按键、信息、理解的顺序）密切相关，但这些内容就像能够在系统上被直接读取的信息一样，说的是用户在面对系统和面对可能碰到的困难时要采取的操作方法。

一个理解困难、感觉复杂的使用说明书，只能说明系统在使用上的复杂性。要使用户明白一个难以使用的东西或者一个完全不易直观理解的东西是很难的，比理解那些能直接从系统上获取到的信息要难。

示例：安装／使用说明

对功能／客户和用户的要求：

——不要在不好的条件下或者以异常的方式进行安装、使用（表达形式：避免或不要做）；

——必要情况下，补救事态以防止预期服务情况变差，服务停止，通过自己或者售后服务排除故障，试图自行摆脱困境；

——要注意什么是可以尝试去做的，什么是尤其不能做的，失败的时候不再继续，采取预防措施，避免情况恶化，或者避免将自己暴露在事故风险之中；

——如何联系售后服务，了解保修方式；

——减少由于某些理解上和使用上的问题而带来的不满，通过限制次数，甚至通过对一些明显的故障或者不严重的故障不予保修的方法减少由某些售后服务带来的不满（延迟、等待等）；

——提高客户的整体满意度，通过服务体现品牌形象；

——更多地了解使用不当或者不正常使用的情况；

使用指南的要求：

——在需要的时间和地点出现；

——容易获取；

——可简单、迅速地查找、阅读和理解；

——确保（用户）可获取和正确识别。

说明书内容的性质：

——关于功能、设备、配件的日常词汇列表；

——明确标示使用这样或那样的配件产品是否必要；

——安全提示，提醒怎样做符合安全规定和法律规定，为避免由于不必要的担心或者不了解某些使用可能性而造成的"使用不足"和"使用过度"而给予的一些建议；

——对增加某些可能提高使用舒适度、增加使用可能性、减少不适或减少使用成本的附加装置的建议；

——关于保修的建议。

内容的结构最终要符合客户/用户在求助于指南时可能会有的各种不同的关注点：

——首次使用；

——当面对明显的缺陷或故障时；

——在使用和预防措施方面，确认或明确一些知道但是不确定或者听说的情况；

——由于"好奇"或担心"做不好"而要了解的情况；

——了解保修条件和申请售后服务时要遵循的程序。

如果产品能够被简单安全地使用而不需要说明书自然更好。由于商业销售原因或者法规原因，产品一般都会配有一份说明书。但不能认为"说明书的作用就是帮助使用者理解产品"，以此来为产品难以被理解辩护。

并不是只要提供了一份使用说明书，就能在适当的时候发挥它应有的作用。时间一长，它的可用性和易获取性就非常不确定了（丢失、损坏、放在别处或者忘记放在了哪里）。

虽然说明书上的信息易懂，且对于理解操作方式和使用安全来说极为重要，但还必须注意以下方面。

其一，在限制条件下（姿势和双手都不自由、清晰度不够等）伴随操作时查阅帮助信息的便利性。

其二，能及时、快速、安全地获取恰当的帮助。

其三，如果一份说明书对于理解如何操作或者确认如何才能做好是必不可少的——实际上该说明书就成了整个产品系统的一部分，那么，它就应该跟整个系统其余的部分一样，满足同样的使用方便性和安全性的要求。

其四，一个说明书不应该被看成是一种与所见系统硬件和具体操作无关的、单独的理解手段。作为补救措施，补充的信息应该与需要说明的严重性（比如操作者碰到的"困难"）相匹配。

其五，说明书的内容结构、表达方式、图形和文字信息内容等都应该分别适合首次使用情况（使用入门）、忘记的情况（及时的提醒和帮助）以及严重的情况（要补救的情况）。

其六，提供的信息元素应该从使用角度，以实用的、具体的方法来表达（而不是技术的或者工具性的语言）。信息元素数量应必要而充足（不过于繁杂），恰当（与实际会遇到的情况相符）和通俗易懂是说明书易于理解的基本条件。

（3）销售地点的展示。卖场展示可以在商店中突出产品和品牌价值。这是在购买行为中，存在于产品和消费者/顾客之间的最后一个沟通环节。卖场展示在自助销售中扮演着决定性的角色。很多购买决定都是在销售地点产生的。包装或者徽标是大多数产品的首要识别元素。卖场展示的目的是增进消费者和产品之间的互动。展示方式不仅包括视觉上的，而是同时有音频、视频、展台展示和讲解演示等。卖场展示应该与产品类型、形象和品牌视觉识别规范相符。

在销售地点展示时应注意以下几点。

其一，视觉上的可查找性（产品的可见度、品牌形象和视觉外观、产品系列形象、客户兴趣的吸引和保持）。

其二，使用简单性、方便性和安全性（产品的拿走和放回；展示柜、产品和周围物品的稳定性；偷盗和物品损坏风险；提供试用；提供信息阅读；提供商品订购和支付结算）。

其三，展示柜安装的方便性（易拆装、水平占地面积小；放置的简单性、稳定性；清洁维护的方便性和安全性；放置新品和物品替换的方便性）。

（4）网站。网站建设用于推广品牌和产品。一个网站可以是几页简单的介绍，也可以设计成一个多媒体。目前世界上相当一部分沟通交流都是在线上进行的，企业应拥有自己的网站，以便接触到那些可能从来没有机会见面沟通的人。

品牌应该考虑消费者的经济能力，瞄准一定的人群进行宣传——向其宣传产品，传达到目标客户和用户整体。在对网站进行竞争分析之后，要制定一份设计要求书，内容包括网站内容、浏览类型、预期的信息、网站视觉识别等。

网站设计和制作就是设计一个人机交互界面，为文本内容建立页面结构，定义信息树和制定合适的图文应用标准。要注意网站优化、网站在搜索引擎上的可见度，从而提高浏览量。除了网站内容更新和优化，同样不要低估必要的网站维护工作所带来的影响。

（5）展会展台。办展会的目的是吸引来访者到展台，赢得来访者的喜爱，使企业认识新的客户或者维护客户关系，提升企业价值。图 13-9 所示为中国进出口商品交易会（简称广交会）上的产品展台。对于未来的客户，感情因素可以使他们放松，促使他们向前踏出会面交流的一步。视觉外观和方便性，无论是对于展台的搭建商，还是对于来访者和企业工作人员来说，都是成功的重要因素。

图 13-9　广交会上的产品展台

13.4.2 新产品的公共关系策略

与人员推销策略、销售促进、营业推广策略大为不同的是，公共关系并不直接为企业推销产品，而是帮助企业营造一个良好的生存环境和营销环境。企业形象是企业的整体特征在公众心目中的反映，在市场竞争条件下，同行企业往往处在高度竞争之中，很多企业的产品及服务在技术上的差异已微乎其微，如果某个企业能吸引公众更多的关注和得到公众更多的喜爱，那么企业的产品则更易为市场所接纳。要想在公众心目中塑造良好形象并非易事，至少应具备两个条件：一是企业的所作所为必须符合社会公众的要求，才有可能被公众在心理上接纳；二是企业的作为必须具有一定的独特性，使得公众能将其从同类企业中识别出来。针对企业产品开发的成功，从公共关系本身的工作来看，可采用的形式和手段是多种多样的，现列举几种如下。

1. 新闻发布会

一个成功的宣布完成产品开发项目的新闻发布会对公众的影响是很大的，企业应善于利用它来提高知名度和美誉度。但并非所有的新闻发布会都会成功，主要有两点需注意：

（1）发布的新产品内容应能吸引新闻媒体的注意，引起受众的兴趣，这就要求公关人员有较强的策划能力。

（2）要把握好新闻发布的时机，以免被其他信息掩盖。

2. 公开参观

企业可将新产品的生产过程向公众开放。首先，来参观者都是主动受众，接收企业信息的效率较高；其次，通过参观，公众可对整个新产品生产过程有全面的、直观的了解；再次，当企业新产品受公众误解时，开放参观是最好的解释方式。公关界对开放参观的评价很高，企业应多加运用，以提高公众对企业的信任度。

3. 消费者教育

企业通过消费者教育，可以让消费者掌握一些有关新产品的知识，如如何鉴别产品质量、如何使用产品、如何保养产品、如何检修产品。因为消费者在购买新产品时希望风险尽可能小，因此企业如果在这方面做些工作，会给消费者留下较深的印象，效果也比单纯强调新产品质量如何要好得多。

【**练习与思考**】

（1）新产品广告策略的目的和作用有哪些？需要注意什么问题？请简要说明。

（2）在推广新产品的过程中需要注意哪些问题？如何充分利用公共关系进行新产品的推广？请举例说明。

（3）选择一款你感兴趣的新产品，谈谈企业是如何进行新产品的促销和推广的，这些促销和推广的方法和手段是否科学合理？请简要说明。

参 考 文 献

白世贞, 姜曼. 2019. 不同线上销售模式的产品定价策略研究[J]. 中国管理科学, 27(10): 159-169.

保罗·霍肯. 2014. 商业生态学: 可持续发展的宣言[M]. 夏善晨, 余继英, 方堃译. 上海: 上海译文出版社.

长青, 吉格迪, 李长青. 2006. 项目绩效评价中挣值分析方法的优化研究[J]. 中国管理科学, 14(2): 65-70.

陈婷, 侯文华. 2021. 考虑不同外包策略以及专利保护的竞合企业技术许可决策[J]. 管理工程学报, 35(3): 105-118.

陈永, 陈友新. 1999. 产品定价艺术[M]. 武汉: 武汉大学出版社.

丁国颖, 迟福峰, 徐洁. 2013. 促销理论与实务[M]. 北京: 对外经济贸易大学出版社.

樊庆铎, 敖红光, 孟超. 2007. 生命周期评价[J]. 环境科学与管理, 32(6): 177-180.

郭丕斌, 周喜君, 李丹, 等. 2013. 煤炭资源型经济转型的困境与出路: 基于能源技术创新视角的分析[J]. 中国软科学, (7): 39-46.

姜敏. 2013. 对产品再设计的解读与思考[J]. 包装工程, 34(18): 92-95.

卡尔·T. 乌利齐, 史蒂文·D. 埃平格. 2019. 产品设计与开发(第六版)[M]. 杨青, 杨娜, 等译. 北京: 机械工业出版社.

李锋, 魏莹. 2019. 双寡头竞争环境下新产品扩散的仿真分析[J]. 工业工程与管理, 24(3): 147-156.

李文元. 2018. 新产品开发管理[M]. 镇江: 江苏大学出版社.

李小红. 2015. 分销渠道设计与管理[M]. 重庆: 重庆大学出版社.

梁海明, 姜艳萍. 2014. 考虑指标期望的产品外观设计方案的选择方法[J]. 工业工程与管理, 19(1): 16-22.

刘仁新. 2012. 贮气筒涂装质量工艺论证与产品结构的建议[J]. 现代涂料与涂装, 15(12): 14-17.

刘咏梅, 廖攀, 胡军华. 2016. 电子商务环境下考虑竞争的新产品开发和定价策略研究[J]. 管理工程学报, 30(2): 210-215.

刘宇熹, 谢家平. 2015. 可持续发展下的制造企业商业模式创新: 闭环产品服务系统[J]. 科学学与科学技术管理, (1): 53-62.

刘震. 2017. 智能手机品牌传播策略研究——以 vivo 手机为例[J]. 经济论坛, (6): 138-140.

陆剑雄, 张福昌, 申利民. 2005. 坐姿理论与座椅设计原则及其应用[J]. 江南大学学报, (6): 620-625.

马东升, 宋华明, 古晓宇, 等. 2021. 基于战略顾客行为的质量差异化产品定价策略[J]. 管理科学学报, 24(6): 76-87.

米歇尔·米罗. 2018. 完美工业设计: 从设计思想到关键步骤[M]. 王静怡译. 北京: 机械工业出

版社.

穆荣兵, 谭嫄嫄. 2011. 产品设计与营销[M]. 合肥: 合肥工业大学出版社.

宋华, 云俊. 2015. 基于客户感知价值的客户细分研究[J]. 工业工程, 18(4): 36-42.

谭文曦,张敏,梁红静,等. 2015. 市场营销学[M]. 北京：人民邮电出版社.

王毅, 崔曼, 李光耀. 2013. 基于人因要素的产品色彩设计研究[J]. 包装工程, 34(10): 53-56.

辛玉红, 李小莉. 2014. 应收账款融资模式下供应链金融的成本优化分析[J]. 工业工程与管理, 19(1): 79-84.

熊微, 巩淼森, 杨文龙. 2011. 可持续背景下产品服务系统设计的评价标准探析[J]. 创意与设计, (1): 17-20.

闫利军, 申清明, 刘敏, 等. 2013. 产品设计规划问题建模及遗传算法求解[J]. 计算机工程与应用, 49(1): 67-71.

攸川卜, 徐国栋. 2019. 产品的可持续设计解析[J]. 工业设计, (8): 113-114.

于培友, 田莉杰, 方岩. 2017. 标杆管理项目在制造业成本管理中的应用[J]. 会计之友, (22): 28-31.

余森林. 2010. 产品可持续设计的类型及其价值[J]. 包装学报, 2(3): 46-49.

张锋, 邹鹏, 于渤. 2016. 附属产品促销定价对消费者价格评估的影响：产品涉入度的调节作用[J]. 管理评论, 28(10): 141-152.

张付英, 段晶莹, 陈建垒, 等. 2019. 面向产品可持续设计的关键功能模块识别方法[J]. 计算机集成制造系统, 25(7): 1828-1838.

张剑. 2005. 产品开发与技术经济分析[M]. 北京: 冶金工业出版社.

张梅. 2020. 国家发展新格局背景下广东服务外包企业困境及竞争优势发展对策[J]. 社会科学理论与实践, 2(3): 7-19.

周导. 2020. 逆向盈利3.0: 新商业时代的八大硬核模式[M]. 北京: 中国人民大学出版社.

朱立龙, 姚昌. 2013. 竞争生产商分销渠道产品质量策略 Stackelberg 博弈分析[J]. 科研管理, 34(9): 139-150.

Am Ende M T, Am Ende D J.2019. Chemical Engineering in the Pharmaceutical Industry: Drug Product Design, Development, and Modeling[M]. Hoboken: John Wiley & Sons.

Baxter M. 2018. Product Design[M]. Boca Raton: CRC Press.

Beckman S L. 2020. To frame or reframe: Where might design thinking research go next?[J]. California Management Review, 62(2): 144-162.

Berglund H, Bousfiha M, Mansoori Y. 2020. Opportunities as artifacts and entrepreneurship as design[J]. Academy of Management Review, 45(4): 825-846.

Cagan J M, Vogel C M. 2012. Creating Breakthrough Products: Revealing the Secrets that Drive Global Innovation[M]. Pittsburgh: FT Press.

Christensen C M. 2013. The Innovator's Dilemma: When New Technologies Cause Great Firms to Fail[M]. Cambridge: Harvard Business Review Press.

Clarkson P J, Waller S, Cardoso C. 2015. Approaches to estimating user exclusion[J]. Applied Ergonomics, 46(B): 304-310.

Cooper R, Edgett S, Kleinschmidt E. 2001. Portfolio management for new product development: Results of an industry practices study[J]. R&D Management, 31(4): 361-380.

Griffin A, Hauser J R. 1993. The voice of the customer[J]. Marketing Science, 12(1): 1-27.

Hambrick D C, MacMillan I C, Day D L. 1982. Strategic attributes and performance in the BCG matrix—A PIMS-based analysis of industrial product businesses[J]. Academy of Management Journal, 25(3): 510-531.

Jamnia A. 2018. Introduction to Product Design and Development for Engineers[M]. Boca Raton: CRC Press.

Nagaraj V, Berente N, Lyytinen K, et al. 2020. Team design thinking, product innovativeness, and the moderating role of problem unfamiliarity[J]. Journal of Product Innovation Management, 37(4): 297-323.

Peterson A, Wu A. 2021. Entrepreneurial learning and strategic foresight[J]. Strategic Management Journal, 42(13): 2357-2388.

Porter M E. 2008. On Competition[M]. Boston: Harvard Business Review Press.

Porter M E. 2008. The five competitive forces that shape strategy[J]. Harvard Business Review, 86(1): 25-40.

Reilly F K, Brown K C. 2011. Investment Analysis and Portfolio Management (Text Only)[M]. Boston: Cengage Learning.

Ulrich K T, Eppinger S D. 2006. Product Design and Development[M]. New York: Tata McGraw-Hill Education.

Verganti R, Vendraminelli L, Iansiti M. 2020. Innovation and design in the age of artificial intelligence[J]. Journal of Product Innovation Management, 37(3): 212-227.

von Hippel E. 1986. Lead users: A source of novel product concepts[J]. Management Science, 32(7): 791-805.